Wolfgang Veiglhuber & Klaus Weber (Hg.)

wagenknecht – nationale sitten & schicksalsgemeinschaft

gestalten der faschisierung 2

Argument

Deutsche Originalausgabe

Glashüttenstraße 28, 20357 Hamburg
Telefon 040/4018000 – Fax 040/40180020
www.argument.de
Umschlag: Martin Grundmann
Druck und Bindung: CPI books GmbH, Leck
Gedruckt auf säure- und chlorfreiem Papier
ISBN 978-3-86754-531-0
Erste Auflage 2022

Inhalt

Klaus Weber

Deutsche Schicksalsgemeinschaft und völkischer Nationalismus: Gesellschafts- und Politikverständnis einer ehemaligen Kommunistin[1]

0 Einstieg

Das neue Buch von Sahra Wagenknecht *Die Selbstgerechten* hat zu einem Parteiausschlussverfahren geführt. Die Autoren dieses Bands haben kein Interesse an einer »bürokratischen« Umgangsweise mit dem, was die Politikerin der LINKEN sagt und schreibt. Sie wollen am Material in einer gewissenhaften Analyse Gründe dafür zeigen, dass viele Wagenknecht nicht mehr als »Linke« betrachten (können): Michael Wendl beschäftigt sich dazu mit ihren Aussagen zur Ökonomie, Ernst Wolowicz hinterfragt ihr Bild unserer Sozialstruktur, Peter Bierl zeichnet den Wandel ihrer ideologischen Affinitäten nach, Wolfgang Veiglhuber untersucht das Verhältnis zu Nationalismus und Kapitalismus. Die Beiträge sind Versuche, eine Streitkultur wiederzubeleben – gegen das ängstliche Schweigen vieler Wagenknecht-Kritiker_innen.

1 Ohne die Lektüre der immer erhellenden Einträge im *Historisch-kritischen Wörterbuch des Marxismus*, das Wolfgang F. Haug mit hunderten von Autor_innen seit 1994 erarbeitet, wäre dieser Beitrag nicht möglich gewesen. Auch nicht ohne die kritische Diskussion mit Alex Wölk und meinem zum Freund gewordenen Genossen aus Potsdam Wolfram Adolphi.

Wie kann es sein, dass Sahra Wagenknecht als »Gestalt der Faschisierung« bezeichnet wird – noch dazu von Parteikollegen und auf der linken Seite des politischen Spektrums stehenden Menschen? Ist das nicht verleumderisch, gemein und politisch völlig inakzeptabel? Lassen wir das Material sprechen: Zum einen muss geklärt werden, was Herausgeber und Autoren unter »Faschisierung« verstehen, zum anderen muss belegt werden, dass die Politikerin und Autorin Sahra Wagenknecht etwas damit zu tun hat.

Ad 1) Faschisierung wird als Begriff verwendet, »wo *Übergänge* von bürgerlichen Demokratien zu faschistischen Diktaturen [...] beschrieben und zu erklären versucht werden« (Weber 1999, 142). Im Rahmen dieser Definition richtet sich der Blick der Analyse nach hinten, um historische Entstehungsprozesse und Funktionsweisen europäischer Faschismen erklären zu können. Bedeutend sind in diesem Bereich die Arbeiten des *Projekts Ideologie-Theorie* um Wolfgang F. Haug, die zeigen, wie die Nazis durch die besondere Art der »popularen Anrufung« der Einzelnen durch »Text[e] und Aussagen [...], durch Praktiken, [...] Arrangements und [...]Prozesse« (Rehmann 2004, 692) die freiwillige Selbstunterstellung der Subjekte (bei Aufrechterhaltung des terroristischen Rahmens) organisierten. Darum kann es bei Sahra Wagenknecht nicht gehen. Sie ist politisch (und ideologisch) tätig als Parlamentarierin, Autorin und Aushängeschild einer bestimmten Richtung innerhalb einer »linken« Politikagenda, die von den bürgerlichen Medien (*Spiegel, FAZ, BILD, Welt, ARD, ZDF* etc.) genutzt wird, um die *LINKE* als Partei zu zerstören. Sehen wir uns also den zweiten Teil der marxistischen Faschisierungs-Definition an: Der Begriff wird benutzt, »um Ähnlichkeiten oder Parallelen zwischen je aktuellen politischen Entwicklungen in gesellschaftlichen Teilbereichen und Strukturelementen des Faschismus warnend aufzuzeigen« (ebd.). Es geht um eine »sensible Suchbewegung« zwischen »einem Gerade-Noch demokratischer Regelung und dem Noch-Nicht faschistischer Politik [...]: Mit ihm [dem Faschisierungs-Begriff] können Entwicklungen und Prozesse dort analysiert werden, wo es noch keinen Faschismus gibt« (ebd., 146). Dass Wagenknecht keine »Faschistin« ist – über diesen Sachverhalt sind sich alle Autoren einig. Dass sie jedoch Brücken ins neofaschistische Lager baut (Veiglhuber), autoritäre Tendenzen in der alten und der neuen BRD ebenso wenig als Gefahr erkennen will wie im neuen Neofaschismus (Bierl), dass die Versatzstücke ihrer Ideologie inhaltlich große Ähnlichkeit mit den Schriften und Reden Björn Höckes (Veiglhuber) und Alexander Gaulands (Wolowicz) aufweisen – daran kann nicht zweifeln, wer sich in das Wagenknecht'sche sowie das Neonazi-Material einarbeitet.

Historisch betrachtet gehören zu den Strukturelementen faschistischer Bewegungen ein radikaler (völkisch grundierter) Nationalismus, ein Mythos von Nation und Rasse, ihre »Artikulation um charismatische Führer und ihr Anti-Kapitalismus« (Figueroa 1999, 150), wobei es im Übergang von der Bewegungs- zur Staatsphase keine Frage mehr war, dass der (mit Unterstützung der großen Kapitalverbände[2]) zur staatlichen Macht gewordene Faschismus die Profitmaschine so gut wie möglich am Laufen hielt. Die Lektüre der einzelnen Beiträge in diesem Band kann zeigen, dass Wagenknecht ihren antikapitalistischen Standpunkt eingetauscht hat gegen einen, der den deutschen Kapitalismus (den sie Marktwirtschaft nennt) unterstützenswert findet und in dem Kapital und Arbeit versöhnt sind; sie kann zeigen, wie Wagenknecht das »Deutschtum« als Substanz von »Brauchtum, Tradition und Heimat« mit einer Vorstellung einer völkisch ausgerichteten Demokratie verbindet, in der das Fremde, das Andere, das Nicht-Identitäre nichts zu suchen hat; sie wird zeigen, dass Wagenknecht sich selbst als Anführerin einer Bewegung versteht[3], die den

2 Die Namen der Nazi-Unterstützer, die bei einem Geheimtreffen Hitlers sich einstellten, listet der französische Schriftsteller Éric Vuillard in *Die Tagesordnung* auf, und viele von ihnen haben 1945 nicht nur überlebt, sondern sind mit und nach den Nazis reicher gewesen als vor 1933: »Gustav Krupp, Albert Vögler, Günther Quandt, Friedrich Flick, Ernst Tengelmann, Fritz Springorum, [...] August von Finck. Wir sind im Nirwana der Industrie und Finanz« (2018, 14).

3 Die von Wagenknecht und ihrem Ehemann top-down »gegründete« »Aufstehen«-Bewegung soll 150 000 Mitstreiter_innen gezählt haben. Die Zahl kam durch einfache Klicks auf der Homepage von Sahra und anderen zusammen. Inzwischen handelt es sich um lediglich sechshundert Mitglieder,

deutschen Arbeiter und den deutschen Unternehmer in einem »Lager« sieht, das einer heimatfernen Elite von »Großstadtakademikern« (Wa, 14)[4], »Globalisierungsgewinnern« (Wa, 81) und »Lifestyle-Linken« (Wa, 25ff.) gegenübersteht.

Ad 2) Auch wenn manche denken, es sei ungehörig und unsinnig, Wagenknechts Äußerungen (und ihr politisches Handeln) der letzten Jahre und Jahrzehnte mit der Gefahr einer Faschisierung in Zusammenhang zu bringen, so kann ich nur entgegnen: Erstens gibt es historisch genügend Beispiele dafür, wie »linke Leute nach rechts und rechte Leute nach links« wanderten, um es salopp auszudrücken. Ob es sich um den sogenannten linksvölkischen Strasserblock innerhalb der NSDAP handelte (vgl. Opitz 1984) oder um Teile der Gewerkschaften und der Sozialdemokratie, die sich dem militaristischen, nationalistischen und schließlich dem faschistischen System andienten (vgl. Meyer 2017); gerade weil wir eine strukturelle Ähnlichkeit unserer sozialistischen und kommunistischen Ideen mit denen der Alt- und Neofaschisten ablehnen (das, was als »Hufeisen-Theorie« kursiert), ist es umso wichtiger zu zeigen, wie Sahra Wagenknecht politisch-biografisch durch ein staatsfixiertes Avantgarde-Denken problemlos in reaktionäre Muster und Praxen (Staat wird

die von 1000 bis 2000 Mitstreitern sprechen (vgl. junge welt 18.1.2021)

4 Zitate aus dem Buch *Die Selbstgerechten* von Wagenknecht werden mit dem Kürzel Wa und der Seitenzahl angegeben.

zur Nation; Avantgarde wird zur Parteiführerin) »rutschen« konnte und wollte. Der von ihr so sehr bedauerte »kleine Mann« bzw. »normale Arbeiter« ist lediglich Objekt einer von Führern »gut gemachten« Politik; als handelnde Subjekte kommen Arbeiter_innen und Angestellte, Student_innen und Beamte, Arbeitslose und Obdachlose nicht vor (weder als Betriebs- und Personalräte noch als Streikende oder gewerkschaftlich organisierte Vertrauensleute etc.) .

Für die Faschisierungs-Behauptung (in Bezug auf Wagenknecht) gibt es ein denkwürdiges Faktum: Björn Höcke, Alexander Gauland und Peter Gauweiler[5] werden gute Gründe haben, die politischen Aktionen und Botschaften Sahra Wagenknechts zu loben – bis hin zur Äußerung des Wunsches, sie möge Mitglied in der AfD

5 Peter Gauweiler (in Bayern immer noch unvergessen wegen seines »Madagaskar-Plans«, mit dem er eine Abschiebung aller AIDS-Kranken auf eine Insel propagierte) nutzt die Spalten der *FAZ*, um Wagenknecht zu loben: »Man kann es als Ironie der Geschichte ansehen, dass etwas, das in den letzten Jahren als ›rechts‹ zermalmt und auf den Index gesetzt worden ist, jetzt ganz unbefangen von links zurückgeholt und wiederhergestellt werden soll« (21.4.2021). Die Wahnidee Gauweilers, Nationalismus, Heimatgedanke und Religiosität seien zermalmt worden, ist Beleg dafür, wie die »Blase Berlin« (auch bei Wagenknecht) dazu führt, die Wirklichkeit nicht mehr zur Kenntnis nehmen zu können: Während die Nationalist_innen bei Umzügen und in der AfD immer mehr werden, Heimat und Tradition selbst bei den Grünen das Politik-Repertoire »bereichern«, sehen der CSU-Mann wie die LINKE-Frau diese Kernbestände des Deutschtums im Untergang begriffen.

werden[6]. Anstatt dem Argument nachzugeben, dass es sich dabei um taktische Versuche »von rechts« handle, linke Politik zu destruieren, sollten wir überlegen, welche inhaltlich relevanten Passagen in Wagenknechts Büchern und Reden (ganz zu schweigen von ihren Internetinhalten) den neuen Nazis Gründe an die Hand geben, sie als Weggefährtin betrachten zu wollen.

Es mag Gründe geben, die politischen Überlegungen Sahra Wagenknechts, die sie in Talkshows und in ihren Büchern der Öffentlichkeit anbietet, zu ignorieren. Allerdings müssen sich diejenigen, die über Wagenknecht und ihre Auftritte schweigen, klar sein, dass sie damit ihr Einverständnis mit Sahras »Rechtsschwenk« signalisieren. Aus Kreisen der Linkspartei gibt es zwei Warnungen, dieses Buch auf den Markt zu bringen: Zum einen soll nicht noch »Öl ins Feuer gegossen werden« und die innerparteiliche Auseinandersetzung demnach nicht geführt werden. Zum anderen, so die Befürchtung, werden sich die bürgerlichen Medien auf eine solche Auseinandersetzung stürzen und sich über die »Selbstzerfleischung« der Linkspartei freude-

---

6 Auch die *Deutsche Stimme*, Zeitung der NPD, lobt Wagenknecht für ihr »querdenken«: »Wenn jemand in einer Partei gegen den Strom anschwimmt, hat er es schwer. Besonders wenn diese Partei sich selbst ›Die Linke‹ nennt. Das muss nun auch einmal mehr die Querdenkerin Sahra Wagenknecht erfahren. […] Wagenknecht und Thierse haben recht – linke Identitätspolitik nervt!« (14.7.2021, im Internet unter https://archive.ph/yCaXE#selection-907.0-907.68)

strahlend die Hände reiben. Dass selbstbewusste Sozialist_innen und Kommunist_innen einer notwendigen Auseinandersetzung mit diesen zwei Argumenten aus dem Weg gehen, hängt mit einer »verdrehten« Täter-Opfer-Logik zusammen: Sahra Wagenknecht ist es, die seit Jahren »Öl ins Feuer gießt« und gegen Parteikolleg_innen und Parteitagsbeschlüsse ihre eigene Meinung ohne Rücksicht auf Verluste propagiert. Und was die bürgerlichen Medien betrifft: Ist es nicht ebenfalls Wagenknecht, die auf dieser Klaviatur spielt und *BILD*, *Welt*, *FAZ* sowie TV-Shows nutzt, um die Zerstörung der Linkspartei voranzutreiben? Es geht uns darum – wie Rosa Luxemburg 1906 schreibt –, »laut zu sagen, was ist« (und sie bezeichnet das als »revolutionäre Tat«) und nicht zu schweigen[7]. Falls es noch einer weiteren Belegstelle bedarf, um die vor den bürgerlichen Medien zitternden linken Menschen zu überzeugen, dass Kritik selbst dann geübt werden kann und muss, wenn die bürgerliche Journaille sich daran ergötzt, sei Marxens Brief an Engels vom 18. Juli 1877 zitiert, in dem es heißt: »Rücksichtslosigkeit – erste Bedingung jeder Kritik wird in solcher Gesellschaft unmöglich; außerdem beständige Rücksicht zu nehmen auf Leichtverständlichkeit, d. h. Darstellung für Unwissende« (Marx [1877] 1977, 48).

7 Im Originaltext heißt es: »Wie Lassalle sagte, ist und bleibt die revolutionärste Tat, immer ›das laut zu sagen, was ist‹« (Luxemburg [1906] 1986, 36).

die zentrale kategorie: die *handlungsfähigkeit,*
der whirlpool, in dem oben und unten
sitzt, die nackten interessen.
der kapitalismus die gesellschaft,
sozialismus die politik, die ihn auf
einen andern begriff bringt
(Volker Braun, Werktage – Arbeitsbuch, 2014, 185)

Für eine gesellschafts-, also systemverändernde Politik von »links« ist es unumgänglich, eine Theorie darüber zu entwickeln, wie die aktuelle Gesellschaft analytisch zu durchdringen und darzustellen ist: Dass kapitalistisches Wirtschaften (also die ökonomische Grundlage einer Gesellschaft) etwas mit den sich entwickelnden Produktivkräften und damit der Produktionsweise zu tun hat, was wiederum die Arbeits- und Lebensweise der Menschen weitgehend bestimmt, ist für Marxist_innen eine Selbstverständlichkeit. Dass eine Ordnung, die so zerstörerisch ist wie das kapitalistische Wirtschaften, auf eine unglaubliche Art und Weise stabil gehalten wird, hängt nicht nur mit deren externalisierter Form der Krisenbewältigung[8] zusammen, sondern auch und gerade

8 Auch wenn der Text über 150 Jahre alt ist, sind die Kernbestandteile des *Manifests der Kommunistischen Partei* durch Marx & Engels nicht veraltet: Die Rede von der Zerstörung aller »idyllischen Verhältnisse« ([1848] 1983, 464), die »gefühllose ›bare Zahlung‹«, die das hauptsächliche »Band zwischen Mensch und Mensch« (ebd.) geworden ist, ist nach wie vor so aktuell wie der Hinweis auf den Modus der Krisenbewältigung der Bourgeoisie:

mit der »Produktion« ideologischer Praxen durch das, was Louis Althusser »ideologische Staatsapparate« (ISA) nennt: Justiz, Schule, Hochschule, Interessenverbände, Familie, Kirchen, Medien etc. (Althusser 2010, 55). Im Gegensatz und gleichzeitig in Einklang mit den »repressiven Staatsapparaten« (Armee, Polizei, Staatsschutz, Verfassungsschutz) sorgen sie für eine Stabilisierung der herrschenden Ordnung; einerseits, um die »Reproduktion zu gewährleisten, [und andererseits] durch die ›Werte‹, die sie der Außenwelt anbieten« (ebd., 56). Die Stabilität eines Staats (einer Nation, einer Gesellschaft) kann weder allein durch Repression noch durch Ideologie aufrechterhalten werden, wie Althusser mit Bezug auf Antonio Gramsci feststellt: »[Man muss] sagen, dass die ideologischen Staatsapparate ihrerseits auf massive Weise in erster Linie *durch den Rückgriff auf* Ideologie funktionieren, auch wenn sie in zweiter Linie durch den Rückgriff auf Repression arbeiten« (ebd., 57). Das Schulsystem ist ein gutes Beispiel für dieses Zusammenwirken repressiver und ideologischer Anteile in den ISA: Solange die Beschulten sich an die Regeln (und damit die scheinbar »natürliche« Ordnung) einer Schule halten, haben sie nichts zu befürchten. Doch schon bei kleinen Abweichungen und Widerständigkeiten droht ein Gespräch bei der Schulsozialarbeiterin oder Schulpsychologin, eine Sanktion (Verweis, verschärfter Ver-

»Wodurch überwindet die Bourgeoisie die Krisen? Einerseits durch die erzwungene Vernichtung einer Masse von Produktivkräften; anderseits durch die Eroberung neuer Märkte und die gründlichere Ausbeutung alter Märkte« (ebd., 468).

weis etc.) oder gar der Rauswurf aus der Schule. Auch wenn Althusser mit seiner theoretischen Neuerung auf der Subjektseite die »Ausbildung selbstbestimmter Handlungsfähigkeit« (Rehmann 2008, 117) vernachlässigte, wirft er doch radikal die Frage auf, welche Stellung die Subjekte in einer marxistischen Analyse von Produktions- und Lebensweise, verbunden mit ihrer ideologischen Selbst- und Fremdformierung, einnehmen. So wird ihnen (theoretisch) die Möglichkeit eingeräumt, sich zu den herrschenden Verhältnissen zu verhalten bzw. sie handelnd zu verändern.

Es gilt im Folgenden zu überprüfen, inwieweit eine sich »links« dünkende Politikerin wie Sahra Wagenknecht die gesellschaftlichen Verhältnisse beschreibt, wie sie das Zusammenspiel des Ökonomischen mit dem »Ideologischen« denkt und das darin Eingelassensein bürgerlicher Institutionen und der darin handelnden (bzw. handlungsunfähig gemachten) Menschen. Denn letztlich geht es linker Politik um eine Möglichkeit, die in den Verhältnissen lebenden Subjekte darüber aufzuklären, wie sie darin »eingelassen« sind und wie ein Weg zu einer gerechten und menschenwürdigen Gesellschaft zu machen ist. Zu überprüfen ist aber auch, ob und wie Wagenknecht in ihrer Darstellung die von ihr »erforschten« (bzw. behaupteten empirischen) Zusammenhänge[9] zum Ausdruck bringt. Karl Marx

9 Ernst Wolowicz zeigt in seinem Beitrag, dass Wagenknecht ihre »Nebelbildungen« (Marx & Engels [1846] 1983, 26), wie die von ihr erfundene Lebensform des »Lifestyle-Linken«, ohne empirisch belastbare Belege aus dem eigenen ideellen »Himmel

hat dazu im Nachwort zur zweiten Auflage des *Kapital* geschrieben: »Die Forschung hat den Stoff sich im Detail anzueignen, seine verschiednen Entwicklungsformen zu analysieren und deren innres Band aufzuspüren. Erst nachdem diese Arbeit vollbracht, kann die wirkliche Bewegung entsprechend dargestellt werden« (Marx [1873] 1979, 27).

Um die realen gesellschaftlichen Verhältnisse theoretisch abzubilden, sind die dazu entwickelten Kategorien bzw. Begriffe, »die man sich von was macht, [...] sehr wichtig. Sie sind die Griffe, mit denen man die Dinge bewegen kann« (Brecht 1967, 1461). Die Wahl der Begriffe und Kategorien zeigt an, welchen Standpunkt jemand zu seinem Gegenstand einnimmt. Wie Frigga Haug schreibt, können sie zu eingreifendem Handeln befähigen und zu »Träger[n] von Hoffnung wie von Verzweiflung« (1997, 720) werden. Träger von Hoffnung werden Begriffe dann, »wenn die Subjekte mit ihnen Verhältnisse als veränderbar begreifen und denken können: als historisch gewordene und damit auch durch individuelle, kollektive [...] politische Kämpfe zu überwindende Verhältnisse« (Weber 2001). So macht es bspw. einen Unterschied, ob ich über Menschen schreibe, dass sie in sozialen Verhältnissen *handeln*, oder darüber, dass sie sich dazu *verhalten:* Der Handlungs-Begriff kann aufschlüsseln, wo und wie Möglichkei-

auf die Erde« (ebd.) herabholt und nicht – wie Marx dies im *Kapital* vorschlägt – »aus den jedesmaligen wirklichen Lebensverhältnisse allmählich ihre verhimmelten Formen [...], also aus den erstren die letzren [entwickelt]« (Marx [1872] 2017, 324).

ten bestehen, in den Verhältnissen diese zu verändern (bzw. daran gehindert zu werden), während der Verhaltens-Begriff das Subjekt als reagierendes, passives Individuum denkt, sodass das behavioristische Denken mit seiner Logik der Verhaltensmodifikation durchschlägt. An Wagenknechts Texten (und ihrer Begriffswahl) ist zu erkunden, ob und wie sie daran arbeitet, dass der je einzelne Mensch sich in den Verhältnissen einrichtet und sie bejaht; ob und wie sie Befreiungshandeln aus ungerechten Verhältnissen denkt; zuletzt: ob und wie sie begrifflich daran arbeitet, dass die subjektive Einordnung in ein völkisches bzw. nationales Kollektiv mit der Ablehnung des Fremden, des Anderen gekoppelt wird, und damit die gesellschaftlichen Spaltungen, welche der kapitalistischen Produktionsweise und ihrer staatlichen Stützung inhärent sind, entnennt.

Zur Argumentationsstrategie Sahra Wagenknechts sei noch Folgendes angemerkt: Selten bezieht sie Stellung in der Ich-Form, manchmal schreibt sie im Duktus des wissenschaftlich üblichen »Wir«, das suggeriert, die behauptete Sache sei mehrheitlich akzeptiert. Ein Beispiel: »Der Zeitgeist[10], soweit wir Umfragen zu konkre-

10 Dem »Zeitgeist«, der schon als Ausrede der Nazis für ihr aktives Mitmachen bzw. Wegschauen herhalten musste, widmet Wagenknecht ein eigenes Unterkapitel: »Der Zeitgeist: Sehnsucht nach Anerkennung, Sicherheit und einem guten Leben«. Im aktuellen Missbrauchsskandal der katholischen Kirche bemüht Ratzinger ebenfalls den »Zeitgeist«, der »für die Missbrauchsfälle und ihre mangelnde Aufklärung« (SZ 22.1.22) verantwortlich gemacht wird. Worum es Wagenknecht geht,

ten Themen als Maßstab nehmen, ist sozialökonomisch links und kulturell solide liberal« (Wa, 196). Der Satz erscheint beim ersten Lesen eingängig; die Leser_innen können sich weitgehend in die nahegelegten Behauptungen »einfühlen«. Bei näherer Betrachtung wird deutlich, wie praktisch alles an ihm fragwürdig ist: Da gibt es zum einen einen »Zeitgeist«, der sich in kulturellen bzw. sozioökonomischen Haltungen »ausdrückt«. Wie er zustande kommt, wieso er im Satzgefüge als Subjekt auftritt, auf welche Art und Weise die behaupteten »Umfragen zu konkreten Themen« die »Ausrichtung« des Zeitgeists bestätigen – darauf gibt es keine Antwort. Die genannten Umfragen werden nicht genannt und so ist die Leserin darauf angewiesen, Wagenknecht Glauben zu schenken. Bei genauerer Analyse des Satzes stellt sich aber zum anderen die Frage, ob und wie die Prädikate des Satzes (»links«, »solide liberal«) von Wagenknecht gemeint sind: Doch an keiner Stelle des Buchs wird deutlich gemacht, was diese im politischen Raum beheimateten Adjektive bedeuten sollen. An solchen »Containersätzen« mangelt es in den *Selbstgerechten* nicht. Ein zweites, bedeutsameres Merkmal ihrer Argumentationslogik besteht darin, dass sie »über Bande« argumentiert. Wagenknecht nimmt selten direkt Stellung zu behaupteten Missständen, sondern meist über

---

wenn sie diesen Terminus verwendet: Zusammenhänge von subjektivem Handeln und gesellschaftlicher Formation werden entnannt, Verantwortung für das jeweilige Tun wird ins Metaphysische (Werte, Geist, Stimmung, Charakter, Mentalität etc.) verschoben.

eine Behauptung, die sie der von ihr abgelehnten und bekämpften »Lifestyle-Linken« unterstellt. Diese von ihr »erfundene« Gruppe (siehe Wolowicz in diesem Buch) würde z. B. *»alte weiße Männer«* (Wa, 197) herabwürdigen und verächtlich machen. Wenn diese sich nun »wehrten« und rechts wählten, dann zeigt Wagenknecht dafür implizit Verständnis, ohne dies zu explizieren. Aussagen wie »Die meisten Menschen [...] fühlen sich auf den Arm genommen« (Wa, 196), »wurde öffentlich beinahe hingerichtet« (Wa, 38), »Wer so denkt und die geschilderten Werte hochhält, wird heute *konservativ* genannt«, lassen keine Diskussion über die Inhalte zu, über die gestritten werden könnte, sondern etablieren einen Opferdiskurs (mit vorab bestimmten Täter_innen), den Wagenknecht nutzt, um sich zur Fürsprecherin der »einfachen Leute«, der Armen und Schwachen zu erklären.

Im Folgenden soll nun gezeigt werden, wie Sahra Wagenknecht inhaltlich die Brücken nach »rechts« baut und beschreitet. Ihr Bekenntnis zum deutschen Nationalstaat und einer nationalen »Marktwirtschaft« (die mitnichten sozialistisch zu verstehen ist) ist weniger von Belang. Hier soll es darum gehen, die ideologischen Versatzstücke so zu ordnen, dass ersichtlich wird, wie Sahra Wagenknecht »Gesellschaft« denkt. Die Leser_innen können aufgrund des dargebotenen Materials entscheiden, ob der Faschisierungsvorwurf berechtigt ist oder nicht.

III Gemeinschaft der Gleichen statt Gesellschaft als »Verein freier Menschen«

Im Vorwort des Buchs *Die Selbstgerechten* bedauert Wagenknecht, dass »*Gemeinwohl* und *Gemeinsinn* Worte sind, die aus der Alltagssprache nahezu verschwunden sind« (Wa, 9). Wie sie darauf kommt, ist schleierhaft; bei einer Suchanfrage via Nicht-Google erscheint der Begriff *Gemeinwohlökonomie* 68500, *Gemeinsinn* 63500 und *Gemeinwohl* über 280000 Mal. Doch selbst wenn sie recht hätte mit ihrem Bedauern, wäre es angemessener, die sozioökonomischen Grundlagen der Sprech- und Sprachveränderung zu erkunden anstatt zu bedauern, dass »Wir-Bewusstsein, Gemeinschaftsorientierung [...] und gegenseitige Verantwortung« (Wa, 62) verloren gegangen seien.

Gemeinschaft vs. Gesellschaft

Wagenknecht schreibt selten von »Gesellschaft«, sondern legt großen Wert auf das Wort »Gemeinschaft«. Die Zugehörigkeit dazu leitet sie nicht ab aus der freiwilligen Zustimmung der Menschen (z. B. zur Jugendgruppe, zur Fußballmann- oder -frauschaft, zum Seniorenclub etc.), sondern aus der Natur des Menschen: »Menschen leben in Gemeinschaften und sie brauchen das Miteinander. Das gilt für alle Zeiten und letztlich für alle sozialen Schichten. [...] [Der Mensch] ist ein Gemeinschaftswesen« (Wa, 205); »[Menschen] sind von dem Erbe geprägt[11],

11 Es erstaunt mich immer wieder, wie bedenkenlos der Begriff

als soziale Wesen über Jahrhunderte in Gemeinschaften gelebt [...] zu haben« (Wa, 209). Während der Gesellschaftsbegriff die »Gesellung« des Menschen qua Notwendigkeit der Lebensmittel- und Lebensproduktion und damit die widersprüchlichen Vergesellschaftungsformen in den Mittelpunkt rückt, basiert das Reden von Gemeinschaft darauf, dass diese frei von Gegensätzen und Widersprüchen (innerhalb einer Gruppe) konzipiert wird: »Das ›Gemeinsame‹ entspringt stets einer Verallgemeinerung widersprüchlicher Merkmale« (Gonzales 2001, 178). Der von Marx im *Kapital* utopisch entworfene »Verein freier Menschen« ([1872] 2017, 53) ist das schlichte Gegenteil einer naturwüchsigen Gemeinschaft: Erkenntnis und Reflexion der herrschenden Verhältnisse durch die Subjekte voraussetzend, vereinen sie sich in der Arbeit und im Kampf gegen ein menschenfeindliches System zur Überwindung desselben: der »freie Verein« als Mittel und Zweck einer besseren Welt in einem. Bei Wagenknecht dient die imaginierte Harmonie einer Gemeinschaft dazu, die sich historisch verändernden Zugehörigkeiten zu Kollektiven zu leugnen und die (oft nicht selbst gewählten) Gemeinschaftszugehörigkeiten (Familien, Stadt, Land etc.) als Teilhabe »an einem *gesellschaftlichen Imaginären,* [...] an einer Ideologie oder an einer mehr oder weniger gemeinsamen *Kultur*« zu postulieren (Gallissot 1985, 410). Mit der Naturalisierung

»Prägung« in Politik, Pädagogik und Psychologie verwendet wird. Wie großartig müssen sich Münzkundler_innen fühlen, dass ein Begriff aus ihrer Wissenschaft es so weit hinein ins »fremde« Lager geschafft hat.

des »Gemeinschaftlichen« verschwinden Fragen nach den jeweiligen Widersprüchen (in Familien, Dörfern etc.) und Macht- sowie Herrschaftsverhältnissen.

Doch Wagenknechts Überlegungen zur »Gemeinschaftsbildung« zeichnen sich nicht nur durch eine überhistorische (»für alle Zeiten«), von den Zeitläuften unabhängige Form aus; sie legt ihrer Konstruktion zudem ein Freund-Feind-Schema zugrunde (auch wenn sie es etwas freundlicher ausdrückt): »Dass Mitgliedern einer wie immer definierten Gemeinschaft eher vertraut wird als denen, die *nicht dazugehören* [kursiv i. O., kw], ist keine irrationale Marotte, sondern ein Verhalten, das sich jahrhundertelang bewährt hat« (Wa, 206); »In einer intakten Familie fühlen wir uns anderen Familienmitgliedern enger verbunden als Menschen, die nicht zur Familie gehören. Wir sind eher bereit, Familienmitglieder zu unterstützen als Fremde. Das ist kein moralisch fragwürdiges, sondern ein normales menschliches Verhalten« (Wa, 205). Das »Wir« in Wagenknechts Ausführungen legt nahe, dass all diejenigen, die *nicht dazugehören* (oder nicht dazugehören wollen), »unnormal« und unnatürlich seien. Das und der »Fremde« haben keine Chance, eine Gemeinschaft mit den »Zugehörigen«, den »Eigenen« zu bilden. Sie müssen *draußen bleiben* aus der durch »den Wert nationaler Zusammengehörigkeitsgefühle [...] und die alten Stammesbande« (Wa, 218) verbundenen Gemeinschaft: »Europa oder gar Deutschland kann nicht einen Großteil der über 60 Millionen Flüchtlinge aufnehmen« (Wa, 152); »Die Mehrheit möchte [...]

nicht mit immer mehr Zuwanderern um Arbeitsplätze und Wohnungen konkurrieren, wenn sich der eigene Lebensraum bis zur Unkenntlichkeit verändert« (Wa, 197). Die Wortwahl Wagenknechts (Lebensraum, Gemeinschaftsgefühl, Stammesbande) macht es unmöglich, sie nicht mit den Ausführungen Björn Höckes (»Das von [Carl] Schmitt geforderte ›Interventionsverbot raumfremder Mächte‹ [...] ist hochaktuell, müsste allerdings nach den schlechten Erfahrungen der Vergangenheit um das [...] ›Migrationsverbot raumfremder Bevölkerungen‹ ergänzt werden« [2019, 283]) oder gar Adolf Hitlers in *Mein Kampf* (»Der Staat [...] ist die Organisation einer Gemeinschaft physisch und seelisch gleicher Lebewesen zur besseren Ermöglichung ihrer Forterhaltung« [Hartmann et al. 2016, 425]) in Verbindung zu bringen. Bei beiden folgt auf die Feststellung einer natürlichen und »normalen« nationalen Gemeinschaft die rassische, territoriale oder kulturelle Ausgrenzung des »Fremden«. Wagenknechts Wortwahl ist bewusst gewählt: Sie will die gesellschaftlichen Gründe (Krieg, Folter, Hungerkatastrophen etc.), aufgrund derer Menschen in andere Länder flüchten und die auch die »einheimischen« Lohnabhängigen vor enorme Probleme stellen, nicht benennen, um den Gegensatz von Gemeinschaftszugehörigen und Gemeinschaftsfremden für ihre Form des sozialen Nationalismus »auszubeuten«.

Der Vater ist viereckig
und raucht Ernte 23.
Am Sonntag im Bett
zieht er den Kindern gern
schnurgerade Scheitel.
(Heinar Kipphardt, Leben des
schizophrenen Dichters Alexander M.)

»Diese Familie, die im Anfange das einzige soziale Verhältniß ist, wird späterhin, wo die vermehrten Bedürfnisse neue gesellschaftliche Verhältnisse [...] erzeugen, zu einem untergeordneten (ausgenommen in Deutschland)« (Marx & Engel [1845] 2017, 28). Was Marx und Engels mit dieser Aussage in der *Deutschen Ideologie* deutlich machen wollen, ist die in den und mit den gesellschaftlichen Verhältnissen sich verändernde Familien*form*. Ein paar Jahre später, im *Kommunistischen Manifest*, werden sie behaupten: »Die Bourgeoisie hat dem Familienverhältnis seinen rührend-sentimentalen Schleier abgerissen und es auf ein reines Geldverhältnis zurückgeführt« ([1848] 1983, 465). Sie fordern die »Aufhebung der Familie« (ebd., 478) und machen sich lustig über diejenigen, die sich »ereifern über diese schändliche Absicht der Kommunisten« (ebd.). »Werft ihr uns vor, dass wir die Ausbeutung der Kinder durch ihre Eltern aufheben wollen? Wir gestehen dieses Verbrechen ein«, antworten sie ihren Kritikern.

Wagenknecht stellt – wie so oft ohne empirischen Beleg – fest, dass »viele Menschen vielleicht auch deshalb rechts [wählen], weil [...] sie sich verletzt fühlen, wenn ihre Vorstellung von Glück, nämlich dauerhaft an einem vertrauten Ort zu leben, eine traditionelle Familie zu gründen und ihren Kindern vor allem ein verlässlicher Vater und eine gute Mutter zu sein, als überholt und provinziell belächelt wird« (Wa, 197). Und sie postuliert: »Auch eine stabile Familie ist kein *Käfig*, sondern für viele Menschen ein Lebenstraum ...« (Wa, 224). Familie ist für sie – wie die familiäre Gemeinschaft – eine naturwüchsige Angelegenheit, so als hätten sich die Familienformen über die Jahrtausende nicht verändert[12]. Das, was Wagenknecht als überhistorisch und universell denkt, ist »jedoch ein historisch spätes Produkt der bürgerlichen Gesellschaft; die antike wie die mittelalterliche patriarchale Familie war eine umfassende Lebens- und Produktionsgemeinschaft, deren Mitglieder nur zum Teil verwandtschaftlich oder ehelich miteinander verbunden waren« (Haug & Petrioli 1999, 100). Bei Wagenknecht wird die moderne »Kernfamilie« (Gemeinschaft von Mutter, Vater, Kind[ern]) zum widerspruchs- und gewaltfreien Hort des Guten, Schönen und Besonderen, der seine Güte, Schönheit und Besonderheit dadurch gewinnt, dass er sich abgrenzt gegen das »Fremde« und »Andere«: »Für Menschen, die sich an Gemeinschaften orientieren,

12 Die Form der »Kernfamilie« ist gemeint, wenn Wagenknecht (wie viele reaktionäre Familiensoziologen und -psychologen) behauptet, »dass die Familie eine grundlegende und allgemein verbreitete gesellschaftliche Einrichtung sei, welche in der Natur des Menschen liege« (Lambrecht et al. 1998, 28f.).

ist *ihre* Familie nicht irgendeine Familie, *ihre* Heimatregion nicht irgendein Landstrich und *ihr* Land etwas anderes als andere Länder« (Wa, 220).

Das, was Wagenknecht »Normalfamilie« bzw. »traditionelle Familie«[13] nennt, ist in einer kapitalistischen Gesellschaft nichts anderes als eine gesetzlich abgesicherte Institution, die ihre Funktion in der »Aufrechterhaltung der für den kapitalistischen Arbeitsprozess nötigen Autorität und komplementärer Unterwerfungsbereitschaft« (Ketelhut 1999, 114) hat. Weder die feministischen Argumente gegen den mit der Familienideologie verbundenen Familienlohn (der unter dem Etikett Ehegattensplitting weiterlebt) noch die Frage der Aufteilung von Produktion und Reproduktion in eine Arbeits- und eine Familienwelt (mit der immer noch üblichen Zuordnung: Männer in der Lohnarbeit, Frauen auf prekären Arbeitsstellen plus Sorgearbeit in der Familie) oder die Fragwürdigkeit einer Lebensform, die vor allem für Kinder und Frauen mehr als bedrohlich ist, sind in Wagenknechts Idealisierung und Mythisierung von »Familie« beinhaltet[14]: »Die Normalbiografie machte das Leben planbar, das Normalarbeitsverhältnis garantierte

13 »Die *Alternative für Deutschland* bekennt sich zur traditionellen Familie als Leitbild«, heißt es im Parteiprogramm der AfD.

14 Wagenknecht hätte allein durch die Kontrastierung der BRD- mit der DDR-Frauen- und Familienpolitik zeigen können, dass staatliche, gesellschaftliche und politische Verhältnisse die Familienform durchaus anders konstituieren können und damit Freiheiten für Frauen wie Kinder ermöglichen, die in kapitalistischen Verhältnissen nur zu erträumen sind.

allmählich steigende Löhne und vielfach auch eine berechenbare Karriere, die Normalfamilie mit der zumindest in Zeiten der Kindererziehung nicht berufstätigen Frau wurde erstmals auch für Arbeiter und Angestellte erschwinglich« (Wa, 65)[15]. Das reaktionäre Familien- und Frauenbild, das die »linke Frontfrau« in ihren Büchern propagiert, ist frei von jeglichem Wissen um das, was wirklich in Familien geschieht. Alexander Kluge bringt auf den Punkt[16], was »Familien-Analyse« so schwierig macht: »Familien sind die Brutstätte der Angst, der Sehnsucht und des gesellschaftlichen Charakters von Menschen, ein ungeheures Laboratorium. Wegen des hohen Maßes an Gewalt, die in diesem Zusammenhang steckt, wehrt sich das Vorstellungsvermögen, sich sachlich damit zu beschäftigen« (2009, 525).

15 Dass diese Art von »Normalität« nicht mehr gelebt werden kann, hat für Wagenknecht nichts mit einer veränderten Produktionsweise (und damit Lebensweise) zu tun, sondern mit der »68er-Bewegung«. Diese habe den »großen Aufstand gegen Normalität und Konformität, gegen Traditionalismus und den *Mief* der alten Zeit« (Wa, 96) gewagt und dabei den »Wertekanon von ›Maß und Mitte‹« (ebd.) zerstört. Dieser habe »den Arbeitern mehr Rechte, Konsummöglichkeiten und Aufstiegsoptionen eröffnet, als sie jemals zuvor hatten« (ebd.).

16 Auch Kluges Text arbeitet nicht mit Empirie, sondern mit Fallgeschichten. Doch wer sich die steigenden Fallzahlen in der Kinder- und Jugendhilfe, die von Männern gegen Frauen und Kinder verübte Gewalt (welche unter dem verharmlosenden Stichwort »häusliche Gewalt« abgehandelt wird) und die Wartezeiten bei Kinder- und Jugendpsychiater_innen vor Augen führt, der/dem mag einigermaßen klar sein, wie recht Kluge hat.

Glaube / Nation / Heimat / Vaterland

Heimat is do, wo ma si aufhängt
Heimat is do, wo ma aufghängd wead
(Kaskich 2020)

Wagenknecht zufolge sind »Glaube, Nation und Heimat« für die von ihr bekämpfte imaginäre Gruppe der Linksliberalen »Chiffren für Rückständigkeit« (W, 99). Sie setzt dagegen: »Die meisten Menschen lieben ihre Heimat und identifizieren sich mit ihrem Land, und sie wollen dafür nicht angefeindet oder moralisch herabgewürdigt werden« (Wa, 197). Weil sie ihr Land, ihre Familie und ihre Heimat als »etwas anderes« und Besonderes gegenüber »anderen Ländern« empfinden, »fühlen sie sich Staatsbürgern des eigenen Landes enger verbunden als Menschen, die woanders leben, und sie wollen nicht, dass die Politik oder die Wirtschaft in ihrem Land *von außen* gesteuert wird« (Wa, 220). Wer sich nicht in Talkshows und Zeitungsredaktionen aufhält, sondern dort, wo die Menschen leben und arbeiten, über die Wagenknecht schreibt, wird erfahren können, dass es den meisten Mitarbeiter_innen einer Firma egal ist, ob das Werk »in deutscher Familienhand« bleibt, ob der ausbeutende Kapitalist Amerikaner, Franzose oder ein chinesisches Konsortium ist. Wichtig sind die sozialen Bedingungen (Arbeitszeit, Gesundheitsschutz, Verhalten der Vorgesetzten etc.), unter denen die Arbeitskraft verkauft werden muss. Doch Wagenknecht setzt bewusst das Innen-Außen-Verhältnis gegen das von

Kapital und Lohnarbeit: So kann sie die »nationalistische Karte« spielen und die deutsche »soziale Marktwirtschaft« (im Übrigen eine Erfindung Erhards in den letzten Monaten der NS-Zeit) gegen den Kapitalismus mit seinem »internationalen Finanzkapital« (Wa, 313) setzen und eine »De-Globalisierung« (Wa, 310) fordern, die »unser Leben verbessert« (ebd.).

Auch wenn Wagenknecht nicht vom Vaterland spricht, so klingen ihre Worte – was die deutsche Nation betrifft – nicht anders als jene, mit denen seit mehr als hundert Jahren in idealistischer Manier die Einheit einer deutschen Nation beschworen wird: »Nationen entstehen durch eine gemeinsame Kultur und Sprache, durch geteilte Werte, gemeinsame Traditionen, Mythen und Erzählungen, aber auch durch eine gemeinsame politische Geschichte« (Wa, 235). Wie falsch sie mit dieser Entstehungsgeschichte von Nationen liegt, ist (im Beitrag von Veiglhuber) nachzulesen: Geary (2002) kann zeigen, wie Sprachvereinheitlichung, »Werteerzeugung« sowie die Herstellung von Mythen und Erzählungen fast immer mit der Vernichtung alternativer Sprachen, Erzählungen und Mythen einherging. Nationen sind also nicht einfach »entstanden«, sondern ideologische (und später) staatliche Gebilde, die durch Herrschaft und Zwang »fabriziert« werden mussten – durch Totschlag, Vergewaltigung, Folter und Vernichtung derer, die sich der »nationalen Idee« nicht beugen wollten. Nach wie vor gilt der Satz von Marx und Engels aus dem *Kommunistischen Manifest*: »Die Arbeiter haben kein Vaterland. Man kann ihnen nicht nehmen, was sie nicht haben« (Marx & Engels [1848] 1983, 479). Alle Politiker_innen, die sich auf die Nation als »schützenswertes« Gut fixieren, entnennen damit in der Regel Klassenkonflikte und andere Herrschaftsverhältnisse.

Peter Handke, österreichisch-slowenischer Herkunft, weiß, dass die Gegend, welche die meisten »Heimat« nennen, vor allem mit Einheimischen bevölkert ist, die einen wie ihn aus dieser Heimat vertreiben wollen wie alles »Fremde« und »Andersartige«. In einer solchen Heimat könne er nicht leben, denn: »Die Heimat ist von den Feinden besetzt, seit je« (1998, 123). In einem Streitgespräch mit seinem fremdenverachtenden Großvater (»Mit eurer Fremdsprache habt ihr unsere heilige Heimatluft entheiligt!«) findet Peter Handke ein Wort gegen des Großvaters Heimatgeschwätz: »Ein einziges reichsdeutsches Wort hat mich allerdings aufhorchen lassen: ›Bleibe‹. Bleibe ... Bleibe! – statt der ewigen Leier mit ›Heimat‹!« (2010, 22). Wagenknecht spricht Heimat und Nation so, dass die »Anderen« und die »Fremden« in ihr ebenfalls nichts zu suchen haben, weil sie »natürlicherweise« nicht dazugehören (können). Herrmann Gremliza, der 2020 verstorbene Herausgeber der Zeitschrift *Konkret*, extremisiert diesen Zusammenhang des dem Heimatbegriff inhärenten Freund-Feind-Schemas: »Ohne Liebe zur Heimat keine Verbrechen gegen die Menschheit«. Heiner Müller dagegen zielt mit seiner Rede gegen jede Mythisierung und Idealisierung von »Heimat« und »Heimatliebe«: »Meine Frau sagt: ›Heimat ist dort, wo die Rechnungen ankommen‹« (2008, 586). Dass und wie Wagenknecht die

»Liebe zur Heimat« mit der Unterscheidung zwischen Zugehörigen und Fremden ins Zentrum ihrer Identitäts- und Nationalitätspolitik rückt, belegt ihre Nähe zu Politiker_innen der AfD[17]. »Genderisierung, Angriff auf die traditionellen und bewährten Werte der klassischen und natürlichen Familien, [...] das Bild und die Rolle der Frau und des Mannes, die Vernichtung der Identität und Verbundenheit mit seiner Heimat und viele andere Maßnahmen, die alle zur heutigen demografischen Situation führen«, heißt es in einer Rede eines oberbayerischen Parteifunktionärs der AfD. »Es gilt der Heimat, auch wenn wir nur zu spielen scheinen«, heißt der Leitspruch des Höcke-Buchs *Nie zweimal in denselben Fluss* (2019, 7), der im Interview behauptet, »dem ganzen No-Border- und Entortungswahn müssen wir das Recht auf Heimat entgegenhalten – ein Menschenrecht, das völkerrechtlich geschützt und Bestandteil der in Art. 1 unseres Grundgesetzes niedergelegten unveräußerlichen Menschenwürde ist[18]« (ebd., 204).

17 Im Parteiprogramm der AfD wird Heimat an keiner Stelle positiv konnotiert. Sie dient als funktionale Leerstelle, die dem »Fremden« alles zumuten kann dadurch, dass sie offen bleibt: »Jeder Einwanderer hat eine unabdingbare Bringschuld, sich zu integrieren; er muss sich seiner neuen Heimat anpassen, nicht umgekehrt«.

18 Wenn es keine Belege gibt, erfindet sie Björn Höcke einfach: Weder im Grundgesetz Art. 1 noch in der Allgemeinen Erklärung der Menschenrechte gibt es einen Passus, der sich auf Heimat oder gar auf den Zusammenhang von Menschenwürde und Heimat beziehen würde.

Bräuche / Sitten / Traditionen / Werte
Wagenknecht ist nicht zu widersprechen, wenn sie behauptet, individuelle und kollektive Identitäten hätten etwas mit historischen Erzählungen, mit Traditionen und Bräuchen zu tun: »Gemeinsame Identitäten beruhen auf gemeinsamen Erzählungen, die Werte, Normen und Verhaltensregeln festlegen. Viele Bräuche und Traditionen haben gerade darin ihren Wert, Gemeinsamkeit und Zugehörigkeit zu vermitteln« (Wa, 206). Was Traditionen und Bräuche jedoch sein sollen (und welche Erzählungen ihr als gemeinschaftsbildend vorschweben), verrät Wagenknecht nicht. Wenn Adorno schreibt, »nicht Bewußtsein ist ihr [der Tradition, kw] Medium, sondern vorgegebene, unreflektierte Verbindlichkeit sozialer Formen, die Gegenwart des Vergangenen« ([1966] 1997, 310), so trifft er den Nagel auf den Kopf. Das »Programm«, das Wagenknecht vorlegt, basiert auf dem Gedanken, individuelle und kollektive Identitäten würden durch vorgegebene Muster »geprägt« (so ein häufig von ihr benutzter Begriff). Diese werden von ihr jedoch nicht auf ihre herrschaftsförmige oder herrschaftskritische Funktion hin hinterfragt. Kritik an Traditionen, Bräuchen und Erzählungen kann sie sich nicht vorstellen – und reproduziert »bewusstlos« die Erzählungen der Herrschenden[19] über

19 »Die aus der Selbstzerrissenheit entstandende Frage nach der individuellen ebenso wie nach der kollektiven *Identität* verlangt nach einer Antwort und verstellt diese zugleich: Weil der Einzelnde mit Kopf und Herz an die Verhältnisse gebunden ist« (Stapelfeldt 2019, 332).

herrschende Erzählungen zur Ein- und Anpassung an die Verhältnisse.

Was Wagenknecht in der Aufzählung (der »Zugehörigkeit« vermittelnden Dinge) nicht erkennen will, ist die Tatsache, dass es keine homogenen und widerspruchsfreien Erzählungen gibt. Wer wie sie in der DDR aufgewachsen ist, müsste wissen, dass ein wichtiger Baustein für diese Republik war, »Gegenerzählungen« zum westdeutschen »Blick auf die deutsche Geschichte«, insbesondere den deutschen Faschismus, zu etablieren. Die Herausgabe des *Braunbuchs* mit den Namen und Funktionen der in der BRD hofierten Nazi-Größen, das Verlegen und Verkaufen antimilitaristischer und antifaschistischer Literatur zu geringsten Preisen (und beispielsweise eine Teilnahme an den Weltfestspielen der Jugend aller sozialistischen Staaten) waren weit weg von dem, was in der BRD als offizielle Erzählungen zugelassen wurde[20]. Ähnliches gilt für »Bräuche«. Sie sind nichts anderes als ideologische Praxen, in denen die Subjekte sich einüben in die Normalität der Herrschaftsgesellschaft. Wer wie ich aus Oberbayern kommt und am eigenen Leib erleben musste, wie Trachtlerbrauchtum, Schuhplatt'ln und Alkoholkonsum aus mir einen »Mann« machen sollten, der sich in diesem Landstrich zu Hause fühlt, der/die weiß, dass Brauchtum und Tradition andere Worte sind für die körperliche, psychische und soziale Herstellung von

20 Mehr dazu in der dreibändigen *Kulturgeschichte der DDR* von Gerd Diedrich (2018).

Subjekten, die jeder Herrschaft untertänig zustimmen. »Große Erzählungen prägen Milieus, und sie werden in Milieus weitergegeben« (Wa, 55). Was Wagenknecht unter »groß« versteht, ist mir schleierhaft. Ich habe mich an die kleinen Erzählungen von Liebe, gerechtem Leben und einen »Verein freier Menschen« gehalten, die mich »links« und menschen- statt heimatverbunden werden ließen[21].

Identität / WIR-Gefühl / Zusammenhalt

Es ist allgemein bekannt, dass zur Stabilisierung der Eigengruppe das Vorhandensein von »Außenseitern« bzw. Sündenböcken gehört. Für Wagenknecht ist die Herstellung eines regionalen bzw. nationalen Zusammenhalts ebenfalls nur möglich über die Herausbildung einer eigenen kollektiven Identität und ihre »Entgegen-Setzung« zu »Anderen«. Das sind keine anderen Nationen, sondern diejenigen, die sie herablassend als »Lifestyle-Linke«, »fernreisende Bio-Konsumenten« (Wa, 27), Wirtschaftsflüchtlinge (»Wer ein besseres Leben sucht, [...] müsste das nicht tun« [Wa, 142]) oder wie die Fridays-for-Future-Jugendlichen (»für die der Klimawandel nur ein Alibi ist, um [den Armen das] Heizöl, ihren Strom und ihren Sprit

21 Damit gehöre ich zu denjenigen, die »Gemeinschaft vor allem mit Zwang, Abschottung, Engstirnigkeit und Unterordnung in Verbindung bringen« (Wa, 225), und bin in Wagenknechts Vorstellung ein Mensch, der nicht in der Lage ist, »menschlichere gesellschaftliche Verhältnisse [zu] erreichen« (ebd.).

noch teurer zu machen« [Wa, 200])[22] als »privilegierte Zeitgenossen« (ebd.) bezeichnet. Sie macht die nationale »Schicksalsgemeinschaft« (Wa, 218) zur Grundlage jeder Demokratie. Weil darin aber nur die Einheimischen und »Dazugehörenden« etwas zu sagen haben sollen, behauptet sie: »Demokratie lebt nur in Räumen, die für die Menschen überschaubar sind. Nur dort hat der *Demos* eine Chance, mit politischen Entscheidungsträgern auch in Kontakt zu kommen [...] Je größer, inhomogener und unübersichtlicher eine politische Einheit ist, desto weniger funktioniert das. Kommen dann noch Unterschiede in Sprache und Kulturen hinzu, ist es ein aussichtsloses Unterfangen« (2016, 23). In den *Selbstgerechten* heißt es dazu: »Ohne Wir-Gefühl überlebt keine Demokratie« (Wa, 214). Der Satz wird Aristoteles zugeschrieben, ohne dass eine Quelle genannt würde. Wie im Bereich der Empirie, so zeigt Wagenknecht auch beim »Herbeizitieren« von Quellen, dass ihr der Kontext des Geschriebenen egal ist, Hauptsache, es passt in ihr Konzept. Selbst im konservativen *Wörterbuch der Philosophie* ist zu lesen, dass Aristoteles' Demokratievorstellung keineswegs mit einem »Wir-Gefühl« zu tun hat. Explizit

22 Die Frage der Zerstörung der natürlichen Grundlagen unseres menschlichen Lebens ist Sahra Wagenknecht keine Zeile wert. So wie sie in ihrem neuen Buch das Wort »Kapitalismus« vermeidet, scheint sie auch die Grundprinzipien seiner Ökonomie zu ignorieren: die Zerstörung von Mensch und Natur aus einem einzigen Grund – dem der Erzielung kurzfristigen Profits.

geht es ihm nicht um »Volksherrschaft« (die er »Politie« nennt), sondern um die Zulassung zu »politischen Funktionen«, die »sämtlichen frei und einheimisch Geborenen« (Bien 1972, 51) gewährt werden könnte, Sklav_innen und Frauen ausgenommen. Hintergrund der Wagenknecht'schen Identitätslogik ist der völkische Gedanke, dass Kooperation und demokratisches Verfügen über gemeinsam zu regelnde Dinge nur in einem homogenen Volkskörper funktionieren können. Selbst wenn »Fremde« per Einbürgerung »Deutsche« (als Besitzer_innen eines deutschen Passes) geworden sind, reicht dies der Politikerin nicht aus: »Eine funktionierende Demokratie benötigt tatsächlich mehr Gemeinsamkeit als eine gemeinsame Sprache, und als gemeinsames Wertgerüst reicht das Bekenntnis zum Grundgesetz nicht aus« (Wa, 239). Der damalige Fraktionschef der CDU, Friedrich Merz, hat im Jahr 2000 von Einwanderern (im Rahmen der von ihm initiierten Leitbild-Debatte) lediglich verlangt, »dass sie sich an die Regeln des Zusammenlebens in Deutschland halten« sollen. Wagenknecht fordert von den »Fremden«, ihre eigene Identität abzulegen und sich an die deutsche Geschichte, die deutschen Erzählungen und die typisch deutschen Eigenschaften anzupassen, damit sie als »Deutsche« betrachtet werden können: »Wenn man den Begriff Leitkultur sinnvoll definieren will, sollte man darunter die durch kulturelle Überlieferung, Geschichte und nationale Erzählungen begründeten spezifischen Werte und typischen Verhaltensmuster innerhalb einer Nation verstehen, die Teil ihrer gemeinsamen Identität sind und auf denen ihr Zusammengehörigkeitsgefühl beruht« (Wa, 240). Wer den völkischen Begriff der »Stammesbande« (Wa, 218), die eine Nation zusammenhalten, zur Grundlage einer deutschen Leitkultur macht, die gleichzeitig Grundlage einer »Demokratie« dieses homogenen Stammes sein soll, arbeitet an nichts anderem als der Idee einer homogenen Volksgemeinschaft (auch wenn sie diesen Begriff tunlichst vermeidet) und damit an der Faschisierung dieses Landes.

Exkurs: Geschichtslosigkeit und Mythenbildung

Sahra Wagenknechts »Gesellschaftsbeschreibung« hat weder etwas mit Aufklärung noch mit Selbstaufklärung (oder gar einer marxistisch fundierten Analyse) zu tun. Ihre Darstellungen sind Aneinanderreihungen (und oft Wiederholungen) von Eindrücken, Urteilen sowie Vorurteilen und Alltagssätzen, die ihre vorgefasste Meinung »unmittelbar« bestätigen sollen; für aufklärerisches und emanzipatorisches Denken ist jedoch die »Vermittlung« alltäglich wahrgenommener Phänomene mit gesellschaftlichen Verhältnisse notwendig, um das Gegebene zu überschreiten – hin auf einen Vorschein eines besseren Lebens (wie Ernst Bloch sagen würde). Dem eklektizistischen Vorgehen Wagenknechts in Bezug auf die Erklärung der neoliberalen Gesellschaftsformation entspricht ihre »Bewusstlosigkeit« in Bezug auf geschichtliches Denken. »›Geschichte‹ bezeichnet im weitesten Sinne die Gesamtheit des Geschehens in Kultur und Natur unter dem Gesichtspunkt des Entstehens und Vergehens [...] einschließlich der unterschiedlichen Formen, in denen sich die Menschen ideell und praktisch damit auseinandersetzen«, schreibt Wolfgang Küttler (2001, 428), den die Politikerin aus DDR-Zeiten kennen müsste. Ihm wie allen Marxist_innen ist Marxens Satz geläufig, dass »die Menschen ihre eigene Geschichte [machen], aber sie machen sie nicht aus freien Stücken, nicht unter selbstgewählten, sondern unter unmittelbar vorgefundenen, gegebenen und überlieferten Umständen« ([1852] 1982).

Doch bei Wagenknecht lesen wir, dass nicht die Menschen Mythen und Erzählungen, traditionelle Geschichten und Praktiken »machen«, sondern dass die menschlichen Ideen und Vorstellungen (und ihre Lebenseinstellungen) von übermenschlichen Mächten »geprägt« werden. Sie fällt mit dieser Konstruktion weit hinter die Aufklärung zurück und auch hinter die beginnende reflektierende Geschichtsphilosophie der Renaissance (1425–1525): In der römischen und griechischen Antike wurden »individuelle und kollektive Identitäten [...] auf göttlicher, mythologischer Grundlage« (Stapelfeldt 2019, 337) »erklärt«. Wenn Wagenknecht Mythen (plus Erzählungen plus Tradition) bemüht, um die Grundlage »nationaler Identität« zu erklären, wird kein einziger Mythos (auch keine Erzählung) inhaltlich erwähnt. Sie käme wohl auch in große Schwierigkeiten damit, weil sich in Deutschland nur das Nibelungenlied als Mythos etablierte, der als Lied »seit über 1000 Jahren Fragen über Fragen an die Nachgeborenen [summt]« (Goller & Gomringer 2013, 4). Doch allein die Aufklärung des geschichtsphilosophischen Hintergrunds des Mythos der Nibelungen (seiner Funktion zur Zeit der Abfassung zwischen dem 5. und 7. Jahrhundert) inklusive seiner Bedeutung für die Herstellung einer »deutschen Nation« bis hin zur Funktionalisierung durch die Nazis[23] wäre eine »vernünftige« Herangehensweise. Seine traditionelle Inanspruchnahme als Grundlage der deutschen Identitätsbildung wäre die bewusstlose Re-Inszenierung einer Erzählung, die sich durch nichts anderes auszeichnet als durch Verleumdung, Verrat und Vernichtung. Die Dekonstruktion solcher Mythen, wie sie Franz Fühmann mit »Der Nibelunge Not« (1987) in der DDR vornahm (»Das Nibelungenlied ist [...] ein groß angelegter, souverän erzählter [...] Roman der feudalen Gesellschaft und ihrer Machtstruktur. Nur so, dicht am Text, kommt man zu einer richtigen Interpretation« [zit. n. Kleinert 2013, 145]), ist aufklärerische Durchdringung des traditionellen Materials mit »vernünftigen« Mitteln.

Was bei Wagenknecht steht, ist exakt das Gegenteil einer Aufklärungsarbeit, die in der kulturellen, sozialen und politischen Praxis einer emanzipatorischen, sozialistischen Arbeit Leitfunktion haben müsste. Geschichte als von Menschen gemachte Angelegenheit kommt bei ihr nicht vor: keine Aufklärung, kein Marx, kein Lenin, keine Nazizeit, keine Kommunisten-

23 In »Mein Kampf« wird sowohl im ersten (Hartmann et al 2016, 377) als auch im zweiten Band (ebd., 1597) auf die Nibelungen angespielt; Hitler geht es um die »Nibelungentreue«, die es nur »der eigenen Rasse gegenüber geben kann«.

hetze, kein Antisemitismus, keine DDR-Gründung, kein »Anschluss« der DDR an den Westen usw. Diese vorsätzlich gewählte »Bewusstlosigkeit« in Bezug auf von Menschen gemachte und von Menschen erlittene Geschichte (bei gleichzeitiger Konstruktion rückwärtsgewandter »Seinsbestimmungen«) ist deshalb so gefährlich, weil sie anschlussfähig ist für jedes faschistische und völkische Narrativ.

IV Politik: Führung oder Selbstermächtigung der »Geführten«

Doch als er dann mächtig war,
wurde sein Herz hochmütig,
wodurch er sich selbst
ein Ende bereitete
(Bibel in gerechter Sprache, 2 Chronik 26,16)

Wagenknechts Buch trägt den Untertitel: »Mein Gegenprogramm – für Gemeinsinn und Zusammenhalt«. Um ein politisches Programm in praktisches Handeln zu übersetzen, ist es nötig, sich eine Vorstellung davon zu machen, wie die politischen Akteure in Bewegungen, Gruppen, Initiativen, Vereinen und/oder Parteien ein solches Programm »umzusetzen« in der Lage sind. Wer sind die treibenden Kräfte, die Wagenknechts Ideen in der (partei-)politischen Arena aufnehmen und sie parlamentarisch oder durch Druck »auf der Straße« in bessere Lebensverhältnisse ummünzen? In Wagenknechts Buch ist von vernünftig handelnden

Menschen zur Vertretung ihrer Interessen nichts zu lesen. Im Gegensatz zu Ansätzen von Rosa Luxemburg (oder Kurt Eisner), denen daran gelegen war, die von den Ungerechtigkeiten des Kapitalismus Betroffenen zu agitieren und sie zu ermutigen, für »ihre Sache auf die Barrikaden« zu gehen oder in der ihnen möglichen Form sich politisch einzumischen (Arbeitergruppen, Gewerkschaften, Betriebsgruppen etc.), werden die von Wagenknecht als Opfer der ungerechten Verhältnisse imaginierten Menschen (»Unterprivilegierte«, »kleine Leute«, »alte weiße Männer« etc.) dadurch vertreten, dass man ihnen »hilft«, sie »vor Armut, Demütigung und Ausbeutung schützt« (Wa, 23) und sich um ihr »Wohl kümmert« (Wa, 23). Die Fürsprecherin der Armen, Alten und ungerecht Behandelten geht so weit, die reaktionären und rassistischen Ansichten der »Unterprivilegierten« über die Logik der Ausbeutung zu übernehmen. So zitiert und verteidigt sie eine »alleinerziehende Mutter«, die weder Arbeitsplatz noch Wohnung findet und behauptet, den »Flüchtlingen wird so viel Geld reingesteckt [...] Die bekommen wirklich so viel Unterstützung, wo ich teilweise [...] weniger bekomme« (Wa, 180): Bei ihr handle es sich um ein »Opfer der herrschenden Politik, die (sic!) verzweifelt ihre Interessen einklagt« (Wa, 181). Einer Reinigungskraft, welche das eigene Unternehmen als deutschfeindlich bezeichnet (»Weil mehr Ausländer eingestellt werden wie Deutsche. Die Deutschen wollen sie alle wegrationalisieren [...] Weil die sich nichts gefallen lassen« [Wa, 159]), konzediert Wagenknecht, dass »man sich unter solchem Druck am Ende mehr gefallen lassen muss, als man eigentlich möchte«. Anstatt der Rassifizierung ungerechter sozialer Verhältnisse durch eine Erklärung über den Zusammenhang von Ausbeutung, Migration und Klassenlage zu begegnen, geht sie den Argumenten unkritisch »auf den Leim«, weil diese einerseits ihre Vorstellungen der Verursachung von Arbeitslosigkeit und Wohnungsknappheit (»Die Ausländer sind schuld«) »belegen« sollen und andererseits ihre Vorstellung einer notwendigen politischen Stellvertretung der ungerecht Behandelten bestätigen.

Dass sie Menschen, unterprivilegierten erst recht, nicht zutraut, für ihre Belange zu »kämpfen«, hängt mit ihrem kruden Subjektbegriff zusammen: »Menschen sind vernunftbegabte Wesen, aber im Alltag denken und reagieren sie in hohem Maße intuitiv und emotional« (Wa, 219); zudem würden sie »geprägt« von den nationalen Mythen, Erzählungen etc. Politische Auseinandersetzungen, betriebliche Streikaktionen oder harte Betriebs- und Personalratsarbeit kennt Wagenknecht nicht. Menschen sind für sie »das Wahlvolk«, das in seiner »Mehrheit keine Stimme mehr hat« (Wa, 179). Außerhalb des Parlaments ist »Politik« für Wagenknecht nicht denkbar (auch wenn sie in Talkshows mehr Zeit verbringt als im Parlament); dort werden die Menschen »vertreten«. Ihre »Aufstehen«-Bewegung[24] krankte daran, dass sie eine Kopfgeburt

24 Die Geschichtslosigkeit Wagenknechts zeigt sich in dem Versuch, eine »Bewegung von oben« zu initiieren. Das letzte Mal,

war; von oben sollten Menschen bewegt werden, sich in einer Bewegung zu organisieren: top-down statt bottom-up. Es handelte sich um nichts anderes als um Wagenknechts Versuch, die eigene Partei zu spalten, indem sie sich zur »Anführerin« einer internetbasierten »Bewegung« machte, die selbst in Großstädten keine nennenswerte Aktion auf die Beine stellen konnte (von inhaltlicher Leere außer »Wir sind für Sahra« abgesehen).

Was das parlamentarische System angeht, gibt es bei Sahra Wagenknecht nicht einmal den Ansatz einer Kritik – wo sie doch als frühere Marxistin im Briefwechsel von Marx und Engels unzählige Stellen über die »Eselei des Parlaments« hätte finden können. Und trotz ihrer ideellen Bewegung hin zu einer BRD-Identität hat sie die »westlichen« staats- und parlamentarismuskritischen Schriften weder rezipiert noch verinnerlicht. Wenn Wagenknecht bedauert, viele Menschen hätten den Eindruck, dass politische Mitbestimmung in Deutschland kaum mehr möglich sei (Wa, 247), so könnte sie bei Agnoli nachlesen, dass dieses Bedauern von Ohnmacht

als dies in Deutschland der Fall war, handelte es sich um die nationalsozialistische Bewegung, die sich nur »die Bewegung« nannte. Zeitweise war die LINKE völlig gelähmt von dieser Bewegung, deren Mitglieder sich führerlady-versessen »Team Sahra« nannten. Auf Parteiversammlungen waren von ihnen keine Argumente mehr zu hören, lediglich der Satz: »Sie spricht uns aus dem Herzen.« In Hannover sagte der Bundestagsabgeordnete Diether Dehm bei einer Diskussion: »Wir gehen für Sahra durchs Feuer«.

zur Stabilität des Machtsystems beiträgt: »Beklagt sich die Öffentlichkeit zuweilen über die ›Ohnmacht‹ des Volkes gegenüber der Volksvertretung, [...] so vergisst sie zu fragen, ob diese Ohnmacht nicht Bestandteil und Garantie des Machtsystems ist, zu dessen Stärkung sie, die Öffentlichkeit [...] beiträgt« ([1967] 2004, 61). Im Parlament geht es um »Vertretung«: »Das Parlament vertritt nicht mehr das Bürgertum gegen die Krone, sondern die führenden Kreise der Produktionssphäre [...], der Kulturorganisationen (Kirchen zum Beispiel) und der gesellschaftlichen Organisation (Führungsstäbe der Verbände) gegenüber dem gemeinen Volk« (ebd., 75). Wer sich wie Wagenknecht seit Jahren an einer »Parlamentarisierung der Linken« beteiligt (somit an der Verohnmächtigung der Betroffenen) und den Lebensunterhalt damit bestreitet, der kommt es nicht in den Sinn, diese Form einer die Menschen passivierenden Demokratie mit Tendenz zum autoritären Staat infrage zu stellen. »Nur Fundamentalopposition ist daran interessiert, politische und gesellschaftliche Mißstände in Frage zu stellen« (ebd., 87), schreibt Agnoli weit vor der Zeit, als die Grünen und – später – die Linke sich dem parlamentarischen Betrieb auslieferten und die aktiven Gruppen und Bewegungen »links« liegen ließen (die Linke in Berlin hat es geschafft, trotz mehrheitlicher Zustimmung der Berliner Einwohner_innen zur Enteignung großer Immobilienkonzerne die Mieterbewegung »auflaufen« zu lassen, weil Senatsposten und Dienstwagen winkten). Weder Fundamentalopposition noch Unterstützung von Bewegungen (FfF,

Mieterbewegung, Anti-Rassismus-Gruppe etc.) gegen soziale Ungerechtigkeit im Sinne oder im Auftrag des Kapitals ist Wagenkechts Sache. Ihr genügt es, wenn der deutsche Wähler die »Richtigen« wählt und sich in seinem Leben durch »Leistungsbereitschaft, […] Disziplin, Fleiß und Anstrengung[25]« (Wa, 220) bewährt.

V Neofaschismus, Rechtsextremismus: nothing

Vereinigt in der Entsorgung,
Ab in den Orkus. Glücklich ist,
Wer vergißt. Das Jahrtausend
Geht sauber über die Rampe
(Steffen Mensching, Tabula Rasa / März 1990)

Für Sahra Wagenknecht gibt es kein Problem, was die Faschisierung Deutschlands betrifft: Weder der zunehmende (auch gewalttätige und mordende) Antisemitismus noch die steigende Anzahl rassistischer Übergriffe bis hin zu brennenden Flüchtlingsheimen und Anschlägen auf Leib und Leben nicht-deutscher Menschen in diesem Land beunruhigen sie. Wofür sie Verständnis hat, sind die Ängste und Sorgen derer, welche Nordafrikaner, Schwarze, Moslems und andere imaginierte Gruppen als Bedrohung ihres normalen deutschen Lebens betrachten: »Rechte Parteien werden

25 Oskar Lafontaine bezeichnete diese Tugenden gegenüber Helmut Schmidt als »Sekundärtugenden, mit denen man auch ein KZ betreiben« könne.

nicht deshalb gewählt, weil es mehr Rassisten, mehr Homophobe oder schlicht mehr Reaktionäre gibt« (Wa, 172), »Protest als Wahlmotiv [...] weil sie sich von allen anderen politischen Kräften sozial im Stich gelassen und kulturell nicht mehr wertgeschätzt fühlen« (Wa, 173). Sie leugnet einen »Rechtsruck« deswegen, weil sie selbst das Problem der Verfügung über Arbeitsplätze oder über Wohnraum (durch Kapitalisten und Immobilienbesitzer) den »Fremden« anlastet: »Die Mehrheit [der Deutschen] möchte allerdings nicht mit immer mehr Zuwanderern um Arbeitsplätze und Wohnungen konkurrieren und sie ist auch nicht einverstanden, wenn sich der eigene Lebensraum bis zur Unkenntlichkeit verändert« (Wa, 197). Wer einigermaßen über deutsche Geschichte Bescheid weiß – und Sahra Wagenknecht kann man keinesfalls Dummheit unterstellen –, dem ist das Wort »Lebensraum« einzig bekannt aus den Plänen der völkisch-nationalen Bewegung seit 1914 (Alldeutscher Verband) und später der Nazis, Polen und die Sowjetunion mit einem Vernichtungskrieg zu überziehen, dem das »Lebensraum«-Konzept zugrunde lag (vgl. Benz et al. 1997, 564f.).

Wagenknecht begibt sich mit ihrem Vokabular vom Lebensraum der Deutschen und dessen »Veränderung bis zur Unkenntlichkeit« nicht lediglich in die Nähe der neofaschistischen Propaganda Björn Höckes und seinesgleichen, sondern sie spricht deren Gedanken – etwas anders nuanciert – aus: »Man kann ja Heimat nicht nur durch Vertreibung oder Flucht, sondern auch im eigenen Land durch Masseneinwanderung und

Überfremdung verlieren« (Höcke 2019, 204). Aus dieser Verteidigung des »deutschen Normalbürger[s] und -arbeiter[s]« leitet sie die Zustimmung zu autoritären Führerpersönlichkeiten und deren reaktionär-nationalistischer Politik ab: »Es hätte keinen Donald Trump und auch keine AfD gegeben, wenn ihre Gegner ihnen nicht den Boden bereitet hätten«, schreibt sie im Vorwort ihres aktuellen Buchs[26]. Wie dieser Prozess funktioniert haben soll, dass sozialistische sowie emanzipatorische Kräfte und Bewegungen den Neonazis und ihren Anhänger_innen »den Boden bereitet haben« – diese Erklärung bleibt Wagenknecht schuldig. Und weil sie selbst inzwischen wie Alexander Gauland von Heimat, »Gewohnheit, Sitte oder Brauch« (siehe Beitrag von Wolowicz) spricht, die für alle Menschen einer Nation normal und »natürlich« seien, sieht sie – als »Linke« – keinen »Rechtsruck« in Deutschland und Europa: »Bisher gibt es in den meisten Ländern keinen rechten Zeitgeist und auch keinen gesellschaftlichen Rechtstrend« (Wa, 201)[27]; »Auch die meisten Wähler

26 Björn Höcke hat die Vorlage für Wagenknechts Behauptung in seinem Interviewbuch geliefert: »Durch die massive Entfremdung der Linken von den ›einfachen Leuten‹ ist es kein Wunder, dass die FPÖ, der Front National und Donald Trump vor allem Zuspruch aus der Arbeiterschaft erhalten haben« (2019, 245).

27 Verständnisvoll gibt sich Wagenknecht gegenüber Steve Bannon, dem neofaschistischen Wahlkampfmanager Donald Trumps, gegenüber dem deutschen Milliardär und Trump-Unterstützer Peter Thiel (Wagenknecht 2016, 134) und der dänischen Sozialdemokratin Frederiksen, die sich in ihrem Land

rechter Parteien sind keine Feinde der Demokratie. Viele haben eher den Glauben daran verloren, in einer zu leben« (Wa, 196).

In der »großen Erzählung« Wagenknechts über die wunderbare Zeit der »deutschen Normalität«[28] gibt es zwei Leerstellen: Zum einen schreibt sie vom westdeutschen Wirtschaftswunder als einer Zeit, die »getragen war vom Stolz auf die eigene Arbeit, die den materiellen Wohlstand produziert, auf den die gesamte Gesellschaft angewiesen ist« (Wa, 62): »Immerhin arbeiteten viele Industriearbeiter ihr Leben lang im selben Betrieb, in dem oft schon der Vater seine Brötchen verdient hatte. Die Arbeiterschaft war deswegen überwiegend sesshaft und heimatverbunden« (ebd.). Dass die Frauen in dieser Zeit von ihren Männern schriftliche Einverständniserklärungen brauchten, um der Lohnarbeit nachzugehen; dass die alten Nazis in dieser Zeit nicht nur staatliche, sondern auch industrielle Spitzenposten weiter besetzen konnten; dass

---

rühmt, das Ziel »Null Asylsuchende in Dänemark« in ein Gesetz gegossen zu haben.

28 »So kämpfen sie [die Dienstleistungsbeschäftigten, kw] ständig um die *Normalität* eines bescheidenen *guten Lebens*, ohne sie jemals wirklich erreichen zu können« (Wa, 78). Solchen moralisch unterfütterten Zugeständnissen an nicht klassenbewusste Arbeiter_innen kann nur der Spruch aus der Frauenbewegung entgegengehalten werden: »Wir wollen keinen Teil vom Kuchen, wir wollen die ganze Bäckerei!«. Statt politischer Bildung gilt für Wagenknecht das Motto: den »kleinen Leuten« nach dem Mund reden. Dazu Johann Nestroy: »Wer den Menschen nachläuft, bekommt stets bloß deren Rücken zu sehen«.

gleichzeitig Kommunist_innen in Betrieben bespitzelt, gekündigt und strafrechtlich verfolgt (und im Staatsdienst gekündigt) wurden; dass der Familienalltag für die meisten Kinder mit einem schlagenden, alkoholisierten Vater und einer schweigenden, untertänigen Mutter verbunden war; dass Menschen mit Behinderung, die durchaus auch auf dem sogenannten ersten Arbeitsmarkt ihre Arbeitskraft hätten verkaufen können, als Menschen zweiter oder dritter Klasse und/oder als Fürsorgeobjekte in Heimen ihr Dasein fristen mussten; dass schwule Menschen bei Offenlegung ihrer Vorliebe im Lieben ins Gefängnis geworfen wurden; dass für »schwierige« Kinder die Einweisung in geschlossene Heime der Fürsorgeerziehung, wo sie missbraucht und geschlagen wurden, Standard war; dass psychiatrisierte Menschen bis in die 1970er Jahre hinein in menschenunwürdige Verwahranstalten verbracht und bis in die 1990er Jahre zwangssterilisiert wurden – all diese »Überbleibsel« aus der Zeit des deutschen Faschismus muss Wagenknecht ignorieren, um ihr harmonisch-idyllisches Bild einer genormten Gesellschaft »als Befreiung«[29] verkaufen zu können. Ausblenden muss sie für ihre Beschreibung ebenfalls die realen Verhältnisse in den Betrieben. Die kürzlich erschienene Studie von Wolfgang Hien zeigt, wie der Körper der arbeitenden Menschen vernutzt und gequält wird, um der (meist männlichen) Arbeitskraft

29 Ein Unterkapitel zu Kapitel 3 (Die Geschichte der Arbeiter) heißt tatsächlich »Die Norm als Befreiung«.

den Mehrwert abzupressen: »Die Klassengeschichte der Menschheit ist auf leiblichem Leid der Arbeitenden gebaut, auf somatischem und seelischem Schmerz« (2018, 15).

Zum anderen gibt es bei Wagenknecht keine DDR, das Land, in dem sie groß geworden ist und das sie – bis zu ihrem ideologischen »Systemwechsel« – wegen fehlenden Privateigentums an Produktionsmitteln durchaus positiv beschrieb. Die »deutsche Geschichte« ist bei ihr eine des Westens geworden, die Besonderheit des Arbeits- und Freizeitlebens in der DDR wird – auch in ihren zu kritisierenden Aspekten – unterschlagen. So ist ihr rückwärtsgewandter Weg in eine romantische deutsche Betriebs- und Volksgemeinschaft (in der Unternehmer und Arbeiter »zusammenhalten«) gepflastert mit Leerstellen und blinden Flecken, auch braunen. Ihr zentraler Angriff richtet sich nicht gegen Neofaschisten, auch nicht gegen die Brückenbauer im politisch-kulturellen Milieu (*FAZ*, *Welt*, *NZZ*, *Cicero* etc.), sondern gegen »Lifestyle-Linke« und Antifaschist_innen. Sie seien es, denen »im Kampf gegen Nazis [...] (fast) alles erlaubt« (Wa, 30) sei und die »oft eine erschreckende Intoleranz an den Tag legt[en], die sich mit der äußersten Rechten durchaus messen kann« (ebd.).

Wagenknecht kultiviert in ihren Schriften idealistisch-konservatives und reaktionäres Gedankengut (Natürlichkeit sozialer Gesellschaftsformen, Universalität historisch-spezifischer Sachverhalte, Identitätstheorien etc.), das in der komplexen Ideologie des deutschen

Faschismus ebenso wie in den Reden und Schriften heutiger völkisch-nationaler Autor_innen zu finden ist. Mit ihren Ausführungen zu Gemeinschaft, Familie, Nation und Heimat hat sie eine marxistische Gesellschaftsanalyse und kapitalismuskritische Ansätze einer gesellschaftsverändernden Politik auf den »Müllhaufen« geworfen. Ihre Vorstellungen einer »anderen«, gerechten Gesellschaft richten sich nach hinten: auf eine bundesdeutsche Gesellschaft, wie sie in den 1960er und 1970er Jahren ihrer Meinung nach existierte.

Das Ignorieren des deutschen Faschismus und seiner Folgen in der BRD-Geschichte, das vorsätzliche Vergessen des Versuchs einer »Gegengründung« zum deutschen Faschismus: der DDR, die Verherrlichung der »normierten« und »formierten« Gesellschaft der Nachkriegs-BRD, das Nicht-Notiznehmen von der Zerstörung unserer »natürlichen« Lebensgrundlagen und das Verächtlichmachen junger Menschen, die sich gegen diese Gefahr engagieren, die Leugnung einer neofaschistischen Gefahr und das Denunzieren von Menschen, die sich gegen diese Gefahr stellen: Sahra Wagenknecht hat die Brücke ins völkisch-nationale Lager überschritten und eine orientierungslose linke Partei hinterlassen. Für eine emanzipatorische Politik, die Befreiung nicht als »Norm« denkt, wäre ein Wechsel Wagenknechts in eine andere Partei eine große Chance für einen politischen Neubeginn.

Literatur

Adorno, Theodor W. ([1960] 1997): Über Tradition. GS Bd. 10.1 (Prismen. Ohne Leitbild). Frankfurt/M.: Suhrkamp, 310–320.

Agnoli, Johannes ([1967] 2004): Die Transformation der Demokratie und verwandte Schriften. Hamburg: Konkret Literatur Verlag.

Althusser, Louis (2010): Ideologie und ideologische Staatsapparate (1. Halbband). Hamburg: VSA.

Benz, Wolfgang, Hermann Graml & Hermann Weiß (1997): Enzyklopädie des Nationalsozialismus. München: Deutscher Taschenbuch Verlag.

Bibel in gerechter Sprache (2014). München: Gütersloher Verlagshaus.

Bien, G. (1972): Demokratie, in: J. Ritter (Hg.), Historisches Wörterbuch der Philosophie, Bd. 2 (D–F). Darmstadt: Wissenschaftliche Buchgesellschaft, 50–51.

Braun, Volker (2014): Werktage 2. Arbeitsbuch 1990–2008. Berlin: Suhrkamp.

Brecht, Bertolt (1967): Flüchtlingsgespräche. GW Bd. 14. Frankfurt/M.: Suhrkamp, 1380–1515.

Figueroa, Ibarra Carlos (1999): Faschismus, in: W. F. Haug (Hg.), Historisch-kritisches Wörterbuch des Marxismus, Bd. 4 (Fabel–Gegenmacht). Hamburg: Argument, 147–165.

Fühmann, Franz (1987). Simplicius Simplicissimus. Der Nibelunge Not und andere Arbeiten für den Film. Rostock: Hinstorff.

Gallisot, René (1985): Gemeinschaft, in: G. Labica & G. Bensussan (Hg.), Kritisches Wörterbuch des Marxismus, Bd. 3 (Gattung–Judenfrage). Berlin: Argument, 410–417.

Goller, Detlef, & Nora Gomringer (2013): Nie gelungen Lied. *die horen (Zeitschrift für Literatur, Kunst und Kritik)* 252: Nie gelungen Lied. Der Nibelunge Nôt, 4–6.

Gonzales, Casanova Pablo (2001): Gemeinschaft, in: W. F. Haug (Hg.), Historisch-kritisches Wörterbuch des Marxismus, Bd. 5 (Gegenöffentlichkeit–Hegemonialapparat). Hamburg: Argument, 174–189.

Handke, Peter (1998): Am Felsenfenster morgens (und andere Ortszeiten 1982–1987). Salzburg & Wien: Residenz.

Handke, Peter (2010): Immer noch Sturm. Berlin: Suhrkamp.

Hartmann, Christian, Othmar Plöckinger, Roman Töppel & Thomas Vordermayer (Hg.) (2016): Hitler, Mein Kampf. Eine kritische Edition. 2 Bände. München/Berlin: Institut für Zeitgeschichte.

Haug, Frigga (1997): Erinnerung, in: W. F. Haug (Hg.), Historisch-kritisches Wörterbuch des Marxismus, Bd. 3 (Ebene–Extremismus). Hamburg: Argument, 401–422.

Haug, Wolfgang F., & Alexis Petrioli (1999): Familie, in: W. F. Haug (Hg.), Historisch-kritisches Wörterbuch des Marxismus, Bd. 4 (Fabel–Gegenmacht). Hamburg: Argument, 100–104.

Hien, Wolfgang (2018): Die Arbeit des Körpers. Eine kritische Arbeitsgeschichte von der Hochindustrialisierung in Deutschland und Österreich bis zur neoliberalen Gegenwart. Wien: mandelbaum.

Höcke, Björn (2019): Nie zweimal in denselben Fluss. Björn Höcke im Gespräch mit Sebastian Hennig. Lüdinghausen/Berlin: Manuscriptum.

Kaskich (2020): Heimat is do, wo man sich aufhängt, auf: Erst wenn Du in der Ferne bist, weißt Du, wie schön die Heimat ist (LP). Kein Ort: produits de la laiterie.

Ketelhut, Barbara (1999): Familie, in: W. F. Haug (Hg.), Historisch-kritisches Wörterbuch des Marxismus, Bd. 4 (Fabel–Gegenmacht). Hamburg: Argument, 104–118.

Kipphardt, Heinar (1976): Leben des schizophrenen Dichters Alexander M. Ein Film. Berlin: Wagenbach.

Kleinert, Paul A. (2013): Zur Neugewinnung alter Erzählstoffe. Das Filmszenarium *Der Nibelunge Noot* von Franz Fühmann. *die horen (Zeitschrift für Literatur, Kunst und Kritik) 252*: Nie gelungen Lied. Der Nibelunge Nôt, 145–150.

Kluge, Alexander (2009): Das Labyrinth der zärtlichen Kraft. 166 Liebesgeschichten. Frankfurt/M.: Suhrkamp.

Lambrecht, Lars, Karl H. Tjaden & Margarete Tjaden-Steinhauer (1998): Gesellschaft von Olduvai bis Uruk. Soziologische Exkursionen. Kassel: Jenior und Pressler.

Marx, Karl ([1858] 1982): Der achtzehnte Brumaire des Louis Bonaparte. MEW 8. Berlin: Dietz, 113–207.

Marx, Karl ([1872] 2017): Das Kapital. Kritik der politischen Ökonomie. Erster Band. Buch I: Der Produktionsprozess des Kapitals (neu hg. von Th. Kuczynski). Hamburg: VSA.

Marx, Karl ([1873] 1979): Nachwort zur zweiten Auflage [des Kapital]. MEW 23. Berlin: Dietz, 18–28.

Marx, Karl ([1877] 1977): Marx an Engels in Ramsgate. MEW 34 (Briefe Januar 1875 bis Dezember 1880). Berlin: Dietz, 48–49.

Marx, Karl, & Friedrich Engels ([1848] 1983): Manifest der Kommunistischen Partei. MEW 4. Berlin: Dietz, 459–493.

Marx, Karl, & Friedrich Engels ([1845] 2017): [Konvolut zu Feuerbach], in: Deutsche Ideologie. Manuskripte und Drucke. Marx-Engels Gesamtausgabe (MEGA), Bd. I/5. Berlin/Boston: de Gruyter.

Mensching, Steffen (2010): Tabula Rasa, in: M. Lentz & M. Opitz (Hg.), In diesem Land. Gedichte 1990–2010. Frankfurt/M.: Fischer.

Meyer, Malte (2017): Lieber tot als rot. Gewerkschaften und Militär in Deutschland seit 1914. Münster: edition assemblage.

Müller, Heiner (2008): »Kitsch leben, nicht lesen«. Interview mit *Profil*. Werke 12 (Gespräche 3). Frankfurt/M.: Suhrkamp, 578–587.

Opitz, Reinhard (1984): Faschismus und Neofaschismus. Frankfurt/M.: Marxistische Blätter.

Rehmann, Jan (2004): Ideologiekritik, in: W. F. Haug (Hg.), Historisch-kritisches Wörterbuch des Marxismus, Bd. 6/I (Hegemonie – Imperialismus). Hamburg: Argument, 690–717.

Rehmann, Jan (2008): Einführung in die Ideologietheorie. Hamburg: Argument.

Stapelfeldt, Gerhard (2019): Der Geist des Widerspruchs. Studien zur Dialektik. Erster Band. Freiburg: ça ira.

Vuillard, Éric (2018): Die Tagesordnung. Berlin: Matthes & Seitz.

Wagenknecht, Sahra (2016): Reichtum ohne Gier. Wie wir uns vor dem Kapitalismus retten. Frankfurt/New York: Campus.

Wagenknecht, Sahra (2021): Die Selbstgerechten. Mein Gegenprogramm – für Gemeinsinn und Zusammenhalt. Frankfurt/New York: Campus.

Weber, Klaus (1999): Faschisierung, in: W. F. Haug (Hg.), Historisch-kritisches Wörterbuch des Marxismus, Bd. 4 (Fabel – Gegenmacht). Hamburg: Argument, 142–146.

Weber, Klaus (2001): Subjektkonstruktionen im flexiblen Kapitalismus, in: B. Stolz-Willig (Hg.), Arbeit & Demokratie. Solidaritätspotenziale im flexiblen Kapitalismus. Hamburg: VSA, 33–51.

Michael Wendl

Marktwirtschaft statt Kapitalismus – Wagenknechts ökonomisches Glaubensbekenntnis Vom »einfachen« Marxismus zur ordoliberalen Kapitalismuskritik

»Am Ende könnten wir auch wieder in gesellschaftlichen Verhältnissen leben, zu denen Finanzmarktstabilität und solide verzinste Anlagen für sicherheitsbewusste Sparer ebenso gehören wie ein vorteilhafter Rahmen für mittlere und kleinere Unternehmen und eine gestärkte Mittelschicht« (Wagenknecht 2021, 310). So sieht die Vision für die Zukunft des aktuellen Kapitalismus aus – ein verklärter Blick auf ein Modell einer Marktwirtschaft, die entweder ein guter oder sozialer Kapitalismus sein soll oder sogar gar kein Kapitalismus mehr ist, sondern eine, wie es Walter Eucken genannt hat, »Verkehrswirtschaft« (Eucken 1944, 106) oder »Wettbewerbsordnung« (Eucken 1952, 371).

Eine zweite Vorbemerkung: Dieser Text besteht auch aus einem kurzen Streifzug durch die Dogmen- oder Theoriegeschichte der deutschen Nationalökonomie in der Weimarer Republik und zu Beginn des Nationalsozialismus. Zwischen 1920 und 1938 finden wichtige Transformationen des ökonomischen Denkens statt, die Einsichten in die Geld- und Kreditschöpfung verändern sich, die später mit dem Namen von Keynes verbundene Geld-, Finanz- und Beschäftigungspolitik entsteht in ersten Umrissen, die reformistische

Arbeiterbewegung entwickelt aus ihrem Verständnis des Marxismus die Theorie des organisierten Kapitalismus und das Konzept der Wirtschaftsdemokratie. Wagenknecht entdeckt dagegen den deutschen Ordoliberalismus, der sich in dieser Zeit und später diesen neuen Erkenntnissen entgegenzustellen versucht und deshalb an der Gründung eines internationalen Netzwerks neoliberaler Ökonomen und Sozialwissenschaftler mitarbeitet. Die mit diesen Debatten verbundenen ökonomietheoretischen Fragen und Kontroversen spielen in den einschlägigen Büchern von Wagenknecht (2011, 2016, 2021) aber keine Rolle.

1. *Der einfache Marxismus: Lenin, Hilferding und Wagenknecht*

2002 hat Wagenknecht in ihrem Essay *Sozialismus oder Barbarei* eine Variante der Theorie des staatsmonopolistischen Kapitalismus präsentiert: »Im Übergang vom 19. ins 20. Jahrhundert entstanden erstmals jene Markt und Staat beherrschenden Wirtschaftskonglomerate, die die jedem Kapital eigene Unersättlichkeit mit der Macht verbanden, die Investitionsschwerpunkte ganzer Branchen zu bestimmen, Preise zu diktieren und Regierungen als ihre Marionetten tanzen zu lassen. Und mit ihrer Macht wuchs auch ihre Fähigkeit, einen wachsenden Strom aus diesem Kreislauf zugunsten der schmalen Geldaristokratie abzuzweigen [...]. Diese Dynamik [...] drückte auf die Absatzchancen von Konsumgütern und letztlich auch auf die Rentabilität von Investitionen und pumpte mehr und mehr Geld auf die Finanz- und Aktienmärkte« (2002, 138). Mit dieser Feststellung knüpft sie an Debatten an, die mit dem Erscheinen von Rudolf Hilferdings *Das Finanzkapital* 1910 begonnen hatten. Hilferding hatte darauf aufmerksam gemacht, dass der steigende Finanzbedarf für Investitionen die Macht der kreditgebenden Banken gegenüber den Kredite nachfragenden Industrieunternehmen spürbar erhöht und in der Folge für eine Verschmelzung des Bankkapitals mit dem Industriekapital der großen Unternehmen geführt hatte (Hilferding 1910/1947). Lenin führt kurz nach seiner Imperialismusschrift auch den später populär gewordenen Begriff des staatsmonopolistischen Kapitalismus in die Debatte ein (Lenin 1982, 436). Dass Wagenknecht der diesem theoretischen Paradigma zugrunde liegenden Sicht folgt, zeigt ein Aufsatz von ihr über die Marx'sche »Arbeitswerttheorie« aus dem Jahr 2000. Hier entwickelt sie in mehreren Modellen von Austauschprozessen die Regeln, nach denen sich Waren austauschen. Dabei beginnt sie mit Modellen des Naturaltauschs und geht dann auf die Modelle in einer geldvermittelten Produktions- und Tauschökonomie ein, in denen Geld die Rolle des Zirkulationsmittels übernimmt. Dieses Vorgehen stimmt methodisch mit der Darstellung überein, die Lenin von der ökonomischen Lehre von Karl Marx geliefert hat. Marx habe die historische Entwicklung der kapitalistischen Produktionsweise von einer der einfachen Warenzirkulation vorausgesetzten einfachen Warenproduktion zu einem Kapitalismus der freien

Konkurrenz nachgezeichnet. Diese die logische Struktur des Kapitals in eine historische Abfolge oder Entwicklung des Kapitalismus verdrehende Interpretation wurde ab dem Ende der 1960er Jahre in Westdeutschland durch verschiedene Studien umfassend kritisiert (Projekt Klassenanalyse 1972; Reichelt 1970). Damit ist gemeint, dass die Marx'sche Methode, von abstrakten Begriffen zu den konkreten Bestimmungen zu kommen, in eine historische Abfolge »verdreht« wurde. So wurde die einfach Zirkulation, die von den konkreten Produktionsbedingungen abstrahiert, als (historische) vorkapitalistische Form der Zirkulation in einer einfachen, nicht-kapitalistischen Warenproduktion interpretiert (Rakowitz 2000).

Der Kern der Kritik lautete, dass Lenin und seine Epigonen die logische Struktur der Entwicklung des Kapitals von Ware und Geld zum kapitalistischen Gesamtreproduktionsprozess mit einer historischen Abfolge verwechselt hatten. Dadurch geraten Boden, Kapital und Arbeit mit ihren Erträgen (Zins, Rente, Lohn) aus dem Blick; Entstehung und Aneignung des Mehrwerts werden durch den oberflächlichen »bürgerlichen Standpunkt« verschleiert (vgl. MEW 25, 838f.). Marx habe demnach im *Kapital* einen Kapitalismus der freien Konkurrenz analysiert, der später durch einen Monopolkapitalismus abgelöst wurde. Wagenknecht folgt der historisierenden Darstellung der Entwicklung der Produktions- und Tauschprozesse, die schon Lenin in seinem Aufsatz »Karl Marx« vorgezeichnet hatte (Lenin 1978a, 40f.). Sie schließt ihren Text mit dem Resümee: »Entscheidend am Marxschen Ansatz ist also der ständige Rückbezug auf die Ebene des physischen Produktionsprozesses und die Aufgabenstellung, zu erforschen, wie produktionstechnische Daten sich unter konkreten gesellschaftlichen Bedingungen über mikroökonomische Entscheidungskalküle und deren makroökonomische Koppelung und Rückkoppelung in bestimmte Wertrelationen übersetzen und welche voraussichtliche Rückwirkungen dies auf die physische Struktur des Produktionsprozesses und des Endverbrauchs sowie auf die Lebensverhältnisse der Wirtschaftsteilnehmer hat« (Wagenknecht 2000, 16). Was hier völlig ausgeblendet wird, ist die Rolle, die die zahlungsfähige Nachfrage und damit Volumen und Verteilung von Geldeinkommen auf die Wertgrößen spielen. Waren erhalten erst einen gesellschaftlichen Wert, wenn sie getauscht werden. Aus geldtheoretischer Sicht formuliert Wagenknecht eine »Arbeitsmengentheorie des Werts«, auch als »prämonetäre Werttheorie« bezeichnet (Heinrich 2020, 250), die instinktiv von einer Neutralität des Geldes im ökonomischen Prozess ausgeht – Geld als bloßer Schleier über den eigentlich relevanten güterwirtschaftlichen Prozessen. Das führt dann zu der die neoklassische Theorie kennzeichnenden Dichotomie von realer oder güterwirtschaftlicher Sphäre und monetärer Sphäre, die anschließend als Verselbständigung der Finanzsphäre von den güterwirtschaftlichen Prozessen wahrgenommen wird.

Auch Lenin folgt dieser Dichotomie: »Der Kapitalismus ist so weit entwickelt, dass die Warenproduktion, obwohl sie nach wie vor ›herrscht‹, und als Grundlage der gesamten Wirtschaft gilt, in Wirklichkeit bereits untergraben ist und die Hauptprofite den ›Genies‹ der Finanzmachenschaften zufallen. Diesen Machenschaften und Schwindeleien liegt die Vergesellschaftung der Produktion zugrunde, aber der gewaltige Fortschritt der Menschheit, die sich bis zu dieser Vergesellschaftung hochgearbeitet hat, kommt den – Spekulanten zugute. Wir werden [...] sehen, wie auf dieser Grundlage die kleinbürgerlich-reaktionäre Kritik des kapitalistischen Imperialismus von einer *Rückkehr* zur ›freien‹, ›friedlichen‹, ›ehrlichen‹ Konkurrenz träumt« (Lenin 1988, 211).

Das hier zentrale theoretische Defizit des *einfachen* Marxismus besteht darin, dass er den Zusammenhang zwischen den Formen des Werts und dem Geld nicht thematisiert, dass Wert, wie Marx bei Ricardo kritisch notiert hat, nur als Wertgröße und nicht als Wertform gesehen wird: »Daher seine falsche Geldtheorie« (MEW 26.2, 161). Wichtig ist diesem Marxismus der frühen Arbeiterbewegung die unentgeltliche Aneignung des Mehrwerts und damit der Tatbestand der Ausbeutung. Übersehen werden die ökonomischen Formen, in denen sich diese Prozesse bewegen, und die Rückwirkung dieser ökonomischen Formen auf das Bewusstsein der Wirtschaftsakteure, die in diesen Formen handeln. Einen Marxismus, der die Marx'sche Kritik der Politischen Ökonomie als Nachzeichnung der historischen Entwicklung des Kapitalismus versteht und die Bedeutung der ökonomischen Formen des Werts, des Geldes und des Kapitals ignoriert, verstehe ich als *einfachen* Marxismus (Wendl 2013). Dieser wurde erst Ende der 1960er Jahre durch eine neue *Kapital*-Lektüre infrage gestellt. Ingo Elbe hat die Entwicklung dieser neuen Marx-Lektüre nachgezeichnet (Elbe 2008).

Die imperialismustheoretischen Debatten in der Arbeiterbewegung fanden innerhalb einer politisch breiteren ökonomischen Debatte statt. Bereits zum Ende des 19. Jahrhunderts hatte der schwedische Ökonom Knut Wicksell darauf hingewiesen, dass Geschäftsbanken bei der Kreditvergabe nicht auf Einlagen bei den Banken, also zeitlich vorausgesetzte Ersparnisse angewiesen waren, sondern dass ihre Kredite selbst die Einlagen schaffen würden (Wicksell 1898, 139). Joseph Schumpeter knüpfte 1912 an diese Erkenntnis an, und Alfred Hahn präsentierte dann 1920 eine *Volkswirtschaftliche Theorie des Bankkredits* (Hahn 1920), auf die sich Schumpeter bei der zweiten Auflage seiner *Theorie der wirtschaftlichen Entwicklung* berufen konnte (Schumpeter 1926, 140). Damit wurde die gängige Auffassung, dass aus den Überschüssen des kapitalistischen Produktionsprozesses resultierende Ersparnisse als Bankkapital gesammelt und dann als Kredite ausgereicht wurden, infrage gestellt. Dadurch wurde das Basisdogma der neoklassischen Ideologie, dass Ersparnisse Voraussetzung für Investitionen sind, angegriffen. Dies wurde ergänzt durch die Kritik an der Golddeckung des Zentralbankgelds, die im Ersten Weltkrieg faktisch aufgehoben worden war. Keynes sprach 1923 von der Golddeckung als einem »barbarischen Relikt«

und sprach unter Berufung auch auf Georg Friedrich Knapps *Staatliche Theorie des Geldes* von Staatsgeld als »Fiat Money« (Keynes 1931, 9). Diese fundamentalen Veränderungen in der ökonomischen Theorie sind die Folge ökonomischer Krisen. Nach der langen Zeit der ökonomischen Krisen und Depressionen 1874–1893 kam bis kurz vor Ende des 19. Jahrhunderts eine Zeit der ökonomischen Prosperität, die zu einem hohen Finanzierungsbedarf bei den privaten Investitionen und einer entsprechenden Zunahme der Kreditschöpfung führte. Aus Sicht des damaligen Marxismus hatte Hilferding 1910 versucht, diese Entwicklung als Verschmelzung von Bankkapital und Industriekapital zum Finanzkapital zu erklären. Dieser Prozess markiert zugleich den Beginn der kontroversen Debatten in der damaligen Arbeiterbewegung über den Übergang des Kapitalismus zum Imperialismus.

2. *Der Übergang zum makroökonomischen Denken in der Weimarer Republik*

In der Weltwirtschaftskrise 1929/30 und der darauffolgenden, in Deutschland durch die Deflationspolitik von Heinrich Brüning verschärften Depression setzten sich diese Diskussionen über durch Kreditschöpfung finanzierte Arbeitsbeschaffungsmaßnahmen in Deutschland fort. In diesen Zusammenhang gehören die deutschen »Keynesianer vor Keynes« (Garvy 1976, 21), der Woytinski-Tarnow-Baade-Plan des Allgemeinen Deutschen Gewerkschaftsbunds zur Beschäftigungsförderung und andere Vorschläge zur Arbeitsbeschaffung (Bombach u. a. 1981). Keynes' *Treatise on Money* (dt. Vom Gelde) (1930) wird in Deutschland gelesen und zum Teil zustimmend aufgenommen. Im Wesentlichen sehen wir in dieser Zeit vier Diskurse.

Zunächst einen durch den kommunistischen Teil der internationalen Arbeiterbewegung bestimmten Diskurs über Imperialismus und das Ende des Kapitalismus. Zweitens den durch Hilferding initiierten reformistischen Diskurs über den »organisierten Kapitalismus« und seine Überwindung durch das Konzept einer Wirtschaftsdemokratie, die auf die Eroberung der »Kommandohöhen« großer kapitalistischer Unternehmen zielt und dabei das bisher erreichte Ausmaß an Vermachtung und Kartellierung der Wirtschaft für die politische Steuerung der Makroökonomie nutzen will (Naphtali 1928/1977).

Drittens sehen wir den in der Weltwirtschaftskrise entstandenen keynesianischen Diskurs, der zu einem neuen Verständnis von Geldschöpfung, Geldpolitik und Fiskalpolitik und zur Durchsetzung einer makroökonomischen Sicht auf die ökonomischen Zusammenhänge und Einzelmärkte führt und im New Deal in den USA zum ersten Mal in die wirtschaftspolitische Praxis umgesetzt wird.

Der vierte Diskurs ist der, der sich selbst in kritischer Abgrenzung zum alten Laissez-faire-Liberalismus der Zeit vor der Weltwirtschaftskrise als »neoliberal« bezeichnet. Dieser Diskurs wird 1938 durch ein Treffen, das Colloque Walter Lippmann in Paris, von Vertretern der Österreichischen Schule der Nationalökonomie (Mises und Hayek) mit Vertretern des amerikanischen Monetarismus (Milton Friedman) und des späteren deutschen Ordoliberalismus (Wilhelm Röpke und Alexander Rüstow) internationalisiert und führt nach dem Zweiten Weltkrieg 1947 zur Gründung der Mont-Pèlerin-Gesellschaft (Walpen 2004).

Schumpeter, der von Wagenknecht mehrfach zustimmend zitiert wird, nimmt hier eine Sonderstellung ein. Einerseits steht er dem New Deal in den USA kritisch gegenüber, andererseits stimmt seine Sicht auf die Geld- und Kreditschöpfung mit der entsprechenden Sicht von Keynes weitgehend überein. Obwohl er Österreicher war, kann Schumpeter nicht zur Österreichischen Schule gerechnet werden, weil er im Gegensatz zu von Mises und von Hayek, die eine monetäre Krisen- und Konjunkturtheorie vorgelegt hatten, einer nicht-monetären Krisen- und Konjunkturerklärung folgt und die Kritik von Mises und Hayek an der Geld- und Kreditschöpfung nicht teilt (Holtfrerich 1989, 103). Wagenknecht knüpft mit ihren zustimmenden Verweisen auf Walter Eucken, Wilhelm Röpke, Alexander Rüstow und Alfred Müller-Armack indirekt an diese Debatten über Konjunkturtheorien, Geld- und Kreditschöpfung, die neue Rolle der Fiskalpolitik in der und nach der Weltwirtschaftskrise an. Sie geht inhaltlich aber mit keinem Wort darauf ein, welche Rollen diese Ökonomen in diesen neuen Fragen der Geld- und Kreditschöpfung und der Konjunkturpolitik gespielt haben. Im Vergleich zu den neuen Keynesianern vor Keynes und zu Schumpeter waren sie in diesen Fragen konservativ und plädierten für ein Zurück zur Marktsteuerung und gegen Staatsinterventionismus. Daher ist Wagenknechts Zustimmung zu den ordoliberalen Ideen aus mehreren Gründen irritierend.

Erstens: 2009 hat sie in ihrer Kritik an Finanzmarktkrise und Finanzkapitalismus die Anforderungen an eine sozialistische Wirtschaftsordnung noch in der Tradition sozialistischer Wirtschaftstheorie formuliert: Sie schreibt: »eine Wirtschaftsordnung, in der nicht die Maximierung der Kapitalrendite, sondern demokratisch gesetzte Ansprüche über Investitionen, Arbeitsplätze, Forschung und Wachstum entscheiden, ist keine verträumte Utopie, sondern eine reale Alternative zum Finanzkapitalismus unserer Zeit« (Wagenknecht 2009, 245). Damit steht sie eher in der von Hilferding mitbegründeten theoretischen Tradition des Kapitalismus als Finanzkapitalismus und des strategischen Konzepts der Wirtschaftsdemokratie, das neben Fritz Naphtali u. a. auch von Hilferding mitentwickelt wurde. Sie hätte bei Rüstow nachlesen können, dass dieser in den frühen 1920er Jahren viel von Hilferdings Analyse in *Das Finanzkapital* gehalten und sein eigenes Verständnis von Wirtschaft als Dritten Weg zwischen Kapitalismus und Kommunismus interpretiert hat (Rüstow 2001, 124).

Wagenknecht äußert sich nicht dazu, dass die von ihr zustimmend zitierten ordoliberalen Ökonomen (auch Rüstow, der Mitte der 1920er Jahre vom Sozialisten zum Liberalen geworden war) wirtschaftsdemokratische Vorstellungen, wie sie von den sozialistischen

Gewerkschaften in der Weimarer Republik vertreten wurden (Naphtali 1928), entschieden ablehnten und sie mit verantwortlich machten für die Schwäche des interventionistischen Wirtschaftsstaates. Rüstows Anerkennung für Hilferdings *Finanzkapital* zielt auch in erster Linie auf die Analyse einer Verschmelzung von Bank- und Industriekapital, mit der der Wettbewerb ausgeschaltet wird. Diese ordoliberalen Ökonomen hatten vor, die aus ihrer Sicht durch staatliche Interventionen und den Einfluss des Parlaments verfälschten, verzerrten oder außer Kraft gesetzten Marktprozesse wieder möglichst unverfälscht zur Geltung zu bringen, und zwar durch einen starken Staat. »Vom klassischen Wirtschaftsliberalismus unterscheidet sich der Ordoliberalismus wesentlich darin, dass der Markt hier zu einer staatlichen Veranstaltung wird. Die ›invisible hand‹, die bei Adam Smith die egoistischen Interessen der Gesellschaft der Marktteilnehmer zu einem harmonischen Ganzen koordinieren soll, wird im Ordoliberalismus vom langen Arm des Staates geführt« (Haselbach 1991, 115). Hinzu kommt, dass sich mindestens Eucken und Rüstow darin einig sind, dass der interventionistische Staat der Weimarer Republik durch einen »starken postinterventionistischen Staat abgelöst werden müsse« (ebd., 25). Hier knüpft der frühe Ordoliberalismus an das Konzept des starken Staates bei Carl Schmitt an, der ebenso wie Rüstow das Regierungsprogramm von Franz von Papen unterstützte (ebd.). Zusammengefasst zielt die Kritik darauf, dass der politische Pluralismus der Weimarer Republik es den Parteien und Verbänden ermöglicht habe, den Staat zu Interventionen in die Prozesse freier Märkte zu zwingen, welche die Funktionsweise dieser Märkte erheblich beeinträchtigt hätten. So kritisiert Rüstow ganz offen das in der Weimarer Republik durchgesetzte Recht auf Arbeitskämpfe und sieht das »illiberale Wohlwollen gegenüber dem Monopolismus der Gewerkschaften [als] ein Symptom jener subsozialistischen Knochenerweichung aus schlechtem sozialen Gewissen« (Rüstow 2001, 135). Er unterscheidet zwischen der »Marktwirtschaft der vollständigen Konkurrenz«, die kein Kapitalismus sei, und einer zum »subtheologisch verabsolutierten Laisser-Faire entartete[n] subventionistisch-monopolitisch-protektionistisch-pluralistische[n] Wirtschaft des 19. und 20. Jahrhunderts, welch letztere wir kapitalistisch und Kapitalismus nennen« (ebd., 121). Das zweite Zitat wird von Wagenknecht zustimmend übernommen, das erste wird nicht erwähnt. Von den frühen Ordoliberalen wurde Demokratie nur unter der Bedingung ihrer unbedingten Marktkonformität akzeptiert, was allerdings Tarifautonomie und Arbeitskämpfe auf dem Arbeitsmarkt kategorisch ausschließen musste, weil dadurch das freie Spiel der Marktkräfte, die auf dem Arbeitsmarkt einen markträumenden Gleichgewichtslohn durchsetzen und damit Vollbeschäftigung erreichen können, massiv gestört wird. Durch die Institution der Zwangsschlichtung in der Weimarer Republik kam es zur Durchsetzung *politischer* statt *ökonomischer* Löhne, was vom frühen Ordoliberalismus entschieden abgelehnt wurde.

Wie Wagenknecht dazu kommt, Ludwig Erhard zu einem Anhänger des Konzepts der produktivitätsorientierten Tarifpolitik zu machen, ist abenteuerlich. Erhard meint, dass »der Tatbestand der sozialen Marktwirtschaft erst dann als voll erfüllt anzusehen [ist], wenn entsprechend der wachsenden Produktivität zugleich Preissenkungen wirksam sind und damit echte Reallohnsteigerungen möglich werden« (Erhard 1957, 243). Von Nominallohnerhöhungen ist hier keine Rede. Wagenknecht zitiert diese Passage unter Auslassung des Begriffs Preissenkungen und lässt daher den Schluss zu, Erhard könne damit auch nominale Lohnerhöhungen gemeint haben. Ähnlich unvollständig zitiert sie in der gleichen Passage Müller-Armack (2011, 19), den sie zu einem Verfechter des gesetzlichen Mindestlohns macht. Müller-Armack meint aber (was Wagenknecht nicht zitiert) einen Mindestlohn in Höhe des markträumenden Gleichgewichtslohns, sofern die Macht einzelner Unternehmen so stark ist, dass sie das Lohnniveau unter den Gleichgewichtslohn drücken. Müller-Armack will Löhne, die von der Grenzproduktivität der Arbeit nach oben abweichen, also höher sind als der Gleichgewichtslohn, verhindern, damit sich die Marktkräfte ungehindert durchsetzen können (Müller-Armack 1976, 119). Exakt in der gleichen Weise hat auch Eucken in der Lohnfrage argumentiert. Staatlich festgesetzte Minimallöhne darf es nur geben, wenn die Unternehmensmacht Löhne unter das Marktniveau, also unter den Gleichgewichtslohn drückt (Eucken 1952, 304). Wagenknechts Bemühung, Eucken und Erhard zu Vorreitern einer produktivitätsorientierten Lohnpolitik oder zu Verfechtern einer Politik staatlicher Mindestlöhne zu machen, findet in den entsprechenden Texten keine Grundlage, eher ist das Gegenteil richtig. Beide wollen Marktprozesse, die zum Gleichgewichtslohn führen, nicht einschränken und kritisieren den Staatsinterventionismus, die Tarifautonomie und das Arbeitskampfrecht auf dem Arbeitsmarkt (Rüstow 2001, 134; Eucken 1952, 304).

Im aktuellen Text *Die Selbstgerechten* macht Wagenknecht die hohe Migration nach Deutschland dafür verantwortlich, »dass die Löhne [...] in vielen Branchen um bis zu 20% sanken« (Wagenknecht 2021, 161). Dafür präsentiert sie keinen empirischen Beleg, aber vermutlich bezieht sie sich auf den 5. oder 6. Armuts- und Reichtumsbericht der Bundesregierung, weil hier die Reallohnentwicklung von 1991 bis 2018 nachgezeichnet wird und die Medien darüber berichtet haben. Die empirischen Untersuchungen zur Lohnentwicklung gehen auf Ergebnisse von Studien des Deutschen Instituts für Wirtschaftsforschung zurück, über die in den Wochenberichten des DIW auch informiert wurde (Fedorets u.a. 2020). Was die Zahl von 20% betrifft, so ist sie, wenn Reallöhne gemeint sind, korrekt, trifft jedoch nur auf das unterste Zehntel der Lohnabhängigen zu (6. Armuts-und Reichtumsbericht, 227). Allerdings wird der Tiefpunkt dieser Entwicklung bereits 2006 erreicht. Danach stagnieren die Reallöhne im niedrigsten Zehntel bis 2014 und steigen ab 2015 deutlich an. Dass sie von 1999 bis 2006 um rund 20 % sinken, ist eine Folge der hohen Arbeitslosigkeit und der Deregulierung des Arbeitsmarkts durch die Hartz-Gesetze. Die Senkung des Arbeitslosengelds II und die Kürzung der Bezugsdauer des Arbeitslosengelds I sowie die Verhängung von Sanktionen bei Verweigerung einer Arbeitsaufnahme führen dazu, dass Löhne akzeptiert werden müssen, die deutlich unter dem früheren Lohnniveau liegen. Ab 2015 steigen die Löhne im untersten Dezil dann stärker als in den höheren Dezilen, was eine unmittelbare Folge der Durchsetzung eines gesetzlichen Mindestlohns ist.

Eine spürbare Zunahme der Arbeitskräftemigration sehen wir aber erst ab 2012, als die in der Folge der EU-Osterweiterung vereinbarte Arbeitsmarktregulierung, die den Zuzug osteuropäischer Arbeitskräfte beschränkt hatte, aufgehoben wird. Dass die Zufuhr von Arbeitskräften auf den Arbeitsmarkt das Arbeitskräfteangebot vergrößert und dadurch auch Wirkungen auf das Lohnniveau hat, insbesondere in den untersten Segmenten des Arbeitsmarkts, ist trivial. Die entscheidenden Impulse für die starken Lohnverluste des untersten Dezils waren aber keine Folge von Migration, sondern Folge einer prozyklischen Wirtschaftspolitik der Regierung Schröder, die die Arbeitslosigkeit vergrößert hatte, und der daran anschließenden Deregulierung und Flexibilisierung des Arbeitsmarkts (vgl. Wendl 2020).

Wenn wir die sozialwissenschaftlich relativ genau untersuchten Prozesse und Zusammenhänge betrachten, ist die enge kausale Verknüpfung von Migration und sinkendem Lohnniveau nicht haltbar. Was Wagenknecht nicht sieht, ist, dass das deutsche exportorientierte Wachstumsmodell auf der Unterbewertung der nationalen Währung basiert. Bis zur Einführung des Euro war das eine *nominale* Abwertung, die auf einer im internationalen Vergleich sehr niedrigen Inflation beruhte. Mit dem Euro wurde diese Abwertung zu einer *realen* Abwertung in der Währungsunion, weil die deutsche Inflation deutlich unter den Inflationsraten der anderen europäischen Länder lag. Voraussetzung für diese reale Abwertung war einmal die ausgeprägte Lohnzurückhaltung in der Zeit zwischen 2000 und 2006 als Folge des Bündnisses für Arbeit, Ausbildung und Wettbewerbsfähigkeit und zweitens der Aufbau eines großen Niedriglohnsektors im Verbund mit der Reform der Tarifverträge des öffentlichen Dienstes, die zu einer deutlichen Lohnsenkung für nach 2005 neu eingestellte Beschäftigte gesorgt hatte. Diese Prozesse und Zusammenhänge führten bis 2006 zu einem starken Fall der Lohnquote und zu einem Anstieg der Ungleichheit in der Einkommensverteilung und hatten mit einer Zunahme der Migration nichts zu tun.

4. Der schwache Wirtschaftsstaat der Weimarer Republik

Ein Schlüsseltext für die Dogmengeschichte und die weitere Entwicklung des Ordoliberalismus ist Euckens Aufsatz »Staatliche Strukturwandlungen und die Krisis des Kapitalismus« (1932). Hier entwickelt er die Sicht, dass die »Demokratisierung den Parteien und den von ihnen organisierten Massen und Interessengruppen einen stark gesteigerten Einfluß auf die Leitung des Staates und damit auf die Wirtschaftspolitik [gewährt]« Damit werde der Staat zu einem »Spielball« wirtschaftlicher Interessengruppen. Der den Wettbewerb verpflichtete Unternehmer habe kaum Einfluss auf Politik und öffentliche Meinung, während der Einfluss der wirtschaftlichen Machtgruppen umso größer sei. Das führe zum »interventionistischen Wirtschaftsstaat«, hemme die Initiative der Unternehmer und mache das Preissystem als Steuerungszentrum der Märkte funktionsunfähig. Ihre »radikalen Anhänger« finde der interventionistische Wirtschaftsstaat »vor allem bei den Gegnern der kapitalistischen Wirtschaftsordnung überhaupt; der Arbeiter verlangt Staatseingriffe sowohl in der Hoffnung, seine wirtschaftliche Lage in der Gegenwart zu verbessern, wie auch um eine zukünftige Überwindung der heutigen Wirtschaftsordnung einzuleiten« (ebd., 305). Dass Eucken sich ideologisch damit in unmittelbare Nähe zu Carl Schmitt begibt, wie in der Literatur mehrfach behauptet wird (Haselbach 1991, 25; Kellershohn 2019, 64), ist Wagenknecht nicht bekannt. Es findet sich in ihren Texten auch kein

Hinweis auf die umfangreiche neuere Literatur zum Aufstieg des Neoliberalismus und zur Geschichte der Mont-Pèlerin-Gesellschaft und ihre dogmengeschichtliche Einordnung. Diese wird einmal erwähnt, aber nicht im Zusammenhang mit dem Ordoliberalismus.

Auch die aktive Mitarbeit ordoliberaler Ökonomen in nationalsozialistischen Wissenschaftsinstitutionen, über die spätestens seit Ulrike Hermanns *Deutschland, ein Wirtschaftsmärchen* (2019) öffentlich gestritten wurde, war kein Anlass für Wagenknecht, sich mit solchen Fragen zu beschäftigen, bevor sie in *Die Selbstgerechten* (2021, 292) noch einmal zustimmend auf Walter Eucken, der wie alle marktwirtschaftlichen Ökonomen eine Beschränkung des haftenden Kapitals abgelehnt hatte, hinweist. Dagegen meint Dieter Haselbach: »Der Ordoliberalismus konnte sich mit seinen wirtschaftspolitischen Ansätzen gerade in den Jahren von 1933 bis 1945 durchgehend auf eine starke Fraktion innerhalb der nationalsozialistischen Administration stützen« (1991, 98). Von den Vertretern des deutschen Ordoliberalismus waren nur Müller-Armack und Fritz Meyer Mitglieder der NSDAP. Röpke und Rüstow waren im Exil in der Türkei, was nachvollziehbar war, weil Röpke wie Rüstow auch den kurzzeitigen Reichskanzler von Papen beraten hatte. Röpke und Rüstow gehörten zu einer anderen Fraktion der deutschen Neuen Rechten als die Nationalsozialisten und hatten gute Gründe, im Exil zu sein. Eucken, Röpke, Rüstow und Müller-Armack waren aber allesamt Gegner des Parlamentarismus der Weimarer Republik und Gegner der Arbeiterbewegung in dieser Republik. Sie wollten einen starken Staat, der über Wirtschaft und Gesellschaft steht und dafür sorgt, dass sich die Gesetze der Märkte durchsetzen, also der vollständige Wettbewerb und die Steuerung der Wirtschaft über die Bildung von Gleichgewichtspreisen erfolgen.

Ein vernichtendes Urteil über den Versuch Wagenknechts, mit Erhard, Eucken, Rüstow und Müller-Armack für einen kreativen Sozialismus zu werben, hat der Ökonom Hauke Janssen, Autor des Standardwerks über den Zusammenhang von Nationalökonomie und Nationalsozialismus (Janssen 2012) im *SPIEGEL* vom 30. Januar 2013 gefällt: »Sahra Wagenknecht vereinnahmt den Vater des deutschen Wirtschaftswunders mit demselben Recht wie einst die FDP Rosa Luxemburg, nämlich mit gar keinem.« Wagenknecht bezieht sich auch nicht inhaltlich auf die ökonomischen Debatten, die von ordoliberalen Ökonomen mit anderen ökonomischen Denkrichtungen geführt werden, z. B. mit der in Entstehung begriffenen keynesianischen oder mit von Mises und von Hayek als den Vertretern der Österreichischen Schule. Solche Debatten fanden in der Zeit der Weltwirtschaftskrise bis 1945 durchaus statt. So hatte Rüstow in der Auseinandersetzung mit der in Deutschland bis Ende der 1920er Jahre noch dominanten Historischen Schule eine Gruppe dazu oppositioneller Ökonomen und damit auch sich selbst als die »deutschen Ricardianer« bezeichnet, wobei er weniger auf Ricardos Arbeitswerttheorie, als vielmehr auf dessen Betonung der Bedeutung ökonomischer Gesetzmäßigkeiten fixiert war (Beckmann 2000, 413; Janssen 2012, 38). Zu diesen deutschen Ricardianern gehörten auch wichtige der SPD und den Gewerkschaften nahestehende Ökonomen, die wegen ihrer jüdischen Herkunft und/oder sozialdemokratischen Gesinnung 1933 emigrieren mussten, wie Adolph Löwe, Gerhard Colm, Emil Lederer, Jakob Marschak, Hans Neisser und Wladimir Woytinsky, von denen wiederum einige an der Entwicklung der wirtschafts- und beschäftigungspolitischen Konzepte des New Deal unter Roosevelt beteiligt waren (vgl. Beckmann 2000, 81f.). Aber schon vorher war diese Gruppe der Ricardianer in einen linken und einen rechten Flügel zerfallen, und die wichtigen Anstöße und Innovationen der damaligen Volkswirtschaftslehre kamen von den linken, also sozialdemokratischen Ökonomen. Eine Ausnahme waren die Beiträge von Hans Gestrich zur Giralgeldschöpfung durch Geschäftsbanken (vgl. Gestrich 1944), der zur ordoliberalen Richtung gerechnet werden kann. Wagenknecht äußert sich mit keinem Wort zu wichtigen Fragen der Transformation der deutschsprachigen Nationalökonomie, in der die ordoliberalen Vorstellungen eine eher bescheidene Rolle gespielt hatten.

Wagenknecht schreibt, dass eine von der Realwirtschaft verselbständigte Finanzsphäre die Realkapitalakkumulation blockiere: »Das der kapitalistischen Produktionsweise zugrunde liegende Streben nach Profit ist von einem Wachstumsmotor zu einem aggressiven Wohlstandskiller geworden« (2011, 148). Damit ist sie wieder in einem Paradigma, das sie mit dem Loblied auf den deutschen Ordoliberalismus zunächst verlassen hatte: dem Modell eines Finanzkapitalismus, der begonnen hat, sich selbst zu lähmen und in der weiteren Entwicklung zu blockieren. Mit Lenin hätte sie auch sagen können, der Kapitalismus sei in das Stadium von »Parasitismus und Fäulnis« eingetreten (Lenin 1988, 280).

Aus dieser Diagnose zieht sie einen interessanten Schluss. Sie will zeigen, »wie man, wenn man die originären marktwirtschaftlichen Ideen zu Ende denkt, direkt in den Sozialismus gelangt, einen Sozialismus, der nicht Zentralismus, sondern Leistung und Wettbewerb hochhält« (ebd., 12). Im Folgenden beginnt sie mit einer Reihe von zustimmenden Hinweisen auf Zitate ordoliberaler Ökonomen wie Eucken, Müller-Armack und Ludwig Erhard. Dabei zitiert sie auch Joseph Schumpeter, den wir der ordoliberalen Strömung ebenso wenig zurechnen können wie der Österreichischen Schule.

5. *Idealistischer Utopismus*

Wagenknechts Hinweis auf den Zusammenhang von ordoliberalen Ideen und dem direkten Weg zum Sozialismus ist insofern überraschend, als die Vorschläge der zustimmend zitierten Ordoliberalen exakt darauf zielten, staatliche Eingriffe in die Marktprozesse, die für sich zu Gleichgewichten tendieren würden, zu verhindern. Die ordoliberale Kritik am Sozialismus zielte auf die prinzipielle Unfähigkeit von Zentralverwaltungswirtschaften, Märkte durch Planung zu ersetzen. Die ideologische Intervention des frühen Ordoliberalismus zielt auf die Wieder-Etablierung eines Staates, der strikt marktkonform handelt und die auf den Märkten sich frei bildenden Preise nicht korrigiert oder verzerrt, sondern durch politische Rahmensetzung zu schützen und damit zu stärken versucht. Es ist der Versuch, den organisierten Kapitalismus, wie ihn Hilferding beschrieben und für den Übergang zum Sozialismus zu nutzen versucht hatte, mit Hilfe eines starken Staates wieder in eine Wirtschaftsordnung der vollständigen Konkurrenz zurückzubauen. Dabei wurde die Schwäche des Staates an seinem demokratischen Parlamentarismus und verbandlichen Korporatismus festgemacht, der zu staatlichen Interventionen in zunächst freie Märkte und damit zur Schwächung des Staates gegenüber der Macht der Parlamente und der organisierten Interessen geführt hatte. Auch die Hinweise von Schumpeter auf das »Schwinden der Investitionschance« und das »Veralten der Unternehmerfunktion« (1980, 182 u. 215) führen nicht dazu, dass Schumpeter zur »vollkommenen Konkurrenz« zurückwill. Er hat klare Vorstellungen von ihren Schwächen und »Unwirtschaftlichkeiten eigener Art« und meint, dass die vollkommene Konkurrenz »schon immer unmöglich war« (ebd., 174). Er konstatiert, dass die Ökonomen nun »endlich dem Stadium entwachsen, wo sie nur Preiskonkurrenz sahen und sonst nichts. Sobald die Qualitätskonkurrenz und der Kundendienst in die geheiligten Gefilde der Theorie zugelassen werden, ist die Preisvariable aus ihrer beherrschenden Stellung vertrieben.« (Ebd., 139) Er gibt den Sozialisten den Rat, »sie sollten sich in ihrer Kritik eher auf die Vorzüge einer sozialistischen Wirtschaft als auf die des Konkurrenzmodells berufen« (ebd., 175). Im Gegensatz zu den Ordoliberalen treibt Schumpeter, der sich bei der Nachzeichnung der Dynamik des kapitalistischen Wachstumsprozesses und der kapitalistischen Konzentrations- und Zentralisationsprozesse auch auf die Akkumulationstheorie, nicht aber auf die Werttheorie von Marx stützt, eine materialistische Sicht auf die Entwicklung des Kapitalismus, er weiß, dass es den Weg zurück in eine idealisierte Marktwirtschaft mit vollständiger Konkurrenz nicht geben kann.

Wagenknecht versteht die Konkurrenz der einzelnen Unternehmen in erster Linie als Preiskonkurrenz auf den Märkten, sie versteht »Wettbewerb als Entdeckungsverfahren«, wie sie Hayek (1969) zustimmend zitiert (2016, 159). Die Konkurrenz dagegen, auf der sich »Kapital auf sich selbst als andres Kapital« bezieht, wie es Marx formuliert hat, d. h. das »reelle Verhalten des Kapitals als Kapital«, blendet sie aus. Marx weiter: »Die freie Konkurrenz ist die reelle Entwicklung des Kapitals. Durch sie wird als äußere Notwendigkeit für das einzelne Kapital gesetzt, was der Natur des Kapitals entspricht, der auf das Kapital gegründeten Produktionsweise, was dem Begriff des Kapitals entspricht« (Marx 1983, 550). Das ist die Seite der Konkurrenz, in der sich die Tendenz zur Herausbildung einer allgemeinen Profitrate zeigt und in der die einzelnen Profitraten von dieser Tendenz nach unten und nach oben abweichen können, was in der Folge zur weiteren Konzentration und Zentralisation des Kapitals führt. Diese Dimension wird ausgeblendet und Wagenknecht sieht diese Zusammenhänge umgedreht oder verkehrt nur von der Oberfläche der Bewegung der Marktpreise; der Zusammenhang mit dem kapitalistischen Produktionsprozess wird verdrängt. »Mit der Verwandlung der Werte in Produktionspreise wird die Grundlage der Wertbestimmung selbst dem Auge entrückt.« (Marx 1973c, 177f.) Weiter: »Nachfrage und Zufuhr unterstellen die Verwandlung des Werts in Marktwert, und soweit sie auf kapitalistischer Basis vorgehen, soweit sie Produkte des Kapitals sind, unterstellen sie kapitalistische Produktionsprozesse, also ganz anders verwickelte Verhältnisse als den bloßen Kauf und Verkauf der Waren.« (Ebd. 204f.).

Erst die weitgehende Ausblendung des kapitalistischen Akkumulationsprozesses und seines inneren Zusammenhangs der Mehrwertproduktion sowie dessen Aneignung macht es möglich, in einer zur Idylle gezeichneten Marktwirtschaft den Weg zu einem kreativen Sozialismus zu sehen. Insofern ist es konsequent, dass Wagenknecht in *Reichtum statt Gier* (2016) die Arbeitswerttheorie in der Tradition der klassischen Theorie von Smith und Ricardo – in der sie fälschlicherweise auch Marx sieht – preisgibt und zur Grenznutzentheorie wechselt. Sie folgt der Sicht von Schumpeter, dass es in einer Gleichgewichtsökonomie mit vollständiger Konkurrenz keine Profite gibt, die Gewinne über den Weg der Ersparnisbildung wieder investiert werden und den Unternehmern nur der Unternehmerlohn bleibt. »Gewinne – und erst recht solche, die über die unmittelbaren Investitionserfordernisse hinausgehen – gibt es offenbar nur bei Abwesenheit ausreichender Konkurrenz« (ebd., 132). Sie begründet das, indem sie den US-Milliardär Peter Thiel zustimmend zitiert: »Tatsächlich ist Kapitalismus das Gegenteil von Wettbewerb. Kapitalismus basiert auf der Akkumulation von Kapital, doch im perfekten Wettbewerb fallen sämtliche Gewinne dem Wettbewerb zum Opfer [...] Wettbewerb und Kapitalismus sind ein Widerspruch« (ebd., 134). Aus einer solchen Sicht erwirtschaften Unternehmen nur dann Überschüsse, wenn sie auf den Märkten ihre Machtposition ausnutzen. Das sind dann nicht Profite, sondern Renten. Sie meint, dass »eine Wirtschaftsordnung mit mehr echtem Wettbewerb reicher und innovativer wäre als der Kapitalismus« (ebd., 160). Anders als Eucken, der 1932 den »staatlichen Strukturwandel« für die »Krisis des Kapitalismus« verantwortlich gemacht hatte, sieht Wagenknecht den ökonomischen Strukturwandel als Treiber der Transformation einer Marktwirtschaft mit vollständiger Konkurrenz zum Kapitalismus.

Auch Hilferding, Lenin und Schumpeter hatten diesen ökonomischen Strukturwandel diagnostiziert, ihn aber als Vorbereitung oder zumindest historische Tendenz zum Sozialismus bewertet. Wagenknecht meint, der Rückbau dieses entwickelten Kapitalismus zu einer Marktwirtschaft mit vollständiger Konkurrenz und unbeschränkter Haftung sei der Weg zur »Rettung vor dem Kapitalismus« und zu einem »kreativen Sozialismus«. Marx hat eine solche Sicht bissig kommentiert: »Es wird endlich nicht gesehen, daß schon in der einfachen Bestimmung des Tauschwerts und des Geldes der Gegensatz von Arbeitslohn und Kapital etc. latent enthalten ist. Die ganze Weisheit kommt darauf hinaus, bei den einfachsten ökonomischen Verhältnissen stehenzubleiben, die selbständig gefaßt, reine Abstraktionen sind; die aber in der Wirklichkeit vielmehr durch die tiefsten Gegensätze vermittelt sind und nur eine Seite darstellen, worin diese Ausdrücke verwischt sind. [...] Es ist ein ebenso frommer wie dummer Wunsch, daß der Tauschwert sich nicht zum Kapital entwickle oder die den Tauschwert produzierende Arbeit zur Lohnarbeit. Was die Herren [Marx meinte die utopischen Sozialisten, M.W.] von den bürgerlichen Apologeten unterscheidet, ist auf der einen Seite das Gefühl der Widersprüche, die das System einschließt; auf der anderen Seite der Utopismus, den notwendigen Unterschied zwischen der realen und der idealen Gestalt der bürgerlichen Gesellschaft nicht zu begreifen und daher das überflüssige Geschäft vornehmen zu wollen, den ideellen Ausdruck selbst wieder realisieren zu wollen, da er das Lichtbild seiner Realität ist« (Marx 1983, 174).

Hier wird Wagenknecht selbst zum Opfer der Stufenfolge der Mystifikationen oder Selbstverrätselungen, die die ökonomischen Formbestimmungen der kapitalistischen Produktionsweise hervorbringen und die verbergen, wie der Mehrwert entsteht und durch das Kapital angeeignet wird. Wir werden später an ihrer Kritik der

Niedrig- oder Nullzinspolitik der großen Zentralbanken sehen, dass sie glaubt, »es wird ganz so Eigenschaft des Geldes, Wert zu schaffen, Zins abzuwerfen, wie eines Birnbaums, Birnen zu tragen« (Marx 1973c, 405), wenn sie die Enteignung der Mittelschichten durch diese Geldpolitik kritisiert.

Ihre Sehnsucht nach einer Rückkehr zu Märkten mit vollständiger Konkurrenz in *Reichtum ohne Gier* ist irritierend, weil sie ein Jahr später in einem Essay zur Aktualität der Marx'schen Ökonomiekritik Marx mit seiner Analyse der Konzentration und Zentralisation des Kapitals eine geniale Prognose bescheinigt. »Aber der generelle Trend der wirtschaftlichen Konzentration entspricht ziemlich genau der Marxschen Prognose« (2017, 101). Der von Marx skizzierten geschichtlichen Tendenz der kapitalistischen Akkumulation am Ende des 24. Kapitels von Band 1 des *Kapital* folgt sie relativ unkritisch. Marx schreibt: »Die Zentralisation der Produktionsmittel und die Vergesellschaftung der Arbeit erreichen einen Punkt, wo sie unverträglich werden mit ihrer kapitalistischen Hülle. Sie wird gesprengt. Die Stunde des kapitalistischen Privateigentums schlägt. Die Expropriateurs werden expropriiert« (Marx 1972, 791). Sie kommentiert diese Passage als »nicht abwegige Beschreibung unserer kapitalistischen Gegenwart«, gesteht aber zu, dass diese Prognose bis heute nicht eingetreten sei (2017, 106). Ideen zu entwickeln, wie vernünftiges Wirtschaftseigentum auszusehen habe, das die von Marx genannten Kriterien erfüllt, überlasse Marx, so Wagenknecht, uns. Diese Herausforderung nimmt sie an, wie wir später sehen werden – mit einer Skizze der Rückkehr zum Ideal einer Warenproduktion und -zirkulation ohne Kapitalismus, dem Ideal einer einfachen Warenproduktion. In der historisierenden Interpretation der Reihenfolge der von Marx entwickelten ökonomischen Kategorien wurde die einfache Zirkulation nicht als Abstraktion von der ihr unterliegenden kapitalistischen Warenproduktion verstanden, sondern es wurde angenommen, dieser einfachen Zirkulation sei historisch eine einfache nicht kapitalistische Warenproduktion zugeordnet gewesen. Diese wurde dann zum »Ideal, an dem Vorstellungen von Sozialismus sich zu messen hatten und haben« (Rakowitz 2000, 16).

6. Die Grenzen des Sparens

Wagenknecht hat 2012 bei Fritz Helmedag (TU Chemnitz) mit *The Limits of Choice* promoviert. Sie hat das Anlageverhalten von sparenden Haushalten in den USA und Deutschland untersucht. Dabei geht es darum, eine mikroökonomische Fundierung der Aussagen der keynesianischen Makroökonomie über den Grenzhang der Einkommensbezieher zum Verbrauch zu leisten. Das Ziel ihrer Untersuchung ist keine makroökonomische Theorie, sondern der Versuch, ein mikroökonomisches Modell des Sparens zu entwickeln, das näher an den empirischen Fakten ist als die konventionellen mikroökonomischen Modelle (2013, 25). Das bekannteste dieser Modelle ist die Lebenszyklus-Permanente

Einkommens-Hypothese von Milton Friedman (1957). Diese sagt aus, dass die Einkommensbezieher in einem Lebenszyklus Sparentscheidungen vornehmen. Friedman versucht damit gegen die Keynes'sche These eines mit steigenden Einkommen sinkenden Grenzhangs zum Verbrauch zu argumentieren. Er unterstellt, dass die Sparneigung im Rahmen eines Lebenszyklus erfolgt, indem für das Alter angespart und vorher der Konsum geglättet wird, so dass Einkommenserhöhungen nicht zu einem unmittelbar steigenden Verbrauch führen.

Damit begibt Wagenknecht sich in die Debatte über eine angeblich notwendige mikroökonomische Fundierung der makroökonomischen Theorien, wie sie durch Robert Lucas u.a. mit der Theorie der rationalen Erwartungen als Kritik an der makroökonomischen Theorie von Keynes entwickelt wurde. Wagenknecht meint, »aus diesem Verständnis heraus ist die Forderung nach einer mikroökonomischen Fundierung [der Makroökonomie, M.W.] von den keynesianischen Ökonomen nie bestritten worden« (2013, 145). Diese Annahme ist falsch, weil aus Sicht keynesianischer Ökonomen dieser Forderung nicht nur widersprochen, sondern die Theorie der rationalen Erwartungen und ihre Forderung nach einer Mikrofundierung der Makroökonomie kritisiert wird (Riese 1983; Kromphardt 1991). Hajo Riese hat die Forderung nach einer Mikrofundierung der Makroökonomie zurückgewiesen, weil der kapitalistische Produktionsprozess Zeit erfordere und damit die keynesianische

Ökonomie eine intertemporale Allokationstheorie liefere, »in der Geld seine ökonomische Funktion dadurch erhält, dass es als Bindeglied zwischen Gegenwart und Zukunft fungiert, indem es in der Gegenwart den Kauf von Produktionsmitteln erlaubt, deren Verwertung in der Zukunft erfolgt. Die Allgemeine Gleichgewichtstheorie, auf der die angestrebte Mikrofundierung makroökonomischer Prozesse beruhen soll, geht aber davon aus, dass der Produktionsprozess zeitlos erfolgt, und erfasst damit die intertemporalen Aspekte des Produktionsprozesses nicht« (Riese 2001, 252). Anders gesagt: Eine dynamische, in die Zukunft gerichtete makroökonomische Theorie kann nicht mit statischen mikroökonomischen Modellen fundiert werden. Der Versuch, die keynesianische Makroökonomie mikroökonomisch zu fundieren, basiert auf einem Nicht-Verstehen elementarer Zusammenhänge der keynesianischen Makroökonomie und der Funktion des Geldes in dieser Theorie. Hier zeigt Wagenknecht, dass sie die keynesianischen Debatten zu dieser Frage der Mikrofundierung der Makroökonomie nicht kennt. Sie antwortet auf Joan Robinsons fundamentale Kritik an der Grenznutzentheorie. Robinson »verwirft den ganzen Ansatz mit der Begründung: Nutzenmaximierung ist ein metaphysisches Konzept von unüberwindbarer Zirkularität«, schreibt Wagenknecht und erläutert wie folgt: »Es ist möglich, eine Nutzenfunktion zu konstruieren, um jedes denkbare Verhalten zu rechtfertigen, indem man einfach davon ausgeht, dass das betreffende Verhalten mehr als den Nutzen seiner

Alternativen erbringt« (Wagenknecht 2013 141; Übersetzungen aus dem Englischen M.W.). Sie begründet ein zur Mainstream-Ökonomie alternatives Modell des Sparens bzw. der Anlageentscheidungen der Sparer, das darauf zielt, dass erst nach der Erfüllung der Grundbedürfnisse (Basic Needs) der Haushalte Sparen möglich ist. »Der Kern unseres Sparmodells ist eine sehr einfache Faustregel, die das Sparverhalten von rationalen Haushalten mit Grundbedürfnissen, die zuerst befriedigt werden müssen, steuert« (ebd., 28).

Diese Sicht ist mit der Keynes'schen Annahme des mit steigenden Einkommen sinkenden Grenzhangs zum Verbrauch, also der Keynes'schen Konsumfunktion kompatibel. Sie weist darauf hin, dass Sparentscheidungen erst möglich sind, wenn die Summe der Grundbedürfnisse befriedigt ist. Diese wiederum seien nicht physisch, also vom Existenzminimum, sondern sozial bestimmt. Dadurch führen steigende Einkommen bei Menschen, die ihre Grundbedürfnisse noch nicht befriedigen können, zu einem steigenden Verbrauch. Keynes' Multiplikator wirkt also entgegen den Modellen von Friedman und anderen Ökonomen. Wagenknecht hat ein empirisch fundiertes mikroökonomisches Modell entwickelt, das die Aussage der Keynes'schen Makroökonomie bestätigt. Da sie aber die neoklassische Forderung der Mikrofundierung der Makroökonomie akzeptiert – sie leistet selbst einen Beitrag dazu, weil sie eine andere Mikrofundierung des Grenzhangs zum Verbrauch vorschlägt –, kann sie mit dieser Studie der Richtung des neuen oder neoklassischen Keynesianismus zugerechnet werden (Heine & Herr 2013, 559).

In ihrem Beitrag zur Festschrift für ihren Doktorvater Helmedag (Gischer et al. 2018) haben die ordoliberalen Ökonomen nichts zu sagen, ganz im Gegenteil; Wagenknecht kritisiert mit dem »deutschen Exportnationalismus« auch die deutsche Wirtschaftspolitik und die Mainstream-Ökonomie, die in Deutschland nach wie vor in den Händen von Ordoliberalen ist. Sie kritisiert dann auch, dass sich die Mainstream-Ökonomie »mit einem Kanon von Unantastbaren« umgibt, und zitiert Jens Grandt zustimmend: »Die Heiligkeit von Aussagen ist der Kern jedes religiösen Denkens. Demzufolge werden alternative Ansätze in der offiziellen Debatte nicht zugelassen« (Grandt 2018, 158). Deshalb, so Wagenknecht, sei im Gründungsdokument der Mont-Pèlerin-Gesellschaft von 1947 auch vom »Glauben an das Privateigentum und an die Wettbewerbsmärkte« die Rede. Sie stimmt daher Walter Benjamin zu, der im Kapitalismus eine Art von Religion sah. Mit einem längeren Zitat von Helmedag kritisiert sie die hohen Leistungsbilanzüberschüsse Deutschlands und die Anlage der Überschüsse auf den internationalen Kapitalmärkten. Die Entstehung der Überschüsse wird mit den niedrigen Löhnen und insbesondere dem großen Niedriglohnsektor in Deutschland und insgesamt der Unterbewertung des Euro, nicht aber der realen Abwertung deutscher Exporte begründet. Auch kritisiert sie die Dominanz Deutschlands im Euroraum und fordert, dass die wirtschaftlichen Ungleichheiten und hohen

Leistungsbilanzsalden im Euroraum abgebaut werden, und zwar nicht durch Austeritätspolitik in den schwächeren Ländern, sondern durch höhere Löhne und eine neue Regulierung des Arbeitsmarkts in Deutschland, die zu einer Stärkung des Binnenmarkts führen würden. Dieses keynesianische Plädoyer beschließt sie mit einem Zitat von Marx, dass die Gesellschaft erst wieder ins Gleichgewicht kommt, »wenn sie sich um die Sonne der Arbeit dreht (MEW 18, 570)« (2018, 171).

7. Der Finanzkapitalismus als zentrales Übel

Wagenknecht hatte in *Wahnsinn mit Methode. Finanzcrash und Weltwirtschaft* versucht, die Finanzmarktkrise 2007/08 zu erklären. Damals ging sie von der neoklassischen bzw. marxistischen Sicht der Kreditschöpfung durch den sog. Kreditmultiplikator aus. Danach entsteht Geld im kapitalistischen Produktionsprozess, der Einkommen schafft und zur Bildung von Ersparnissen führt. Diese Ersparnisse vervielfachen sich durch den Rückfluss von Unternehmensgewinnen in den Bankensektor nach der Kreditvergabe. Es werden nicht nur die Kredite getilgt und verzinst, sondern auch die Gewinne fließen in das System der Geschäftsbanken und an andere Finanzintermediäre zurück. Diese Sicht überwindet sie in *Reichtum ohne Gier*. Durch eine Studie von Richard Werner (2014) über die Giralgeldschöpfung durch die Kredite vergebenden Geschäftsbanken kommt sie zu einer Erkenntnis, zu der bereits Wicksell 1898 und Schumpeter 1912 gelangt waren: Geschäftsbanken sind bei ihrer Kreditvergabe nicht auf Einlagen oder Depositen der Sparer angewiesen, sondern schöpfen unter Beachtung bestimmter Bilanzgrundsätze Kredite aus dem Nichts. Schumpeter spricht von Schaffung neuer Kaufkraft »aus dem Nichts« (Schumpeter 1926, 109). Das hatte in den 1920er Jahren eine breite Debatte unter Teilnahme auch ordoliberaler Ökonomen ausgelöst, die Wagenknecht mangels einer genaueren Beschäftigung mit diesen Texten entgangen ist. Während Schumpeter diese Kreditschöpfung aus dem Nichts als Methode zur Finanzierung des innovativen Unternehmers positiv bewertet, kritisiert Wagenknecht dieses Verfahren. »Die Banken unserer Zeit vermitteln kein Geld, sie schaffen es, und zwar beinahe ohne Limit. Das selbst geschaffene Geld lenken sie dann überwiegend in finanzwirtschaftliche statt realwirtschaftliche Kanäle« (2016, 193). Schon fünf Jahre früher meinte sie, dass »relevante Teile des Bruttoinlandsprodukts und Wirtschaftswachstums in Ländern mit großem Finanzsektor [...] auf reinen Luftbuchungen beruhen« (2011, 82). Die verschiedenen Formen des zinstragenden Kapitals sind keine Luftbuchungen, sondern Versprechen für und Erwartungen an die Zukunft der gesellschaftlichen Wertschöpfung. Diese Erwartungen an die zukünftige Wertschöpfung können enttäuscht werden. Geschieht dies, wie in der Finanzmarktkrise 2007/08, werden die Verhältnisse von fiktivem und wirklichem, also reproduktivem Kapital durch Verluste und Konkurse wieder bereinigt. Das war schon in den vergangenen vier Jahrhunderten so, wie es die

Geschichte der Kredit- und Finanzkrisenkrisen gezeigt hat (Chavagneux 2013). Die Giralgeldschöpfung aus dem Nichts kennen die Ökonomen vermutlich seit dem 19. Jahrhundert und nicht nur in unserer Zeit.

Die erste Darstellung dieser Kreditschöpfung lesen wir bei Henry D. McLeod, einem schottischen Bankier, dessen Darstellung der Kreditschöpfung Marx nicht traute und dem er den »unsäglich bornierten Standpunkt des Bankierkommis« vorhielt (Marx 1987, 230), während Schumpeter McLeod anerkennend gewürdigt hat (1965, 1354). Wagenknecht hält dieses Verfahren der Geldschöpfung durch Kreditvergabe wegen fehlender Kenntnisse in der Geschichte der Geld- und Kredittheorien für ein relativ neues Phänomen. Aber nicht nur die Giral- oder Buchgeldschöpfung der Geschäftsbanken verurteilt Wagenknecht entschieden, sondern auch die Schöpfung von Zentralbankgeld durch die Europäische Zentralbank. »Die EZB druckt Billionen, um damit die Finanzmärkte von einer Blase zur nächsten zu jagen und die Vermögen der reichsten 1 Prozent weiter aufzublähen« (2016 125). Sie folgt damit der monetaristischen Kritik an der expansiven Geldpolitik der großen Zentralbanken, die von den Fakten nicht gedeckt ist.

Die Finanzmarktkrise 2007/08 war eine Krise, die durch die übermäßige und völlig unzureichend besicherte Vergabe von Immobilienkrediten durch Geschäftsbanken und andere Finanzintermediäre ausgelöst wurde. Die darauffolgende expansive Schöpfung von Zentralbankgeld hat verhindert, dass es nach dem Stocken des Geldmarkts zu einem weitergehenden

Zusammenbruch der Wirtschaft und zu einer lang andauernden Krise gekommen ist. Auch Wagenknechts Kritik an den Vermögenseffekten der Geldpolitik ist ausgesprochen schief. Die Ungleichheit zwischen Kapital und Arbeit hätte ohne diese Geldpolitik noch stärker zugenommen, weil die Arbeitslosigkeit massiv angestiegen und es zu einer weiteren Verarmung der Erwerbslosen gekommen wäre. Auch führt die Politik der Null- und Niedrigzinsen dazu, dass die Schuldner entlastet und die Gläubiger belastet werden. Wagenknecht muss wissen, dass die Nettoschuldner sich in den unteren drei Zehnteln der Haushalte befinden, sie muss auch wissen, dass die unteren vier Zehntel nahezu kein Geldvermögen besitzen und nur die oberen drei Zehntel über hohe Sparquoten verfügen (vgl. Späth & Schmid 2016). Insofern ist ihre im *Focus* vom 21.10.2021 geäußerte Kritik an einer angeblichen Enteignung der Mittelschicht, mit der sie höhere Zinsen und einen Schuldenschnitt bei den Staatsanleihen fordert, sachlich falsch, weil es einen Rechtsanspruch der Sparer auf Partizipation an der Ausbeutung der Arbeitskräfte im kapitalistischen Produktionsprozess nicht gibt. Aus der Sicht von Marx war der Zins ein Teil des Profits und damit ein »Mittel, sich unbezahlte Arbeit anzueignen [...]. Das zinstragende Kapital ist das Kapital als *Eigentum* gegenüber dem Kapital als *Funktion*« (Marx 1973c, 392). »Im zinstragenden Kapital erreicht das Kapitalverhältnis seine äußerlichste und fetischartigste Gestalt«. Und weiter: »Im zinstragenden Kapital ist daher dieser automatische Fetisch rein herausgearbeitet, der sich selbst verwertende Wert, Geld heckendes Geld, und trägt es in dieser Form keine Narben seiner Entstehung mehr. Das gesellschaftliche Verhältnis ist vollendet als Verhältnis eines Dings, des Geldes zu sich selbst« (ebd., 404f.). In der Sache selbst geht Wagenknecht konform mit dem konservativen Steuerjuristen Paul Kirchhof, der in Negativzinsen ebenfalls eine Enteignung der Sparer sieht (vgl. Kirchhof 2021).

Die Unterschiede zwischen der Giralgeldschöpfung und der Schöpfung von Zentralbankgeld sind Wagenknecht offensichtlich fremd, sie vermischt die Zusammenhänge oder Kanäle, in denen diese verschiedenen Geldarten fließen, zu einer gigantischen Spekulationskasse für die obersten Prozente der Reichen. Daher auch ihre Kritik an den Käufen von Staatsanleihen durch die Zentralbanken, konkret die EZB. In der Debatte um den freiwilligen Schuldenschnitt für griechische Staatsanleihen 2011/12 hat sie eine groß dimensionierte Streichung der Staatsschulden gefordert. Sie verstand die Ankündigung Mario Draghis, im Notfall »Whatever it takes«, den Banken Staatsanleihen südeuropäischer Länder abzukaufen, als »Mästung des Bankensektors« und als »Ankündigung einer Gratis-Vollkaskoversicherung für den Finanzsektor« (Presseerklärung vom 7.9.2012). Sie lag damit auf einer Linie mit der Erklärung von zunächst 150 deutschsprachigen konservativen und neoliberalen Ökonomen, prominent angeführt von Hans-Werner Sinn, dem Hohepriester des deutschen Ordoliberalismus. Für besondere Empörung sorgten Formulierungen im ersten Entwurf dieses

Aufrufs, wonach mit diesen Beschlüssen des EU-Gipfels »nicht der Euro, noch der europäische Gedanke« gerettet werde, »geholfen wird vor allem der Wall Street, der City of London und einer Reihe ausländischer Banken, die nun weiter zu Lasten der hart arbeitenden Bürger anderer Länder [...] ihre Geschäfte machen dürfen«. Nicht nur keynesianische, sondern auch dem Monetarismus zuzurechnende Ökonomen kritisierten den Aufruf scharf und sprachen von »Stammtischökonomie«. Wagenknecht hat Sinn in dieser Kontroverse bescheinigt, recht zu haben (vgl. Wendl 2012, 477).

Dem vorausgegangen war 2010 eine Kontroverse zwischen den linken Ökonomen Rudolf Hickel und Heiner Flassbeck. Hickel hatte wie Wagenknecht Schuldenschnitte für die griechischen Staatsanleihen empfohlen, Flassbeck hatte ihm entschieden widersprochen. Nach Flassbecks Meinung reichte es, wenn die EZB klarstellte, dass sie im Notfall für die Zahlungsfähigkeit Griechenlands garantieren würde, was sie dann im Juni 2012 auch getan hat. In der Sache hatte Flassbeck recht. Ein Schuldenschnitt für Griechenland oder andere südeuropäische Länder hätte zur Folge gehabt, dass diese Länder danach keinen Zugang zu öffentlichen Krediten mehr gefunden hätten. Aus diesem Grund ist auch aus ordoliberaler und monetaristischer Sicht ein Schuldenschnitt grundsätzlich akzeptabel, weil er die betreffenden Länder zu einer harten Austeritätspolitik zwingt, der sie nicht mehr durch Kreditaufnahme entkommen können. Viele Linke, darunter auch Marxisten, sehen in einem Schuldenschnitt eine partielle Enteignung der Banken, die solche Staatsanleihen in ihrem Portfolio haben. Es ist aber überhaupt nicht klar, wer zum Zeitpunkt des Schuldenschnitts die aktuellen Halter der infrage kommenden Staatsanleihen sind. Nach Angaben der Bundesbank (Bundesbank 2018) wurden über zwei Drittel der deutschen Staatsanleihen 2019 von ausländischen Investoren, das sind Investmentfonds, Pensionsfonds und ausländische Zentralbanken, gehalten. Ausländische Zentralbanken kaufen deutsche Staatsanleihen, um ihrer eigenen Geldschöpfung Sicherheiten zu verschaffen. Sicher ist dagegen, dass die von einem Schuldenschnitt betroffenen Staaten in der Zukunft keinen Zugang mehr zum Kreditmarkt haben, weil auch bei neuen Staatsanleihen das Risiko eines Schuldenschnitts droht. Wagenknecht meint offensichtlich, dass v. a. die reichsten Haushalte Staatsanleihen halten. Das ist sachlich falsch.

Auch die Partei *Die Linke* hatte das ignoriert, weil sie eine Umverteilung von oben nach unten und nicht zusätzliches Geld drucken wollte. So war es auch konsequent, dass Gregor Gysi zusammen mit Peter Gauweiler (CSU), Herta Däubler-Gmelin (SPD) und weiteren Politikern und Ökonomen gegen das »Outright Monetary Transactions Programme« (OMT) der EZB, also den Kauf von Staatsanleihen auf dem Sekundärmarkt, beim Bundesverfassungsgericht Klage einreichte, die dann abgewiesen wurde. Es war damals noch eine große Koalition derjenigen, die die ökonomische Unkenntnis und das gemeinsame Misstrauen einer nicht-konventionellen Geldpolitik der Zentralbanken einte. Faktisch ist es so, dass die Finanzagentur des jeweiligen Landes dessen Staatsanleihen einem ausgewählten Kreis von Geschäftsbanken, der sogenannten Bietergruppe, auf dem Primärmarkt zum Kauf anbietet und diese Geschäftsbanken die Anleihen mit den Reserven an Zentralbankgeld, das sie auf ihren Konten bei ihrer nationalen Zentralbank halten, bezahlen. Die Zentralbank kauft ihnen diese Staatsanleihen auf dem Sekundärmarkt wieder ab. Dadurch wird die Zahlungsfähigkeit dieser Länder sichergestellt, und zugleich bleiben die Zinsen niedrig, weil es zu keinen Kursverlusten im Handel auf den Sekundärmärkten kommt. Das Bundesverfassungsgericht hat das im Urteil vom 5. Mai 2020 zwar als unverhältnismäßig beanstandet, dann aber keine Einwände mehr erhoben, als Bundestag und Bundesrat sich mit der Erklärung der EZB zur Begründung der Staatsanleihekäufe zufriedengaben. In der Sache führen diese Käufe von Staatsanleihen durch die Banken im System der Europäischen Zentralbanken zu einer indirekten Staatsfinanzierung, diese bewegt jedoch sich noch im Rahmen des Vertrags über die Arbeitsweise in der Europäischen Union (vgl. Ohler 2021, 348).

Wagenknecht forderte 2016 eine direkte Staatsfinanzierung durch das System der Europäischen Zentralbanken (2016, 224). Insofern müssen wir annehmen, dass ihre Kritik am OMT-Programm 2012 darauf gründete, dass sie sich mit diesem Verfahren damals nicht auskannte. Inzwischen hat der Wissenschaftliche Dienst des Bundestags diese geldpolitische Praxis erläutert und schreibt, dass die Emission von Staatsanleihen »ausschließlich in Staatsanleihen abgewickelt [wird]. Bundeswertpapiere [werden] gegen Zentralbankgeld (Guthaben bei der Bundesbank) an die Mitglieder der ›Bietergruppe Bundesemissionen‹ verkauft und dem Bund steht nach Abschluss des Verkaufs ein höherer Kontostand bei der Zentralbank zur Verfügung« (Wissenschaftlicher Dienst WD 4-3000 – 129/20).

2016 plädierte Wagenknecht neben einer direkten Finanzierung der Staatshaushalte durch ihre Zentralbanken für das Konzept des Vollgelds als Begrenzung der Geldschöpfung durch die Geschäftsbanken. Dies hätte zur Folge, dass die Geschäftsbanken nicht mehr nur einen Bruchteil ihrer Kredite als Mindestreserven (zzt. 1 %), sondern 100 % bei der Zentralbank deponieren müssten. Für die Kreditvergabe müssten die Banken daher auf die Einlagen ihrer Sparer oder von der Zentralbank angebotenes Zentralbankgeld zurückgreifen. Damit würde die Zentralbank die Kreditvergabe steuern können, und die Kreditvergabe der Geschäftsbanken würde entsprechend beschränkt. Dieses Konzept stammt ursprünglich von Irving Fisher, einem Ökonomen, bei dem Friedman studiert hatte, und wurde unter dem Begriff 100 %-Money (Fisher [1935] 2007) während des New Deal in den USA in die Debatte gebracht, konnte sich aber nicht durchsetzen. Stattdessen kam es in den USA zur Trennung von Kreditbanken und Investmentbanken. Mit ihrem Vorschlag versucht Wagenknecht, ein monetaristisches Instrument der Geldpolitik, das Konzept eines Vollgelds, mit dem post-keynesianischen Verständnis von Finanzpolitik als »Functional Finance« von Abba Lerner bzw. der Modern Monetary Theory (Ehnts 2020) zu verbinden. Die Vertreter des Vollgeldkonzepts lehnen eine Staatsfinanzierung durch die Zentralbank aber ab, weil diese nicht mit ihren Vorstellungen einer »soliden Haushaltsführung« übereinstimmt (Huber 2018), was wiederum die Nähe der Vollgeldlehre zu den Tugendregeln des Ordoliberalismus zeigt.

Die Erkenntnis einer Giralgeldschöpfung aus dem Nichts hat Wagenknecht von Richard Werners Studie aus dem Jahr 2014 (Werner 2014), nicht aber vom ebenfalls zitierten Schumpeter aus dessen *Theorie der wirtschaftlichen Entwicklung* von 1912. Möglicherweise kennt sie aus Schumpeters *Theorie der wirtschaftlichen Entwicklung* nur das von ihr verwendete Zitat, nicht aber das ganze Buch und die darin skizzierte Theorie einer Giralgeldschöpfung aus dem Nichts und die anschließende Debatte unter Ökonomen über den »schöpferischen Kredit« (Honegger 1929)[1].

---

1 Ich hatte mehrfach den Eindruck, dass Wagenknecht die Texte, aus denen sie zustimmend zitiert, nicht zur Gänze kennt. So hat der von ihr überaus geschätzte Walter Eucken als sein Glaubensbekenntnis gestanden: »Die Wirtschaftspolitik aber soll die freie natürliche gottgewollte Ordnung verwirklichen« (Eucken 1952, 176). Spätestens bei »gottgewollt« müsste Wagenknecht merken, in welcher Sphäre sie sich bewegt.

Anders als in der Tradition der deutschen Arbeiterbewegung, die den Einfluss der abhängig Beschäftigten und ihrer Gewerkschaften auf die Steuerung der Unternehmen und auf die Frage, was und wie produziert wird, stärken wollte und dabei auch den Einfluss des Staates auf die makroökonomische Investitionssteuerung ausweiten wollte, versteht Wagenknecht Wirtschaftsdemokratie als vollständigen Wettbewerb kleiner und mittlerer, in der Rechtsform einer Personengesellschaft organisierter Unternehmen. Es handelt sich zunächst um eine Eigentümerdemokratie. Kapitalgesellschaften, in denen die Haftung des Unternehmens auf einen bestimmten Betrag beschränkt ist, bei der GmbH auf das Stammkapital, bei einer Aktiengesellschaft auf das gezeichnete Kapital, werden entschieden abgelehnt. Wagenknecht greift hier auf einen Vorschlag von Eucken zurück (2021, 292f.; Eucken 1952, 279f.).

In der Folge bedeutet das eine Rückorientierung auf einen als unverfälschte oder reine Marktwirtschaft verstandenen Kapitalismus, in dem die Unternehmen ihre Investitionen aus den Gewinnen oder aus Krediten, die aus Ersparnissen anderer stammen, finanzieren. Das wäre ein Modell, in dem große und riskante Investitionen nicht stattfinden, weil sie in einem Wirtschaftssystem, das durch eine unsichere Zukunft gekennzeichnet ist, mit zu großen Haftungsrisiken verbunden wären. Das würde zu einer verstärkten Investitionszurückhaltung führen, die angesichts der gegenwärtigen Situation, die durch eine große Divergenz zwischen einem überreichlichen Kapitalangebot und einer unzureichenden Nachfrage nach Kapital gekennzeichnet ist (vgl. von Weizsäcker & Krämer 2019), nicht nur die Arbeitslosigkeit deutlich erhöhen, sondern auch das Zinsniveau langfristig auf null drücken würde.

Eine Zinserhöhung durch die Zentralbanken, wie sie Wagenknecht im Interesse der Mittelschichten fordert, würde dann direkt in eine schwere Wirtschaftskrise führen. Inzwischen gibt es unter dem Begriff »Zombiewirtschaft« solche Vorschläge, die in der Wirtschaftskrise eine notwendige Reinigungskrise sehen, in der durch massenhafte Konkurse Kapital in großem Umfang vernichtet und durch eine Massenarbeitslosigkeit die Löhne gesenkt werden, damit danach Kapital und Arbeit, entsprechend billiger gemacht, wieder zu einem selbsttragenden Wachstum zueinanderfinden (vgl. Horn 2020). Zur Begründung der Notwendigkeit einer Reinigungskrise, in die der aktuelle Kapitalismus durch hohe Zinsen getrieben werden müsse, wird einerseits auf das Marx'sche Gesetz des tendenziellen Falls der Profitrate (vgl. Mullan 2020), andererseits auf die Kritik der Österreichischen Schule an der Geldschöpfung durch das zweistufige Bankensystem verwiesen (vgl. von Prollius 2020). Ähnlich argumentiert Sinn, wenn er auch unter Hinweis auf das Marx'sche Gesetz vom tendenziellen Fall der Durchschnittsprofitrate davon spricht, dass die Zentralbanken »die schöpferische Zerstörung, die den Keim des neuen Aufschwungs legt«, verhindern, »indem sie die Zinsen so tief und die Vermögenswerte durch den Kauf von Wertpapieren so hoch halten, dass die Blasen nicht mehr platzen, bzw. wenn sie platzen, die vollständige Rückkehr der Vermögenswerte auf ihr Normalniveau verhindert wird« (Sinn 2017, 87). Sinn sieht darin eine geldpolitische Investitionslenkung der EZB zugunsten der Standorte in Südeuropa, die ihn an die Planung und Lenkung der Volkswirtschaft in der früheren DDR erinnere.

Ökonomietheoretisch ist interessant, dass wir hier trotz schroffer Gegensätze in der Frage der Werttheorie (die Österreichische Schule begründet mit Carl Menger die Grenznutzentheorie) eine gemeinsame Schnittstelle von orthodoxen Marxisten und den marktradikalen Österreichern in der Kritik an einer expansiven Geldpolitik sehen. Marx meinte noch, dass das »ganze künstliche System gewaltsamer Ausdehnung des Reproduktionsprozesses [...] nicht dadurch kuriert werden kann, daß nun etwa eine Bank, z. B. die Bank of England, in ihrem Papier allen Schwindlern das fehlende Kapital gibt und die sämtlichen entwerteten Waren zu ihren alten Nominalwerten kauft« (Marx 1973c, 507). Das macht sie auch nicht, aber sie hält als Lender of last Resort (Kreditgeber in letzter Instanz) die durch die Krise in Zahlungsschwierigkeiten gebrachten Banken zahlungsfähig. Marx' Annahme vom notwendigen »plötzlichen Umschlag des Kreditsystems in das Monetarsystem« (ebd., 552) hat sich nicht bewahrheitet. Dass Marx hier irrte, liegt daran, dass er zu seiner Zeit die Funktion der Zentralbank als Lender of last Resort für die Geschäftsbanken noch nicht kannte. Was diese zunächst überraschende Gemeinsamkeit zwischen einem orthodoxen Marxismus und der marktradikalen Österreichischen Schule betrifft, so handelt es sich um einen gemeinsamen Glauben an die Dominanz ökonomischer Gesetze, die durch staatliche oder geldpolitische Interventionen nicht gebrochen werden können. Wird das trotzdem versucht, setzen sich der intervenierende Staat wie die geldpolitisch innovative Zentralbank heftiger Kritik aus, von links wie rechts (hier von Wagenknecht und Sinn gleichermaßen). Diese Übereinstimmung zwischen einem einfachen Marxismus und dem Ordoliberalismus basiert auf einem gemeinsamen Irrtum, dem Glauben, dass bestimmte ökonomische Gesetze politisch nicht entscheidend korrigiert werden könnten und zur Durchsetzung dieser ökonomischen Gesetze, die sich in der vollständigen Konkurrenz verwirklichen, zurückgekehrt werden müsse. Dafür ist die von Wagenknecht skizzierte Idylle einer auf einem Leistungseigentum basierenden Eigentümerdemokratie vorgesehen. Die abhängig Beschäftigten kommen unter dem Begriff der »Kapitalneutralisierung« (2016, 294) in diese Eigentümerdemokratie hinein, weil Gewinne nicht mehr von den Unternehmenseigentümern entnommen werden können – diese bekommen nur die Zinsen für ihr eingesetztes Kapital –, sondern das Eigenkapital vergrößern. Einkommen entstehen in dieser Sicht nur aus Leistung, nicht aus unentgeltlicher Aneignung von Mehrarbeit. Durch neue Eigentumsformen, wie eine Mitarbeitergesellschaft, öffentliche

Gesellschaft oder als Stiftung organisierte Gemeinwohlgesellschaft, können dann auch abhängig Beschäftigte an diesem Leistungseigentum partizipieren. Der fundamentale Unterschied zu den wirtschaftsdemokratischen Konzepten der Gewerkschaften besteht darin, dass nicht die Beschäftigten die wirtschaftliche Entwicklung ihres Unternehmens zu steuern versuchen, sondern der Markt. Es ist die Idylle einer selbstgenügsamen nationalen Marktwirtschaft, die hier zum Ideal erhoben wird und die auf dem unbeirrbaren Glauben beruht, dass sich die Märkte am besten selbst steuern, wenn die Politik ihnen Regeln gibt und sie ansonsten in Ruhe lässt. Wagenknecht knüpft in keinem ihrer Texte an gewerkschaftliche Diskussionen über Wirtschaftsdemokratie und Investitionslenkung an, die Gewerkschaften kommen in ihren utopischen Modellen einer reinen Marktwirtschaft nicht vor. Sie und ihr Wissen über Arbeits- und Produktionsprozesse werden auch nicht gebraucht, wenn Wirtschaftsdemokratie als Eigentümerdemokratie verstanden wird und die Märkte die Entscheidungen über das Was und Wie der Produktion treffen. Die Beschäftigten brauchen keine Gewerkschaften, wenn Ludwig Erhard oder ein paternalistisch-fürsorglicher Staat in seiner Nachfolge ihnen ihren Anteil an der Produktivitätssteigerung großzügig zugesteht, wie es Wagenknecht fälschlicherweise von Erhard annimmt.

Wenn Marx schreibt, die »Menschen machen ihre eigene Geschichte, aber sie machen sie nicht aus freien Stücken, nicht unter selbstgewählten, sondern unter unmittelbar vorgefundenen, gegebenen und überlieferten Umständen« (Marx 1973a, 115), so formuliert er, wenn auch sehr abstrakt, den Zusammenhang von gesellschaftlichen Verhältnissen und menschlichen Handlungen. Diesen Zusammenhang schlüsselt er später in seinen ökonomischen Schriften näher auf, indem er zu zeigen versucht, wie die ökonomischen Formbestimmungen des kapitalistischen Gesamtreproduktionsprozesses im Bewusstsein der handelnden Akteure nicht so wahrgenommen werden, wie sie wirklich sind, sondern in spezifisch verzerrten und verdrehten Formen, die Marx als Mystifikationen oder Fetische gekennzeichnet hat. Er entwickelt eine Stufenfolge dieser Verdrehungen, die bei der Ware und beim Geld beginnt und sich über die Form des Lohns, der als Preis der Arbeit und nicht der Arbeitskraft wahrgenommen wird, fortsetzt und zuletzt in der trinitarischen Form gipfelt, die wir als Produktionsfaktorentheorie der neoklassischen Volkswirtschaftslehre kennen. »In Kapital – Profit, oder noch besser Kapital – Zins, Boden – Grundrente, Arbeit – Arbeitslohn, in dieser ökonomischen Trinität als dem Zusammenhang der Bestandteile des Werts und des Reichtums überhaupt mit seinen Quellen ist die Mystifikation der kapitalistischen Produktionsweise, die Verdinglichung der gesellschaftlichen Verhältnisse, das unmittelbare Zusammenwachsen der stofflichen Produktionsverhältnisse mit ihrer geschichtlich-sozialen Bestimmtheit vollendet: die verzauberte, verkehrte und auf den Kopf gestellte Welt, wo Monsieur le Capital und Madame la Terre als soziale Charaktere und zugleich als bloße Dinge ihren Spuk treiben« (Marx 1973c, 838). Marx macht dazu drei Bemerkungen. Erstens betont er das große Verdienst der klassischen Ökonomie, diesen »falschen Schein und Trug, diese Verselbständigung und Verknöcherung der verschiedenen Elemente des gesellschaftlichen Reichtums« aufgelöst und entschlüsselt zu haben. Er macht aber zweitens deutlich, dass die handelnden Akteure, die »wirklichen Produktionsagenten«, sich in diesen entfremdeten und irrationellen Formen völlig zu Hause fühlen, und drittens die nachklassische Ökonomie, die er »Vulgärökonomie« nennt (und die wir als neoklassische Ökonomie kennen), die sich in diesen verfremdeten ökonomischen Formen, welche die Basis ihrer Erkenntnisse sind (Marx nennt sie »seichte Wichtigtuerei«), wohlfühlt (ebd., 839). Es hat später in marxistischen Kreisen Debatten gegeben, wie hermetisch geschlossen diese »Oberfläche der bürgerlichen Gesellschaft« sei, aber die Antwort hat Marx mit seiner Anerkennung für die klassische Ökonomie bereits gegeben. Dass nur die Lohnarbeit Werte schafft und sich das Kapital unentgeltliche Mehrarbeit als Mehrwert aneignet, war der Arbeiterbewegung im Grundsatz klar, diese Botschaft wurde in vielen Texten innerhalb der Arbeiterbewegung übersetzt und vereinfacht.

Was dabei allerdings oft nicht verstanden wurde, ist der Zusammenhang von ökonomischen Formbestimmungen und Bewusstseinsformen, diese systematische Stufenfolge von Verkehrungen und Mystifikationen. Es kennzeichnet sowohl den frühen Marxismus nach Marx wie den Leninismus als ebenso vulgäre wie populäre Übersetzung der *Kritik der Politischen Ökonomie* von Marx durch Karl Kautsky, dass diese Zusammenhänge nicht oder nur schief verstanden worden sind (vgl. Projekt Klassenanalyse 1972). Deshalb hat Lenin auch den Kapitalisten selbst, der »Finanzoligarchie« und den »Genies der Finanzmachenschaften« ein hohes Maß an rationalen Erkenntnissen über die Zusammenhänge des kapitalistischen Gesamtreproduktionsprozesses unterstellt, ebenso wie den Kommunisten selbst, während er den Arbeitern nur ein »tradeunionistisches«, also gewerkschaftliches Bewusstsein attestiert hat (Lenin 1978b, 188ff.). Zu Recht bilanzieren Bischoff & Lieber: Diese »Verkürzung des Marxismus auf eine einfache Theorie des Exploitationsprozesses mit einem korrespondierenden emphatischen Begriff von Klasse und Klassenkampf hat ein angemessenes Verständnis nicht nur der Ökonomie, sondern auch der Gesamtlebensverhältnisse in der bürgerlichen Gesellschaft erfolgreich erschwert und führte immer wieder zu zeitdiagnostischen Fehlern bezogen auf die Schranken und die Elastizität des Kapitalismus« (2011, 198).

Die gesellschaftskritischen Texte von Wagenknecht (2002; 2009) vor ihrer Liaison mit dem Ordoliberalismus sind exakt durch diesen einfachen Marxismus in der theoretischen Tradition Lenins geprägt, es handelt sich um klassenkämpferische Agitprop. Dabei unterläuft ihr eine Subjekt-Objekt-Umkehr: Die aus ökonomischen und institutionellen Zwängen resultierenden Handlungen werden zu intentionalen Handlungen freier Subjekte erklärt, welche neue gesellschaftliche Verhältnisse schaffen. Wagenknecht folgt damit dem Ansatz des methodologischen Individualismus, in dem gesellschaftliche Entwicklungen aus den intentionalen Handlungen der Individuen abgeleitet werden. Diese Handlungen machen aus einer idyllischen einfachen Marktwirtschaft mit funktionierenden Märkten einen kartellierten, von Oligopolen und Monopolen bestimmten finanzialisierten Kapitalismus. Dieser Prozess macht die Gesellschaft mit funktionierenden Märkten erst zum Kapitalismus. Dieser Sicht kommt der Ordoliberalismus entgegen, weil seine ökonomischen Erkenntnisse aus einem Set von Moral- und Tugendregeln des einzelwirtschaftlichen Handelns mit einem starken Staat, der die Einhaltung dieser Tugendregeln garantiert, bestehen.

Das führt zur Moralisierung in der Beurteilung ökonomischer und politischer Entscheidungen: »Finanzhaie«, »Bankster« »Zocker«, »Spekulanten«. Der Waren produzierende handelnde Unternehmer wird akzeptiert, der Finanzinvestor, der die Marktwirtschaft zum Finanzkapitalismus gemacht hat, wird mit einer quasi antikapitalistischen Rhetorik attackiert. Wagenknecht schwankt zwischen utopischem Sozialismus und der reaktionären Utopie des Ordoliberalismus auf der einen Seite und der Kritik am Finanzkapitalismus auf der anderen. Sie verbindet diese aber nicht mit der Anfang der 1920er Jahre populären Forderung der Freigeldlehre nach Schwundgeld und Abschaffung des Zinses (Gesell 1949) oder gar nach »Brechung der Zinsknechtschaft« wie bei Gottfried Feder (1935), sondern plädiert gegen die Geldpolitik der großen Zentralbanken für höhere Zinsen zugunsten der Sparer, was faktisch gegen die Interessen der Schuldner in den unteren Einkommensgruppen verstößt.

In der von ihr gewünschten Rückkehr zu einer strikt güterwirtschaftlich ausgerichteten Marktwirtschaft in Verbindung mit der Ablehnung eines Finanzkapitalismus finden wir deshalb keine wirkliche Analogie zu Feders Unterscheidung zwischen »schaffendem« Industriekapital und »raffendem« Finanzkapital, der in der nationalsozialistischen antisemitischen Ideologie und Propaganda eine wichtige Rolle gespielt hat. Hitler hatte in *Mein Kampf* diese Unterscheidung übernommen und sprach vom »reinen Kapital als letzten Ergebnis der schaffenden Arbeit gegenüber einem Kapital, dessen Existenz und Wesen ausschließlich auf Spekulation beruhen« (Hitler 1925, 220), und verwies dabei auf einen Vortrag von Feder, von dem er diese Sicht übernommen hatte. Wagenknecht teilt die Zinskritik von Feder nicht.

Diese Debatten der 1920er und von Anfang der 1930er Jahre hat Wagenknecht vermutlich nicht rezipiert, so wie sie die Dogmengeschichte und die Entwicklung des Ordoliberalismus und die Debatten zwischen verschiedenen neoliberalen Ökonomen in der Frühzeit der Mont-Pèlerin-Gesellschaft, die Differenzen zwischen von Hayek und von Mises einerseits und Röpke und Rüstow andererseits, nicht zu kennen scheint. Wagenknecht bezieht sich auf eine Zeitspanne, in der sowohl der Keynesianismus und das Konzept der Wirtschaftsdemokratie wie auch der Monetarismus entstanden sind und der spätere Aufstieg des Neoliberalismus vorbereitet wurde. Dass eine sich zur politischen Linken rechnende Ökonomin aus dieser Zeit der Transformation des ökonomischen Denkens ausgerechnet den deutschen Ordoliberalismus als Weg zum kreativen Sozialismus auswählt, ist grotesk. Sie wählt die Marktradikalen. Das ist nur möglich, wenn sie die anderen theoretischen Positionen in diesem Umbruchsprozess nicht kennt, obwohl sie eine dieser Positionen, nämlich das Finanzkapital-Paradigma in der theoretischen Tradition von Hilferding, früher selbst vertreten hat.

Mit der Entscheidung für den Ordoliberalismus findet sie einen direkten Weg vom einfachen Marxismus ihrer frühen Texte zu der von Marx kritisierten Vulgärökonomie in der Form der Ideologie einer als reine Marktwirtschaft idealisierten einfachen Warenproduktion. Sie präsentiert einen konfusen Eklektizismus, in dem sie neben Gedanken des utopischen Sozialismus auch Fragmente von Lenins Kritik an den Genies der Finanzmachenschaften mit dem gläubigen Marktidealismus der Ordoliberalen und einer sehr deutschen Kritik an der unkonventionellen oder neuen Geldpolitik der großen Zentralbanken, speziell der EZB, miteinander vermengt. Dazwischen liegt wie ein kleines neukeynesianisches Juwel ihre wissenschaftliche Arbeit, die Kritik am Modell der am Lebenszyklus orientierten permanenten Einkommenshypothese von Milton Friedman und anderen Modellen amerikanischer Mainstreamökonomen. Ihre kritiklose Hinwendung zum Ordoliberalismus kann an antimonopolistische Ressentiments ihrer frühen Schriften anknüpfen und eröffnet zugleich die Chance, sich erfolgreich an ein in Wirtschaftsfragen stockkonservatives deutsches Publikum zu wenden. Da sie es versteht, vor einem anderen Publikum auch keynesianisch oder sogar marxistisch zu argumentieren, ist ihre Sympathie für eine reaktionäre deutsche Hauswirtschaftslehre nur gespielt. Sie weiß, dass sie damit Erfolg hat.

Literatur

Beckmann, Ulf (2000): Von Löwe bis Leontief. Pioniere der Konjunkturforschung im Kieler Institut für Weltwirtschaft. Marburg: Metropolis.

Bischoff, Joachim, & Christoph Lieber (2011): Konkurrenz und Gesellschaftskritik, in: W. Bonefeld & M. Heinrich (Hg.), Kapital & Kritik. Nach der »neuen« Marx-Lektüre. Hamburg: VSA.

Bombach, Gerd, Hans-Jürgen Ramser, Manfred Timmermann & Walter Wittmann (Hg.) (1976): Der Keynesianismus II. Die beschäftigungspolitische Diskussion vor Keynes in Deutschland. Berlin/Heidelberg/New York: Springer.

Bombach, Gerd, Karl-Bernhard Netzband, Hans-Jürgen Ramser & Manfred Timmermann (Hg.) (1981): Der Keynesianismus III. Die geld- und beschäftigungstheoretische Diskussion in Deutschland zur Zeit von Keynes. Berlin/Heidelberg: Springer.

Bundesregierung (2021): 6. Armuts- und Reichtumsbericht. Berlin.

Chavagneux, Christian (2013): Kleine Geschichte der Finanzkrisen. Zürich: Rotpunkt.

Deutsche Bundesbank (2018): Der Markt für Bundeswertpapiere: Halterstruktur und wesentliche Einflussfaktoren für die Renditeentwicklung. *Monatsbericht Juli.*

Ehnts, Dirk (2020): Geld und Kredit. Eine €-päische Perspektive. Marburg: Metropolis.

Elbe, Ingo (2008): Marx im Westen. Die neue Marx-Lektüre in der Bundesrepublik seit 1965. Berlin: Akademie.

Erhard, Ludwig (1964): Wohlstand für alle. Düsseldorf: Econ.

Eucken, Walter (1932): Staatliche Strukturwandlungen und die Krisis des Kapitalismus. *Weltwirtschaftliches Archiv* 35, 297–321.

Eucken, Walter (1944): Die Grundlagen der Nationalökonomie. Jena: Gustav Fischer.

Eucken, Walter (1952): Grundsätze der Wirtschaftspolitik. Tübingen: Mohr-Siebeck.

Eucken, Walter (1990): Grundsätze der Wirtschaftspolitik. Tübingen: Mohr-Siebeck.

Feder, Gottfried ([1935] 2003): Kampf gegen die Hochfinanz. Bremen: Roland Faksimile.

Fedorets, Alexandra, Markus M. Grabka, Carsten Schröder & Johannes Seebauer (2020): Lohnungleichheit in Deutschland sinkt. *DIW-Wochenbericht* 7, 91–97.

Fisher, Irving ([1935] 2007): 100%-Geld. Kiel: Verlag für Sozialökonomie.

Garvy, George (1976): Keynesianer vor Keynes, in: Bombach et al. (Hg.), 21–34.
Gesell, Silvio (1949): Die natürliche Wirtschaftsordnung. Lauf: Zitzmann.
Gischer, Horst, Jochen Hartwig & Sahin Bedia (Hg.) (2018): Bewegungsgesetze des Kapitalismus. Marburg: Metropolis.
Grandt, Jens (2018): Gott im Geld oder Wirtschaftstheorie und -politik als Religion. *Z Zeitschrift marxistische Erneuerung 113* (Arbeitskämpfe / Marx 200: Arbeit und Ausbeutung), 152–159.
Hahn, L. Albert (1920): Die volkswirtschaftliche Theorie des Bankkredits. Tübingen: Mohr-Siebeck.
Haselbach, Dieter (1991): Autoritärer Liberalismus und Soziale Marktwirtschaft. Baden-Baden: Nomos.
Heine, Michael, & Hansjörg Herr (2013): Volkswirtschaftslehre. Paradigmenorientierte Einführung in die Mikro- und Makroökonomie. München: Oldenbourg.
Heinrich, Michael (2020): Die Wissenschaft vom Wert. Münster: Westfälisches Dampfboot.
Hermann, Ulrike (2019): Deutschland, ein Wintermärchen. Frankfurt/M.: Westend.
Hilferding, Rudolf ([1910] 1947): Das Finanzkapital. Berlin: Dietz.
Hitler, Adolf ([1925] 2016): Mein Kampf. Bd. 1. Eine kritische Edition. Institut für Zeitgeschichte. München/Berlin.
Holtfrerich, Carl-Ludwig (1989): Die Entwicklung der monetären Konjunkturtheorien: Wicksell, Schumpeter, Hahn, Mises und Hayek, in: B. Schefold (Hg.), Studien zur Entwicklung der ökonomischen Theorie VIII. Berlin: Duncker & Humblot.
Horn, Alexander (2020): Die Zombiewirtschaft. Frankfurt/M.: Novo.

Huber, Joseph (o. J.): Vollgeldtheorie (VT) und Modern Monetary Theory (MMT) eng verwandt? https://www.vollgeld-initiative.ch/ (Abruf 6.1.22).

Janssen, Hauke (2012): Nationalökonomie und Nationalsozialismus. Die deutsche Volkswirtschaftslehre in den dreißiger Jahren des 20. Jahrhunderts. Marburg: Metropolis.

Kellershohn, Helmut (2019): Autoritärer Liberalismus. Zum Zusammenhang von Neoliberalismus und konservativer Revolution, in: A. Becker, S. Eberhardt & H. Kellershohn (Hg.), Zwischen Neoliberalismus und völkischen »Antikapitalismus«. Münster: Unrast.

Keynes, John M. ([1931] 1983): Vom Gelde. Berlin: Duncker & Humblot.

Kirchhof, Paul (2021): Geld im Sog der Negativzinsen. München: Beck.

Kromphardt, Jürgen (1991): Weshalb wir eine eigenständige Makroökonomie brauchen. *Wirtschaft und Gesellschaft Bd. 17 / Nr. 2*, 141–155.

Lenin, Wladimir I. (1978a): Karl Marx, in: Ausgewählte Werke, Bd. 1. Berlin: Dietz.

Lenin, Wladimir I. (1978b): Was tun?, in: Ausgewählte Werke, Bd. 1. Berlin: Dietz.

Lenin, Wladimir I. (1988): Der Imperialismus als höchstes Stadium des Kapitalismus, in: Werke, Bd. 22. Berlin: Dietz.

Lenin, Wladimir I. (1982): Das Agrarprogramm der Sozialdemokratie in der ersten russischen Revolution – Nachwort, in: Werke, Bd. 13. Berlin: Dietz

Marx, Karl (1973a): Der 18. Brumaire des Louis Bonaparte, in: MEW 8. Berlin: Dietz.

Marx, Karl (1973b): Nachwort zu den Enthüllungen über den Kommunistenprozess in Köln, in: MEW 18, Berlin: Dietz.

Marx, Karl (1972): Das Kapital, Bd. 1, in: MEW 23. Berlin: Dietz.

Marx, Karl (1973c): Das Kapital, Bd. 3, in: MEW 25. Berlin: Dietz.

Marx, Karl (1974): Theorien über den Mehrwert. Zweiter Teil, in: MEW26.2. Berlin: Dietz.

Marx, Karl (1983): Grundrisse der Kritik der Politischen Ökonomie, in: MEW42. Berlin: Dietz.

Marx, Karl (1987): Das Kapital, Bd. 2, in: MEW 24. Berlin: Dietz.

Müller-Armack, Alfred (1976): Wirtschaftslenkung und Marktwirtschaft. Bern/Stuttgart: Haupt.

Mullan, Phil (2020): Zombieökonomie und Rentabilitätskrise, in: Horn (2020), 345–.

Naphtali, Fritz ([1928] 1977): Wirtschaftsdemokratie. Ihr Wesen, Weg und Ziel. Frankfurt/M.: Europäische Verlagsanstalt.

Ohler, Christoph (2021): Unkonventionelle Geldpolitik. Tübingen: Mohr Siebeck.

Projekt Klassenanalyse (1972): Leninismus – neue Stufe des wissenschaftlichen Sozialismus? Westberlin: VSA.

Prollius, Michael von (2020): Zombieökonomie – die Perspektive der Österreicher, in: Horn (2020), 319–344.

Reichelt, Helmut (1970): Zur logischen Struktur des Kapitalbegriffs bei Karl Marx. Frankfurt/M.: Europäische Verlagsanstalt.

Rakowitz, Nadja (2000): Einfache Warenproduktion. Ideal und Ideologie. Freiburg: ça ira.

Riese, Hajo (1983): Zur Theorie rationaler Erwartungen – neoklassische Grundlagen und keynesianischer Gegenentwurf, in: G. Bombach, B. Gahlen, A. E. Ott (Hg.), Makroökonomik heute: Gemeinsamkeiten und Gegensätze. Tübingen: Mohr-Siebeck.

Rüstow, Alexander ([1945] 2001): Das Versagen des Wirtschaftsliberalismus. Marburg: Metropolis.
Schumpeter, Joseph A. ([1912] 2006): Theorie der wirtschaftlichen Entwicklung. Berlin: Duncker & Humblot.
Schumpeter, Joseph A. ([1926] 1997): Theorie der wirtschaftlichen Entwicklung. Berlin: Duncker & Humblot.
Schumpeter, Joseph A. ([1942] 1980): Kapitalismus, Sozialismus und Demokratie. München: Francke.
Schumpeter, Joseph A. ([1954] 2009): Geschichte der ökonomischen Analyse Bd. 2. Göttingen: Vandenhoeck & Ruprecht.
Sinn, Hans-Werner (2017): Was uns Marx heute noch zu sagen hat, in: M. Greffrath (Hg.), RE: Das Kapital. Politische Ökonomie im 21. Jahrhundert. München: Kunstmann, 73–90.
Späth, Jochen, & Kai D. Schmid (2016): The Distribution of Household Savings in Germany. *IMK Study Nr. 50.*
Wagenknecht, Sahra (o. J.): Was ist und was misst Wert? Die Marxsche Arbeitswerttheorie. Manuskript.
Wagenknecht, Sahra (2002): Sozialismus oder Barbarei, in: dies.: Kapitalismus im Koma. Eine sozialistische Diagnose. Berlin: Edition Ost.
Wagenknecht, Sahra (2009): Wahnsinn mit Methode. Finanzcrash und Weltwirtschaft. Berlin: Das Neue Berlin.
Wagenknecht, Sahra (2011): Freiheit statt Kapitalismus. Frankfurt/M.: Eichborn.
Wagenknecht, Sahra (2013): The Limits of Choice. Saving Decisions and Basis Needs in Developed Countries. Frankfurt/New York: Campus.
Wagenknecht, Sahra (2016): Reichtum ohne Gier. Frankfurt/M.: Campus.
Wagenknecht, Sahra (2017): Eine geniale Prognose, in: M. Greffrath (Hg.), RE: Das Kapital. Politische Ökonomie im 21. Jahrhundert. München: Kunstmann, 93–107.

Wagenknecht, Sahra (2021): Die Selbstgerechten. Frankfurt/ New York: Campus.

Walpen, Bernhard (2004): Die offenen Feinde und ihre Gesellschaft. Eine hegemonietheoretische Studie zur Mont Pèlerin Society. Hamburg: VSA.

Weizsäcker, Carl-Christian von, & Hagen Krämer (2019): Sparen und Investieren im 21. Jahrhundert. München: Springer Gabler.

Wendl, Michael (2013): Machttheorie oder Werttheorie. Die Wiederkehr eines einfachen Marxismus. Hamburg: VSA.

Wendl, Michael (2012): Selbstentzauberung einer Avantgarde. *Prokla 168* (Die EU und der Euro in der Krise), 477–482.

Wendl, Michael (2020): Zeit der Scharlatane – die Selbstzerstörung der SPD. *Prokla 198*, 50. Jg., H. 1, 133–142.

Werner, Richard (2014): Can Banks individually create money out of nothing? The Theories and the empirical evidence. *International Review of Finance Analysis 36*, 1–19.

Wicksell, Knut ([1898] 2006): Geldzins und Güterpreis. München: Finanzbuch-Verlag.

Ernst Wolowicz

Wagenknechts Drei-Schichten- und Zwei-Lager-Modell: wenig originell, empirisch nicht unterlegt und zu einfach

In ihrem Buch *Die Selbstgerechten* erhebt Sahra Wagenknecht einen sehr hohen Anspruch. Sie will darin die Programmatik »einer echten sozialen Volkspartei entwickeln« (Wagenknecht 2021, 17[1]). Ihre Zielgruppe seien die »nicht-akademischen Schichten« (333). Ihr Programm soll an deren »sozialen Interessen, aber auch an ihren Wertvorstellungen« anknüpfen (ebd.). Sie stellt die Sozialstruktur anhand eines Schichtungsmodells dar, entwickelt ein kulturell-politisches Zwei-Lager-Modell und darauf beruhend eine aus ihrer Sicht hegemoniefähige inhaltliche Programmatik für die Ansprache bestimmter Zielgruppen.

Wagenknechts Drei-Schichten-Modell der Sozialstruktur

Wagenknecht geht im Grunde von drei sozialen Schichten aus. Hierarchisch und machtmäßig ganz oben stehen ihrer Analyse nach die »akademische Mittelschicht« und die »Oberschicht«, darunter steht die »klassische Mittelschicht« und darunter wiederum stehen die »Ser-

1 Alle in diesem Kapitel angeführten Seitenangaben beziehen sich auf diese Quelle.

vicebeschäftigten« und »die Arbeiterschaft«. Zahlenangaben macht sie nur zur »akademischen Mittelschicht« und zu den »Servicebeschäftigten«: »Heute arbeiten in den meisten westlichen Ländern zwischen 25 und 30 % der Erwerbstätigen, teils abhängig beschäftigt, teils freiberuflich, in diesen neuen Akademikerberufen, also ähnlich viele wie in den einfachen Servicejobs« (79). Auf konkrete Zahlen für Deutschland und auch auf Quellenangaben verzichtet Wagenknecht hierbei.

Nun zu den sozialen Schichten im Einzelnen: Zu dem, was Wagenknecht (als ehemalige Marxistin) früher vermutlich als »herrschende Klasse« oder »Kapitalistenklasse« betrachtet hätte, macht sie nur sehr spärliche Angaben. Im Vorwort schreibt sie: »Gewinner der neuen Zeit sind in erster Linie die Eigentümer großer Betriebs- und Finanzvermögen. Ihr Reichtum und ihre ökonomische und gesellschaftliche Macht sind in den letzten Jahrzehnten enorm gewachsen« (15). Ab welcher Höhe dieses Vermögens man zu dieser Schicht gehört, bleibt zunächst offen. Sie erwähnt zudem »die Erben großer Kapitalvermögen« (54) und kritisiert dann die ungleiche Vermögensverteilung, »denn der Löwenanteil der Kapitaleinkommen fließt in die Taschen der [sic] reichsten 1 Prozent aller Familien« (69). Sie verwendet zudem den Begriff »Oberschicht«: »Neben der Oberschicht verfügt heute vor allem die akademische Mittelschicht über politischen Einfluss und Meinungsmacht« (92). Den Unterschied zwischen den beiden ihrer Ansicht nach die »westlichen Länder« gemeinsam beherrschenden Schichten definiert sie so: »Während die Oberschicht ihren Interessen vor allem über ihre ökonomischen Ressourcen, ihr Geld und ihr Netz von Lobbyisten Nachdruck verleiht, ist es die akademische Mittelschicht, die die Schlüsselstellen in Medien und Politik besetzt. Sie ist in nahezu allen westlichen Ländern zum öffentlichen Meinungsführer und zum Träger großer Teile des Politikbetriebs geworden« (ebd.). Die Gesellschaft der »westlichen Länder« werde ökonomisch, politisch und ideologisch also arbeitsteilig von der sehr kapitalstarken Oberschicht und der die Politik und die Medien bestimmenden akademischen Mittelschicht beherrscht. Beide herrschenden Schichten hätten dieselben Interessen und Werte. Machtunterschiede zwischen beiden erkennt sie nicht. Ironisch formuliert besteht die »herrschende Klasse« also aus den »25 bis 30% der Erwerbstätigen« (akademische Mittelschicht) und den » reichsten 1 Prozent aller Familien«. Bereits daraus geht hervor, dass Wagenknecht von jeglicher Klassentheorie und -analyse Abschied genommen hat und eine Schichtungstheorie vertritt, die, wie später noch gezeigt wird, große Anleihen bei dem Kultursoziologen Andreas Reckwitz macht. Wagenknechts Bild der »Oberschicht« bleibt merkwürdig blass, sie verzichtet auf jede Empirie und ignoriert alle Studien, die dazu gemacht worden sind (z. B. Hartmann 2018; Hartmann 2020).

Nun zur »akademischen Mittelschicht« bzw. in Wagenknechts Diktion: zur »gut situierten akademischen Mittelschicht der Großstädte« (12). Sie wird von Wagenknecht über ein abgeschlossenes Hochschul-

bzw. Fachhochschulstudium und über ein nicht näher präzisiertes hohes Einkommensniveau definiert. Sie besetze »Schlüsselstellen in Medien und Politik« (92), verfüge über »einen hohen Grad an sozialer Sicherheit« und lebe vor allem in den »Innenstadtvierteln der Metropolen« (83). Diese Mittelschicht bilde »ein exklusives Milieu« und bleibe weitgehend unter sich (ebd.). Ihre Mitglieder seien »teils abhängig beschäftigt, teils freiberuflich oder teilweise selbständig« (79).

Grundlegende Unterschiede zwischen den genannten Teilgruppen sieht Wagenknecht nicht. Allerdings stellt sie große Einkommensunterschiede innerhalb der »akademischen Mittelschicht« fest: »Nur die obere akademische Mittelschicht ist so wohlhabend, dass sie im Sozialstaat und den öffentlichen Angeboten nur noch eine überflüssige Einrichtung sieht« (137). Weniger Wohlhabende litten zunehmend unter steigenden Mieten (137). Entstanden sei diese neue Schicht, die sich großteils aus der alten Mittelschicht heraus entwickelt habe, durch den Trend zur Dienstleistungsgesellschaft und die Bildungsexplosion seit den 1970er Jahren. Inzwischen sei allerdings »die Expansion der gut bezahlten Akademikerberufe zum Stillstand gekommen« (85). Nicht zur Mittelschicht gehören bei Wagenknecht die zahlreichen gut verdienenden Akademiker außerhalb der Großstädte und außerhalb des Dienstleistungssektors. Begründet wird dies nicht; diese rechnet sie offensichtlich zur klassischen Mittelschicht.

Zur klassischen Mittelschicht »gehören viele Selbständige, Handwerker, Landwirte und jene Teile der (überwiegend älteren) Facharbeiter, denen auch ohne Abitur noch gut bezahlte Industriearbeitsplätze« (85) offenstehen. Sie verfüge im Regelfall über ein mittleres Einkommen (das nicht definiert wird) und stehe nicht »auf der Gewinnerseite des gesellschaftlichen Wandels« (85), denn Teilen dieser klassischen Mittelschicht drohe der soziale Abstieg. Wagenknecht übernimmt unkritisch den Mittelschichtbegriff des »Mainstreams« der soziologischen Schichtungstheorien, sieht also folgerichtig keine Interessengegensätze zwischen den »gut bezahlten Facharbeitern in der Industrie« und mittleren und kleineren Unternehmern.

Unter den Erwerbstätigen gibt es ca. 25 bis 30%, die in »einfachen Servicejobs« arbeiten (79), was konkret heißt: schlecht bezahlte Jobs im Dienstleistungssektor. Wagenknecht erwähnt dabei folgende Branchen: Transport, Logistik, Zustellung, Wachdienste, Pflege und Betreuung, Gastronomie und Lebensmittel- sowie Textildiscounter: Hier sei ein »riesiger Niedriglohnsektor« entstanden (72f.). Diese soziale Schicht sei durch die Expansion der Dienstleistungsökonomie stark angewachsen; der gewerkschaftliche Organisationsgrad sei gering, der Arbeitsdruck dagegen besonders hoch (73). Auch hier vermeidet Wagenknecht jede Präzisierung und Differenzierung. Ab welchem Gehalt gehört man nicht mehr zu den »einfachen Servicebeschäftigten«? Gehören Beschäftigte ohne akademischen Abschluss in »komplexen Servicejobs« ähnlich wie gutverdienende ArbeiterInnen zur »klassischen Mittelschicht«? Um auf 25 bis 30% aller Erwerbstätigen zu kommen, reichen die »Niedriglohnverdiener« im tertiären Sektor bei weitem nicht aus. Alle diese Fragen bleiben offen.

In ähnlicher sozialer Lage wie die »Servicebeschäftigten« sieht Wagenknecht eine neu entstandene Schicht: die »neue akademische Unterschicht«. Ein Teil der Akademiker schaffe es nicht in die gut bezahlten Dienstleistungsjobs. Dazu gehörten z. B. »Clickworker« und »Crowdworker«. Bei diesen unterhalb der neuen Mittelschicht einzuordnenden Beschäftigten handle es sich um »eine wachsende Gruppe spartanisch lebender Hochschulabsolventen, die man mit Fug und Recht als neue akademische Unterschicht bezeichnen kann« (86), deren Lage von sozialer Unsicherheit und geringem Einkommen geprägt sei. Kulturell orientiere sich diese Schicht hingegen an der akademischen Mittelschicht.

Nur noch als Residualkategorie unter den sozialen Schichten bleibt etwas übrig, was Wagenknecht »die Industriearbeiter« (15, 40), »die Arbeiter« (139) und »die Arbeiterschaft« nennt (139). Gemeint sein können damit nur gering bezahlte und gering qualifizierte Lohnabhängige im sekundären Sektor, da sie »die Servicebeschäftigten« dem tertiären Sektor zuordnet und die besserverdienenden FacharbeiterInnen ihr zufolge zur »klassischen Mittelschicht« gehören. Ihnen bzw. ihren Kindern drohe der soziale Abstieg, zumal »Leiharbeit und Werkverträge mittlerweile auch in die industriellen Kernzonen vordringen und sich die Niedriglöhne bis in die klassischen Industrieberufe hineingefressen haben« (74). Wagenknecht zeichnet das Bild einer tendenziellen

Verelendung »der Industriearbeiterschaft«, was deren sehr differenzierter Lohn- und Qualifikationsstruktur in keiner Weise entspricht. Nur am Rande erwähnt werden »die Arbeitslosen« ohne Zuordnung zu einer sozialen Schicht (40). Wagenknecht verzichtet auf eine nähere Darstellung der sozialen Lage und der Interessen dieser »Arbeiterschaft« und auf jede Quantifizierung, wie stark diese soziale Schicht ist (erstaunlich für eine ehemalige Marxistin).

Das soziale Drei-Schichten-Modell wird zur Zwei-Lager-Theorie

Für jede politische Strategie wesentlich ist – nach der Analyse der Sozialstruktur einer Gesellschaft – die Analyse der unterschiedlichen Bewusstseinsformen, um daraus abgeleitet eine Programmatik zur Ansprache bestimmter sozialer Schichten zu entwickeln. Wagenknecht geht hier sehr selektiv und mit unterschiedlicher Gewichtung vor.

Zunächst zur »Oberschicht«: In deren Alltagsbewusstsein und Werte- sowie Einstellungssystem sieht Wagenknecht keinerlei Unterschied zur »akademischen Mittelschicht«. Die »akademische Mittelschicht« dagegen interessiert die Autorin weit mehr. Deren soziales Milieu sei »ein Ergebnis des Aufstiegs der neuen akademischen Dienstleistungsberufe und der mit ihnen und aus ihnen entstandenen neuen sozialen Schicht großstädtischer überwiegend gutverdienender Hochschulabsolventen, deren Lebenswelt und deren Wertekanon sich in dem spiegelt, was heute als links gilt« (49). Die Entstehung des »Wertekanons« wird nicht näher erläutert. Wagenknecht geht es um einen Generalangriff auf die (von ihr behaupteten) politischen Einstellungen dieser Gruppe. Sie unterstellt der »akademischen Mittelschicht« (ohne Ableitung aus empirischen Untersuchungen) pauschal, den Typus des »Lifestyle-Linken« zu vertreten, »weil für ihn im Mittelpunkt linker Politik nicht mehr soziale und ökonomische Probleme stehen, sondern Fragen des Lebensstils, der Konsumgewohnheiten und moralischen Haltungsnoten« (25). Als Beweis dafür zitiert sie ausnahmsweise eine Meinungsumfrage des *Spiegel* vom März 2020 (Diekmann 2020). Darin hätten 29 % der leitenden Angestellten die Vermögensverteilung in Deutschland als ungerecht empfunden und nur 11 % der ArbeiterInnen (194). Wagenknecht verschweigt allerdings (nicht ohne Grund) folgende Feststellung der Studie: »Anhänger der Linken, der SPD und der Grünen empfinden die Verteilung fast geschlossen als ungerecht« (Diekmann 2020). Ohne jeden Beleg unterstellt sie den »Lifestyle-Linken« zudem eine »Selbstzufriedenheit des moralisch Überlegenen«, eine »Überheblichkeit« gegenüber Nicht-Akademikern, einen »Mangel an Mitgefühl« und »eine schwer zu leugnende Bigotterie« (28). Eine kleine Einschränkung macht Wagenknecht selbst: »Natürlich gibt es auch unter der Lifestyle-Linken Unterschiede. Nicht jeder, der für mehr Zuwanderung wirbt, Gendersternchen verwendet und der Meinung ist, der Klimawandel sei vor allem eine Frage der Konsumgewohnheiten, wurde mit dem goldenen Löffel im Mund geboren, und auch nicht jeder ist wohlhabend [...] Aber solche Lifestyle-Linke sind in der klaren Unterzahl. Typisch sind die anderen« (28f.). Belege für die »klaren« Behauptungen: keine.

Die Gruppe der »Lifestyle-Linken« lebe »von dem, was der Soziologe Andreas Reckwitz die Herrschaft der Singularitäten nennt« (82), also dem Streben nach Einzigartigkeit des Individuums in allen Lebensbereichen. Die politische Ideologie der »Lifestyle-Linken« sei der »Linksliberalismus«. Ihrem Selbstverständnis nach stünden sie für »Vielfalt, Weltoffenheit, Modernität, Klimaschutz, Liberalität und Toleranz« (99). »Glaube, Nation und Heimat« seien für die Linksliberalen »Chiffren für Rückständigkeit« (99). Sie seien Vertreter des »kosmopolitischen Individualismus« (222) und verträten in erster Linie eine Identitätspolitik für bestimmte Minderheiten und forderten deren »Privilegierung« (105). Auch hier: keine empirischen Belege.

Die Werte und politischen Einstellungen der »klassischen Mittelschicht« und der »Arbeiterschicht« interessieren Wagenknecht nur am Rande. Beide kennten »die Bedeutung lokaler Bezüge, gegenseitiger Loyalität und nationaler Schutzräume« (222).

Zu Bewusstseinsformen der Servicebeschäftigten, die ihren Angaben zufolge immerhin 25 bis 30% der Erwerbstätigen ausmachen, schreibt Wagenknecht ebenfalls wenig. Sie erwähnt nur eine Studie aus dem Jahr 2014, die wachsenden Leistungsdruck bei den einfachen Serviceberufen feststellt. Daraus folge eine defensive Grundhaltung, bei der es nur noch darum gehe, »Monat für Monat sein soziales Überleben zu organisieren« (74). Diese schlecht bezahlten Servicebeschäftigten empfänden ihre Situation »als besonders entwürdigend, weil in der Arbeiterschaft die alten Werte und Orientierungen immer noch lebendig sind« (77).

Was die »Arbeiterschaft« betrifft, stellt sie in einem eigenen Kapitel (»Solidarität, Triumph und Demütigung – Die Geschichte der Arbeiter«) aus ihrer Sicht deren Entwicklung dar (58ff.), wobei arbeitende Frauen nur ein Mal, als Reinigungskräfte (77), vorkommen. Dieses Kapitel schildert den Schwund der Industriearbeitsplätze und das starke Wachstum der schlecht bezahlten Servicejobs. Perspektivisch gehe es nicht mehr wie früher um die Möglichkeit des sozialen Aufstiegs, sondern nur noch um den Kampf gegen den sozialen Abstieg. Die Angst vor sozialem Abstieg werde zur »prägenden Erfahrung von Millionen Menschen« (ebd.). Die Differenziertheit der Einkommens- und Lebenssituation innerhalb der »Servicebeschäftigten« und der »Arbeiterschaft« negiert Wagenknecht: Beide seien sozial auf dem absteigenden Ast. In der Arbeiterschaft (implizit wohl auch bei den Servicebeschäftigten) sieht die Autorin einen zentralen Wert: »Bis heute bestätigen Umfragen, dass der Wunsch nach Sicherheit und Kontinuität eine zentrale Rolle im Leben der Arbeiter spielt« (62) Die zitierte Umfrage stammt allerdings aus dem Jahr 1995. Aktuelle Studien zu Werthaltungen und Einstellungen der »Arbeiter« und der »Servicebeschäftigten« erwähnt Wagenknecht nicht (z. B. Dörre 2020; Sauer et al. 2018). Ohne jede analytische Grundlage behauptet sie, dass in der »Arbeiterschaft« ein starkes Bedürfnis nach Gemeinschaftsbindungen, Stabilität, Ordnung, nach Zugehörigkeit zur Nation, nach Sicherheit, Heimatbindung und stabilen Familienverhältnissen bestehe (224/225).

Die Oberschicht und die reichen AkademikerInnen dagegen bräuchten »jenseits der Familie keine Solidargemeinschaft« (222); sie seien VertreterInnen des »kosmopolitischen Individualismus« (ebd.). Mit dieser Unterscheidung knüpft sie an rechte und rechtsradikale Traditionen der Rede von der heimatlosen Intelligenz und des heimatlosen Großbürgertums an (vgl. Gauland 2018).

Doch das Bedürfnis nach »gemeinschaftsorientierten konservativen Werten« gebe es nicht nur in den früheren »alten Arbeitermilieus« (225); sie sieht die Chance für ein Bündnis aller nicht-akademischen Schichten, die in »ihrem Herzen wertkonservativ sind« (ebd.), und behauptet: »Genau besehen sind die Werte und Gerechtigkeitsvorstellungen, die die Mehrheit der Bevölkerung verinnerlicht hat, insbesondere die Arbeiter, die einfachen Servicebeschäftigten und die klassische Mittelschicht, nicht nur konservativ, sondern auch originär links« (ebd.).

Den letzten Satz ihres Buches widmet Wagenknecht der »Lifestyle-Linken« bzw. den linksliberalen AkademikerInnen mit einem Appell, der ihnen erneut kollektiv Arroganz unterstellt: »Wenn auch die linksliberalen Akademiker unserer Zeit einsehen würden, dass sie kein Recht haben, ihren Lebensentwurf zum Maßstab progressiven Lebens zu machen und auf alle herabzuschauen, die anderen Werten folgen und eine andere Sicht auf die Welt haben, wäre viel gewonnen« (334).

Andreas Reckwitz: Drei-Klassen-Modell und kulturelle Zwei-Lager-Theorie

Wagenknecht erwähnt in den Anmerkungen zu ihrem Buch den Kultursoziologen Andreas Reckwitz immer dann, wenn sie dessen Terminus »Herrschaft der Singularitäten« (338) und den Begriff »singuläre Kulturgüter« verwendet (344). Sie übernimmt – ohne dies explizit zu erwähnen – für viele Behauptungen Logiken aus Reckwitz' Buch. Hier geht es nicht detailliert um dessen komplexen Ansatz einer Gesellschaftsanalyse, sondern um seine Theorie einer »Drei-Klassen-Gesellschaft« und die in ihr vorhandenen Bewusstseinsformen und Lebenslagen unter Fokussierung auf das, was Wagenknecht von ihm stillschweigend übernommen hat[2]. Reckwitz betrachtet die These Schelskys von einer »nivellierten Mittelstandsgesellschaft« als Beschreibung der Realität in Deutschland von 1949 bis

---

2 Alle folgenden Zitate von Reckwitz sind dessen Kapitel »Von der nivellierten Mittelstandsgesellschaft zur Drei-Klassen-Gesellschaft: Neue Mittelklasse, Alte Mittelklasse, prekäre Klasse« in seinem Buch *Das Ende der Illusionen* (Reckwitz 2019) entnommen.

zur Mitte der 1970er Jahre (73).[3] Diese idyllische Lage habe sich wegen dreier miteinander zusammenhängender Faktoren verschlechtert und zu einer sozialen Polarisierung und ungerechten Einkommens- und Vermögensverteilung geführt: Postindustrialisierung der Ökonomie, Bildungsexplosion und Liberalisierungsprozess der Werte (77). Deutschland habe sich zu einer »Drei-Klassen-Gesellschaft« entwickelt: »Diese Klassen unterscheiden sich in ihrer kulturellen Lebensführung, ihrer Ressourcenausstattung und ihrem Ort im sozialen Machtgefüge deutlich voneinander – bis hin zur Polarisierung« (72). Entscheidend für die Zuordnung zu den Klassen sind für Reckwitz die berufliche Tätigkeit und die Ausstattung mit kulturellem Kapital (Bildungsabschluss, Qualifikation) und ökonomischem Kapital (Einkommen, Vermögen). Ausschlaggebend ist für Reckwitz dabei aber die Höhe des kulturellen Kapitals: »Zentral [...] ist: Sowohl der Unterschied zwischen Mittel- und Unterklasse als auch und erst recht jener zwischen neuer und alter Mittelklasse stellt sich auch und erst recht als ein kultureller dar« (89). Diese Ansicht unterscheidet ihn von Bourdieu, der die unterschiedliche Ausstattung mit ökonomischem, kulturellem, sozialem und symbolischem Kapital als Ausgangspunkt für seine Klassentheorie genommen hat und dabei die zentrale Rolle im ökonomischen Kapital sieht (2012).

3 Schelskys These wird von Wagenknecht (in *Die Selbstgerechten*, 64) zu Recht als »Mythos« kritisiert.

In der Sozialstrukturanalyse Wagenknechts sind drei Schichten relevant (s.o.). Reckwitz unterscheidet die neue Mittelklasse, die alte Mittelklasse und die neue Unterklasse/prekäre Klasse, welche zahlenmäßig je ein Drittel der Bevölkerung ausmachten (86). Die neue (vorwiegend akademische) Mittelklasse verfüge über hohes kulturelles Kapital, die alte Mittelklasse über hohes ökonomisches, aber niedrigeres kulturelles Kapital und die neue Unterklasse über niedriges ökonomisches und kulturelles Kapital (ebd.). Sich selbst korrigierend ergänzt Reckwitz in einer Fußnote: »Dazu kommt die Oberklasse, die ich aber aufgrund ihres geringen Umfanges gesondert betrachte. Präziser müsste man also von einem 3-plus-1-Klassenmodell sprechen« (72). Innerhalb dieser drei Klassen gebe es allerdings starke Differenzierungen: »Keine der drei Klassen ist in sich sozial, kulturell und politisch homogen« (122).

Dies hebt ihn deutlich von Wagenknecht ab, die dazu neigt, alle VertreterInnen einer sozialen Schicht über denselben Kamm zu scheren und ihnen jeweils identische Werte und Einstellungen zuzuschreiben. Reckwitz bezieht sich bei seiner Analyse auf die soziokulturellen Milieus der SINUS-Studie (124)[4]. Er ordnet vier der zehn SINUS-Milieus der neuen Mittelklasse zu, drei Milieus der alten Mittelklasse und drei Milieus der neuen Unterklasse (122ff.).

4 SINUS untersucht für Konsumstudien seit über vier Jahrzehnten die soziale Lage und damit verbundene Lebensstile und Werte ursprünglich für Deutschland und inzwischen weltweit (Barth et al. 2018).

Nun zu den 3+1 Klassen im Einzelnen hinsichtlich ihrer sozialen Lage und schwerpunktmäßig ihrer Werte und Einstellungen: Wagenknecht hat zu dieser »Klassenkonstruktion« das meiste (ohne Quellenangabe) von Reckwitz übernommen. Die »**Oberklasse** der Superreichen« definiert Reckwitz so: »Das obere eine oder auch nur nullkommaeine Prozent, das ein obszön hohes Maß des gesellschaftlichen Reichtums auf sich vereint« (66). Er spricht sich gegen eine »Fixierung auf diese winzige Minderheit« aus, da man sonst die restlichen 99 % aus dem Auge verliere (ebd.). Sie unterscheide sich von der neuen Mittelklasse nicht wegen des höheren kulturellen Kapitals, sondern wegen ihres weit höheren ökonomischen Kapitals (107), stehe für »globale Mobilität« und sei eine »globale Klasse« (108). In ihr gebe es zwei Segmente: das Segment der sehr Vermögensreichen, die von ihrem »ererbten oder verdienten« Vermögen zehrten (107), und das Segment der »öffentlichkeitswirksamen Stars der Medien, des Films, des Sports, der Kunst und der Architektur und der Spitzenverdiener in den führenden Firmen der Digitalökonomie« (108). Obwohl Reckwitz in einer Überschrift nahelegt, die »Oberklasse schwebt über den Dingen« (107), erwähnt er kurz darauf, dass sie »arbeitet und aktiv« sei, z. B. in Aufsichtsräten und Unternehmensvorständen sowie auf den obersten Hierarchieebenen von »Recht oder Finance« (108).

Die **neue Mittelklasse** ist für Reckwitz ein Ergebnis der Bildungsexplosion seit Anfang der 1970er Jahre. Sie arbeite vorwiegend im Dienstleistungsbereich (im

Bereich der Wissensökonomie im weitesten Sinne) und lebe vorwiegend in den besseren Wohnvierteln der Metropolen. Ihr Einkommen differiere sehr deutlich, gemeinsam sei ihr aber die hohe Quantität und Qualität an kulturellem Kapital. Sie ist – wie auch bei Wagenknecht – die herrschende Klasse: »Die neue Mittelklasse ist die kulturell, ökonomisch und politisch einflussreichste Gruppe der spätmodernen Gesellschaft« (90). Sie ist offensichtlich mächtiger als die »über allem schwebende Oberklasse«. In ihrem Wertesystem überwögen die »postmateriellen Werte«, sie strebe allerdings auch Erfolg und Status im Beruf an. Maximen der eigenen Lebensführung seien »in Distinktion« zu anderen Klassen: »Flexibilität, Mobilität, Unternehmertum, Kreativität, lebenslanges Lernen, Internationalität, Gesundheitsbewusstsein, Stilsicherheit, Genussfähigkeit, emotionale Kompetenz, Toleranz, Diversität, Emanzipation, ökologisches Bewusstsein etc. etc. etc.« (96). Zur Form dieser »Distinktion« führt Reckwitz abstrakt aus: »Es finden symbolische Prozesse der Aufwertung und Abwertung ganzer sozialer Gruppen statt, wie sie auch von den Medien, dem Staat oder der Wirtschaft mehr oder minder subtil angetrieben werden« (69). Bei Wagenknecht wird daraus eine aktiv verfolgte manifeste Herabwürdigung der klassischen Mittelschicht und der unteren Schichten. Die neue Mittelklasse stehe für »Selbstverwirklichung« mit dem Ziel der »Singularisierung« (Streben nach Einzigartigkeit in allem Handeln und bei allen Dingen) und »Valorisierung« (Streben danach, dass alles einen

Wert in sich haben soll) (93). Zudem stehe sie für einen »urbanen Kosmopolitismus« (90) und gehöre also zu den global orientierten »anywheres« und nicht zu den lokal orientierten »somewheres« im Sinne von David Goodhart, den Reckwitz zustimmend zitiert (64); zu den »Kosmopoliten« und nicht zu den »Kommunitariern« (95). Politisch stehe sie als aufsteigende Klasse für Fortschritt und vertrete »einen ›neuen Liberalismus‹, welcher wirtschafts- und linksliberale Elemente miteinander verbindet« (96).

Zur **alten Mittelklasse**: »Sie umfasst vor allem Personen in mittleren beruflichen Positionen mit mittleren Bildungsabschlüssen: Facharbeiter, Angestellte mit Berufsausbildung, die klassische Büro- und Dienstleistungstätigkeiten ausüben, Beamtinnen im mittleren Dienst, selbständige Handwerker« (97). Ihr Einkommen und ihr Vermögen sei »meist guter Durchschnitt (mit Ausschlägen nach oben und unten« (98) und sie lebe vorwiegend in Klein- und Mittelstädten sowie im ländlichen Raum. In erster Linie strebt sie die Sicherung ihres relativen Wohlstandes an. Kennzeichen seien: »ein Wertehorizont der Selbstdisziplin, der Ordnung und der nicht nur räumlichen, sondern auch sozialen Verwurzelung« (ebd.). Zentral für die neue Mittelklasse sei »ein Ethos der Arbeit, der Familie und der Region« (99). Kulturell könne sie mit der neuen Mittelklasse nicht mithalten und leide unter »einer mehr oder minder subtilen kulturellen Entwertung« (100). Das Prestige ihrer Bildung und ihrer Berufe sinke wegen der zunehmenden Akademisierung, und das traditionelle

Familien- und Rollenverteilungsmodell für Mann und Frau, das sie verträten, sei in der Defensive. Obwohl es ihr materiell (noch) recht gut gehe, habe diese Klasse Angst vor dem sozialen und kulturellen Abstieg. Wegen dieser Tendenzen sei sie anfällig für rechten Populismus (101ff.).

Zur **neuen Unterklasse/prekären Klasse**: Ihre Lage zeichne sich durch »strukturell unsichere Lebensbedingungen« aus (103). Zu ihr gehörten das Prekariat im engeren Sinne (Arbeitslose, SozialhilfeempfängerInnen), das »sogenannte Dienstleistungsproletariat oder die service class« und »Arbeitnehmer in angelernten, tendenziell ungesicherten Tätigkeiten im industriellen oder landwirtschaftlichen Sektor« (ebd.). Die Mitglieder der prekären Klasse von heute seien »die Erben der Arbeiterschaft von gestern, das heißt jener einstmals sehr großen Gruppe, die von körperlicher Arbeit lebte« (104). Bei Teilen dieser Klasse gebe es noch »eine Nähe zu den Werten der alten Mittelklasse, zu Selbstdisziplin und Ordnung« (ebd.), aber größere Teile dieser Klasse müssten sich unter unsicheren Bedingungen recht und schlecht ohne längeren Planungshorizont von Tag zu Tag durchschlagen. Im Vergleich zur »Arbeiterschaft in der Industriegesellschaft« erlebe die neue Unterklasse »soziale Deklassierung und kulturelle Entwertung« (104f.) und sei wegen der harten Arbeit und des geringen Lohns materiell schlechter gestellt, ihr Sozialprestige sei gering und ihr klassisches Familien- und Rollenmodell stehe unter starkem Druck. Ihre Grundhaltung sei »ausgesprochen pessimistisch oder fatalistisch« (106), was sich durch ein »negatives Klassenbewusstsein« zeige. Die Strategien des Umgangs mit ihrer schwierigen Lage seien unterschiedlich: Rückzug in die soziale Isolation und politische Indifferenz, die meist unrealistische Hoffnung auf den individuellen singulären Aufstieg qua Talent, der Rückzug in vorwiegend migrantisch geprägte »Parallelgesellschaften« oder aber auch eine Repolitisierung im Rahmen einer »neosozialistischen Linken« oder über »die populistische Rechte« (107). Die Distanz zur neuen Mittelklasse sei extrem groß: »Der linksliberale oder wirtschaftspolitische Kosmopolitismus der neuen Mittelklasse steht der neuen Unterklasse dabei lebensweltlich wie politisch denkbar fern« (107).

Alexander Gauland: Soziales Drei-Schichten-Modell und kulturelle sowie politische Zwei-Lager-Theorie

Am 19. Januar 2019 hielt Gauland im Rahmen der Winterakademie des rechtsradikalen *Instituts für Staatspolitik* einen Vortrag zum Thema »Populismus und Demokratie«, der in der Februar-Ausgabe der rechtsradikalen Zeitschrift *Sezession* erschien (Gauland 2019)[5]. Er bezieht sich zunächst positiv auf das 2017 erschienene Buch von David Goodhart *The Road to Somewhere.* Gauland übersetzt den Begriff »somewheres« mit »Sesshafte« und den Begriff »anywheres«

5 Alle folgenden Seitenangaben beziehen sich auf diese schriftliche Fassung der Rede Gaulands.

mit »Nomaden«. Für Goodhart und Gauland verkörpern die »anywheres« diejenigen, »die beruflich mobil sind, die Welt von überall sehen und die heute unsere Kultur und Gesellschaft dominieren« (15). Gauland bezieht sich zudem auf einen Beitrag Ralf Dahrendorfs, in dem dieser die Entstehung einer »neue[n] Klasse, die zu Geld kam und die drei C – concepts, competence and connections – in Macht ummünzte« (16). Er verweist auf sein eigenes Konservatismus-Buch aus dem Jahr 2002, in dem er darauf hingewiesen habe, dass die »industrialisierten Eliten – die Wirtschaft überhaupt – heute geradezu links sind, indem sie Nation, Heimat, Herkunft ablehnen« (ebd.). Diese »neue urbane Elite« kontrolliere die Informationen und gebe »kulturell und politisch den Ton an« (17). Gauland beschreibt diese »Elite« folgendermaßen: »Die Mitglieder dieser neuen Klasse – bleiben wir ruhig bei dem Begriff – leben fast ausschließlich in Großstädten, sprechen flüssig Englisch und wohnen unter ihresgleichen [...] Überall finden sie ein ähnliches Umfeld: Die Appartements, Häuser, Restaurants, Klubs, Geschäfte und Privatschulen, alles gleicht einander. Dieses Milieu ist sozial nahezu abgeschottet, aber kulturell sehr offen« (ebd.). Diese neue Klasse sei mit der Oberschicht eng verbunden: »Ihr natürlicher Verbündeter ist das global agierende Kapital« (ebd.). »Dieser Klasse gegenüber steht eine Allianz der nationalen Arbeiterschaft und des nationalen Bürgertums« (18). Die Werte dieser »Allianz« seien Heimat, Religion, Sprache und Traditionserhaltung, die vor allem durch die AfD vertreten würden. Diese sei eine »Sammlungsbewegung aus zwei Parteien«, der »bürgerlichen Mittelschicht« und »vieler sogenannter einfache[r] Menschen, deren Jobs entweder miserabel bezahlt werden oder nicht mehr existieren, die ein Leben lang den Buckel krumm gemacht haben und heute von einer schäbigen Rente leben müssen« (ebd.). Die neue »Elite« verhalte sich arrogant gegenüber dem klassischen Bürgertum und der Arbeiterschaft: »Unnachsichtig überziehen sie ihre Gegner, die in der Regel weniger eloquent, weniger telegen, weniger sexy sind, mit Hohn, Spott und Denunziationen«. Der aktuelle Populismus müsse sich gegen dieses »Establishment« richten und das »Bürgertum« und »die Arbeiterschaft« gegen die Herrschenden vertreten. Ausdrücklich erwähnt Gauland Wagenknecht, »die begriffen hat, wohin der Hase läuft« (20). In der grundsätzlichen Analyse und Bewertung der vorgeblich entscheidenden Interessengegensätze in dieser Gesellschaft gibt es zwischen Gauland und Wagenknecht durchaus Parallelen.

Am Marxismus orientierte Klassentheorien und -analysen

Zu den dargestellten Analysen von Sozial- und Bewusstseinsstrukturen gibt es Alternativen von am Marxismus orientierten Wissenschaftlern, die Wagenknecht (im Gegensatz zu Reckwitz) völlig ignoriert.

- Ralf Krämer veröffentlichte 2018 in *Z. Zeitschrift marxistische Erneuerung* »Die Klassenlandschaft in Deutschland 2018«. Er geht von ca. 40 Millionen lohnabhängig Beschäftigten aus. Davon arbeite weniger als ein Viertel in der Industrie, ein Viertel in Handel, Verkehr und Gastgewerbe, über ein Fünftel in Gesundheits- und Sozialwesen, Erziehung, Unterricht und Kultur, ein Viertel im sonstigen privaten Dienstleistungsbereich und knapp ein Siebtel im öffentlichen Dienst. Deren Binnengliederung stellt Krämer so dar: »Von der ›vertikalen Struktur‹ her arbeiten etwa drei Prozent der Beschäftigten in Führungsfunktionen, etwa 13 Prozent als ganz überwiegend akademisch qualifizierte Experten. Nur die Vollzeitbeschäftigten betrachtet, ist ihr Anteil um die Hälfte höher. 55 Prozent sind Fachkräfte, 14 Prozent Spezialisten. Etwa 18 Prozent arbeiten als überwiegend An- und Ungelernte auf Helferniveau.« Krämer verzichtet zwar auf Ausführungen zu Gehaltsdifferenzierungen innerhalb der lohnabhängig Beschäftigten, merkt aber an, dass die Lohnspreizung, also der Abstand zwischen hohen und niedrigen Löhnen, deutlich zugenommen habe. Rechnet man die Familienangehörigen der lohnabhängig Beschäftigten hinzu, komme man auf rund 90% der Gesamtbevölkerung; zur ArbeiterInnenklasse gehörten etwa drei Viertel der Bevölkerung; dies seien alle, die auf den Verkauf ihrer Ware Arbeitskraft angewiesen und daher objektiv an der Sicherung dieser Revenuequelle interessiert seien. Innerhalb der Lohnabhängigen gebe es einen Teil, der nicht zur ArbeiterInnenklasse gehöre: »Ein Teil der Lohnabhängigen, um die 15 Prozent, hebt sich von der breiten Mehrheit durch

Leitungs- oder besonders hochqualifizierte Tätigkeiten sowie weit überdurchschnittliche Einkommen ab und kann als lohnabhängige Mittelschicht bezeichnet werden.« Letztlich stellt Krämer die rein ökonomisch betrachtete Klassenstruktur so dar: Kapitalistenklasse 1 %, selbständige Mittelklasse 3,5 %, lohnabhängige Mittelklasse 15 %, »Solo-Selbständige« 6 %, ArbeiterInnenklasse 74,5 %. Besonders schwierig werde es bei der »Kapitalistenklasse«. Sie sei »hoch differenziert nach den überwiegenden Formen und den Sektoren, denen ihre Einkommen entstammen, ob sie unternehmerisch oder nur vermögensverwaltend und spekulativ oder gar nicht aktiv sind, und insbesondere auch nach der Größe ihrer Vermögen und damit ihrer Einkommen«. Krämer beklagt zu Recht: »Es gibt praktisch keine Datenquellen, die klare und differenzierte Informationen über die Strukturmerkmale der Kapitalistenklasse vermitteln.« Er zieht aus dieser Problematik den pragmatischen Schluss: »Insgesamt landen wir letztlich etwa beim reichsten Prozent der Bevölkerung, das im Kern die Kapitalistenklasse ausmacht.« Dieser Kern der Kapitalistenklasse besitze über ein Drittel des Nettovermögens und 90 % des Betriebsvermögens. Das reichste 0,01 % besitze sogar fast ein Viertel des Nettovermögens und drei Viertel des Betriebsvermögens.

- Differenzierter ist der klassentheoretische, marxistische Ansatz von Stephan Krüger (2017). Auf Basis der Sozialstrukturdaten des Jahres 2014 kommt er bei den Erwerbstätigen zu folgender »Sozial- und

Klassenstruktur« (ebd., 445): **Fungierende Kapitalisten** 0,3 % (davon Eigentümerkapitalisten 0,2 %, angestellte Geschäftsführer/Vorstandsmitglieder 0,1 %); **traditionelle** (selbständige) **Mittelklasse** 0,7 %; **lohnabhängige Mittelklasse** 15,9 % (davon Staatsbeschäftigte 10,3 %, Beschäftigte bei POE[6] und Dienstboten 5,6 %); **Arbeiterklasse** 56,6 % (davon produktive Lohnarbeiter des Kapitals 34,2 %, unproduktive [kommerzielle] Lohnarbeiter 17,0 %, Lohnarbeiter der nichtkapitalistischen Produktion/Zirkulation 5,4 %); **Arbeitslose** 6,0 %, **Prekarisierte** (atypische Beschäftigungsformen) 12,8 %. Krügers Basis für die Klassengliederung ist die »ökonomische Anatomie der Klassengliederung« nach der Unterscheidung Besitz/Nicht-Besitz von Produktionsmitteln, Zwang bzw. Nicht-Zwang zum Verkauf der Ware Arbeitskraft und der Art der Revenuequellen aus der Mehrwert- und Grundrenten-Aneignung und aus dem Arbeitslohn auf Basis der Schaffung von Wert und Mehrwert im produktiven Sektor. Die **fungierenden Kapitalisten** haben das Eigentums- bzw. Direktionsrecht über Kapital und sind teils Eigentümer-Kapitalisten, teils Spitzenmanager und teils Rentiers. Bei der **traditionellen Mittelklasse** handelt es sich um Kleinunternehmer, Selbständige und Freiberufler. Sie besitzen eigene Produktionsmittel, schaffen selbst Wert und Surpluswert, ihre Revenue besteht aus dem Lohn für ihre eigene Arbeit oder auch aus dem Surpluswert

6 Privately-Owned Enterprises, Unternehmen in Privatbesitz

der bei ihnen beschäftigten wenigen Lohnarbeiter. Die **Arbeiterklasse** kennzeichnet, dass sie die Ware Arbeitskraft verkaufen muss und auf ihre Hauptrevenuequelle Arbeitslohn angewiesen ist. Produktive Lohnarbeiter produzieren Wert und Mehrwert und damit die Eigenschaft der Produktionsmittel als Kapital. Unproduktive (kommerzielle) Lohnarbeiter sind in der Zirkulationssphäre beschäftigt und produzieren keinen Wert oder Mehrwert. Lohnarbeiter der nichtkapitalistischen Warenproduktion und -zirkulation sind v.a. in Kleinunternehmen unterhalb der Minimalgröße des für den kapitalistischen Betrieb vorzuschießenden Kapitals tätig, v.a. im Handwerk und im Kleingewerbe. Die **lohnabhängige Mittelklasse** verrichtet unproduktive, d.h. keine wert- und mehrwertschaffende Arbeit. Sie verrichtet Arbeit als Dienst. Sie ist zu etwa 2/3 beim Staat beschäftigt, zu etwa 1/3 bei privaten Organisationen ohne Erwerbscharakter (Gemeinwirtschaft, Non-Profit-Wirtschaft). Die **Arbeitslosen** stammen vorwiegend aus der Arbeiterklasse, aber auch aus allen anderen Klassen. Die **Prekarisierten** bilden eine »neue ökonomische Rubrik«. Es handelt sich um sogenannte atypische Beschäftigungsformen wie z.B. Scheinselbständige, Beschäftigte in Midi- und Minijobs, »Werkvertragsnehmer«. Auf Basis dieser ökonomischen Anatomie der Klassengliederung gelte es Differenzierungen vorzunehmen, um verschiedene Bewusstseinsformen innerhalb und zwischen den Klassen und Schichten zu entwickeln. Der Nicht-Arbeitsbereich nehme wegen der abnehmenden Arbeitszeit eine immer größere Rolle für die Ausbildung des Alltagsbewusstseins ein, d.h. der »Überbaubereich« werde wichtiger. Krüger entwickelt eine sehr differenzierte Darstellung dieser Bewusstseinsstrukturen im Arbeits- und im Nicht-Arbeitsbereich und in den zwei Überbaubereichen der Zivilgesellschaft und des Staates (im Sinne Gramscis) (2017, 467–496). Er rückbezieht dies allerdings nicht systematisch auf die von ihm dargestellte »ökonomische Anatomie der Klassengliederung«.

- Der Soziologe Klaus Dörre erforscht seit vielen Jahren die Bewusstseinsentwicklung von Lohnabhängigen und hat mehrere empirische Studien dazu gemacht. Wesentliche Erkenntnisse sind in seiner Aufsatzsammlung *In der Warteschlange – Arbeiter*innen und die radikale Rechte* enthalten (2020, 310ff.). Dörre stellt eine »Klassenheuristik« vor, »deren Relevanz durch weitere empirische Forschungen erst noch zu erhärten ist« (ebd., 310). In seinem 2021 erschienenen Buch *Die Utopie des Sozialismus – Kompass für eine Nachhaltigkeitsrevolution* präzisiert Dörre diese »Klassenheuristik«: Er geht von einer Dreiklassengesellschaft aus: An der Spitze steht bzw. stehen (in Bezug auf Macht und Einfluss) die herrschende(n) Klassenfraktion(en), dann kommt die Mittelklasse, die aus zwei Klassen(-fraktionen) besteht, und dann die Arbeiterklasse, die in drei Klassen(-fraktionen) gegliedert ist: neue Arbeiterklasse, konventionelle Arbeiterklasse und neue Unterklasse. Für sein Klassenverständnis sind drei Dimensionen konstitutiv: »Besitz an Verfügung über Produktionsmittel« mit dem Ziel der Kapitalakkumulation, »Besitz und Verfügung über Sozialeigentum«, »Gerechtigkeitsvorstellungen, die Besitz/Eigentum, aber auch den Einsatz von Machtressourcen bewerten« (ebd., 311ff.). Herrschende Klassenfraktionen und alte (selbständige) Mittelklasse sind bei Dörre ähnlich definiert wie bei Krüger und Krämer. Die **neue Mittelklasse** bestehe aus sehr gut verdienenden, in oberen Hierarchiepositionen arbeitenden Lohnabhängigen, z. B. aus dem lohnabhängigen Management in Unternehmen mit »abgeleiteter Kontrollmacht, die zu Letztentscheidungen nicht befähigt« (ebd.); Dörre nennt sie »ausgebeutete Ausbeuter*innen«. Die Masse der **Lohnabhängigen** bestehe mit Ausnahme der formal lohnabhängigen »neuen Mittelklasse« aus »von Löhnen abhängigen Klassen«, die folgende Eigenschaften aufweisen: Die »**neue Arbeiterklasse**« bildeten akademisch gebildete Lohnabhängige ohne Kontrollmacht über Produktionsmittel. Ihr wichtigstes Sozialeigentum sei ihre überdurchschnittliche Qualifikation. Sie streben nach Selbstentfaltung in der Arbeit. Gefährdet sei ihre Lage durch akademische Prekarität auf Zeit und durch Qualifikationsverluste, z. B. durch Automatisierung und Digitalisierung. Diese neue Klasse sei wegen der Digitalisierung »expandierend«, werde jedoch auch »in Teilen zum Objekt einer Rationalisierung und Kommodifizierung ihrer Tätigkeiten« (ebd., 230). Als Klasse könne sie »Avantgarde ökologischer Klassenpolitik« werden (ebd., 231). Die neue Arbeiterklasse umspanne politisch derzeit alle politischen Lager, und ihre politische Ausrichtung sei offen: »Von herausragender Bedeutung wird sein, ob sie Nachhaltigkeitsziele mit dem Blick nach oben oder nach unten verfolgt.« Es sei falsch, sie als modische Lifestyle-Linke abtun zu wollen oder sie pauschal der sozialen Mitte oder einer Zwischenklasse zuzuordnen (ebd., 232). Die **konventionelle Arbeiterklasse** bestehe aus der alten Industriearbeiterschaft, Angelernten und Facharbeitern und »kleinen Angestellten und Arbeiter*innen in Dienstleistungsbranchen«. Sie strebe soziale Sicherheit und Planbarkeit des Lebens an. Ihr drohe sozialer Abstieg, sie sei aber weiterhin das »soziale Zentrum eines historischen Blocks der Arbeit« und stelle je nach Zuordnungskriterien »40 bis 60 Prozent der Erwerbstätigen« (ebd., 233). In Deutschland umfasse sie nach dem Klassenmodell Erik Olin Wrights je nach dem Hauptkriterium Kontrollmacht im Arbeitsprozess oder Ausbeutung durch Lohnarbeit 46 % bzw. 63 %. Die **neue Unterklasse** bestehe aus Langzeiterwerbslosen, informell Beschäftigten, Obdachlosen und illegalisierten MigrantInnen. Sie lebe unterhalb der Schwelle der Respektabilität. Ihr Sozialeigentum bewegt sich allenfalls auf Fürsorgeniveau. In den alten kapitalistischen Zentren umfasse diese Klasse »bis zu 15 Prozent der Bevölkerung« (ebd., 232). Sie lebe vorwiegend in Städten und sei in sich sehr heterogen, daher »ohne positive

Klassenidentität«. Dörre geht davon aus, dass es keine einheitliche Arbeiterklasse als »strukturiertes und strukturierendes Kollektiv« gibt, und strebt daher politisch einen »sozialen Block abhängiger Klassen« an (ebd.).

Krämer, Krüger und Dörre sehen im Gegensatz zu Wagenknecht und Reckwitz den Primat der ökonomischen Basis, aus der aber keine automatische »Ableitung« des Bewusstseins der Klassen und Klassenfraktionen erfolgen kann.

Wagenknecht und die Empirie – weitgehend eine Leerstelle

Bei Wagenknecht umfasst die akademische Mittelschicht 25 bis 30 % aller Erwerbstätigen. Wie sie auf diese Zahlen kommt, ist ihr Geheimnis. Die Zahlen des Statistischen Bundesamtes (DESTATIS 2021a, 2021b), basierend auf dem Mikrozensus 2019, zeigen ein etwas anderes Bild: In der Bevölkerung ab 15 Jahren haben insgesamt 18,5 % einen Hochschul- oder Fachhochschulabschluss. Bei den 42,378 Mio. Erwerbstätigen hatten 1,527 Millionen einen Bachelor-, 1,115 Millionen einen Master- und 6,498 Millionen einen Diplomabschluss (657 000 sind promoviert). Der Akademikeranteil an der Gesamtbevölkerung beträgt also 21,7 %. Im Gegensatz zu Reckwitz, der innerhalb seiner drei Klassen jeweils sehr unterschiedliche soziokulturelle Milieus und politische Einstellungen sieht, geht Wagenknecht von einem politischen »Einheitsbewusstsein«

hinsichtlich Werten, Lebensstil und politischen Einstellungen der großen Mehrheit dieser akademischen Mittelschicht aus. Wagenknecht sieht in großen Teilen der akademischen Mittelschicht eine »privilegierte Schicht«. Das gilt sicher für Teile, zumal wenn man nur das Einkommen betrachtet. Aber auch die Arbeitswelt dieser Schicht wandelt sich unter dem Druck von Rationalisierung und Digitalisierung. Sowohl in Bezug auf den zunehmenden Leistungsdruck, auf niedrigere (Einstiegs-)Gehälter und auf zeitlich befristete Arbeitsverträge gibt es einen Trend zur Verschlechterung (vgl. Gohlke 2021). Nur zu einem kleinen Teil gelingt es AkademikerInnen, in sehr hohe Gehaltsgruppen oder Führungsetagen zu gelangen. 2017 war bereits fast jeder zweite Arbeitsvertrag von AkademikerInnen befristet. Jede/r sechste LeiharbeiterIn bei den 15 größten Leiharbeitsfirmen Deutschlands war AkademikerIn. An den Hochschulen und in der Wissenschaft gibt es für AkademikerInnen zunehmend schlecht bezahlte, zeitlich befristete Jobs; man kann durchaus von einem »akademischen Prekariat« sprechen. Teilweise sind Beschäftigte im exportorientierten produzierenden Sektor gehaltsmäßig besser gestellt als AkademikerInnen. BerufsanfängerInnen in der Produktion bei VW in Wolfsburg verdienen 3700 Euro brutto für 35 Stunden, SozialpädagogInnen verdienen bei 40 Wochenstunden 2850 Euro brutto. Bei Teilen der akademischen Mittelschicht nähert sich die soziale Lage und Arbeitssituation eher der Lage der qualifizierten Facharbeiterschaft und qualifizierter Dienstleistungsberufe an. Im Vergleich zu den »Unterschichten« sind große Teile der »akademischen Mittelschicht« jedoch derzeit weiterhin materiell besser gestellt.

Die Schichten, die Wagenknecht als »Arbeiterschaft und »Servicebeschäftigte« bezeichnet, erscheinen bei ihr nicht als aktive, sondern als passive, defensive und im Abstieg begriffene Schichten. Reckwitz sieht dies genauso. Besonders bei den Servicebeschäftigten sieht Wagenknecht wegen des hohen MigrantInnen-Anteils die Organisations- und Streikfähigkeit als sehr gering an. In der »Dienstleistungsökonomie« erkennt sie wenig Chancen für gewerkschaftliche Betätigung (2021, 72ff. und 158ff.). Mit der real existierenden Gewerkschaftsbewegung und mit Tarifauseinandersetzungen in Deutschland beschäftigt sie sich kaum. Dies unterscheidet Wagenknecht von dem langjährigen Ko-Vorsitzenden der LINKEN, Bernd Riexinger, der seine Tätigkeit als hauptamtlicher Gewerkschafter so resümiert: »Ich hatte das Glück, mit mutigen Verkäuferinnen und Müllwerkern, mit Journalisten, Bankangestellten und Garderobenfrauen, mit Erzieherinnen und Pflegern zu kämpfen« (2018, 12).

Wagenknecht kennt die Analyse des arbeitgebernahen *Instituts der Deutschen Wirtschaft* aus dem Jahr 2017 nicht (Leicht 2016, 1ff.), in der eine »Tertiarisierung des Arbeitskampfes in Deutschland« festgestellt wird. Erfasst wurde in dieser Studie der arbeitskampfbedingte Ausfall von Arbeitstagen im sekundären und tertiären Sektor. In den Jahren 2001 bis 2005 betrug der Anteil des produktiven Gewerbes am arbeitskampfbedingten Ausfall von Arbeitstagen noch 94%, der Anteil der Dienstleistungen nur 6%. 2005 bis 2010 kehrte sich diese Relation mit 22% zu 78% fast um und 2011 bis 2015 war die Relation sogar 15% zu 85% (ebd., 33). Mit anderen Worten: Die Streikbereitschaft im Dienstleistungssektor war 2011 bis 2015 um vieles höher als im produktiven Sektor. Der tertiäre Sektor ist also keine streikfreie Zone. Dies zeigt auch der *Streikmonitor 2016–2020* (Kilroy & Müller 2021, 107ff.). Im Dienstleistungsbereich fanden in diesem Zeitraum 555 Streiks statt, im verarbeitenden Gewerbe 436. Drei Branchen, davon zwei im Dienstleistungsbereich, machten fast die Hälfte der Streiks aus. Neben dem Fahrzeug- und Maschinenbau mit Anteilen zwischen 15,6 und 19,4% war es das Gesundheitswesen mit 12,1 bis 17,5% und die Branche Verkehr, Lagerei und Logistik mit Anteilen zwischen 12,1 und 15,2%. Beschäftigtengruppen mit hoher Macht sind v.a. qualifizierte Fachkräfte wie ÄrztInnen und Pflegekräfte, PilotInnen, FluglotsInnen, BusfahrerInnen, LokführerInnen und MechatronikerInnen. Die von Wagenknecht behauptete Schwächung der Gewerkschaften durch hohe MigrantInnen-Anteile bei den Beschäftigten im Dienstleistungsbereich hält einer Überprüfung in der Realität nicht stand. Davon zeugen z.B. erfolgreiche Streiks der GebäudereinigerInnen 2009 mit hohem Anteil migrantischer Belegschaft, der Kita-Beschäftigten 2015, der Charité-Beschäftigten 2015 und der Ryan Air-FlugbegleiterInnen 2017 (Hirschel 2020, 167ff.; Riexinger 2018, 93ff.). Denner und Ghimarzion untersuchten die Mitglieder mit Migrationshintergrund in der IG Metall auf Basis der Zahlen von 2016 (2017, 396ff.). Von den IG Metall-Mitgliedern hatten 21,7% einen Migrationshintergrund (MigrantInnen-Anteil in Deutschland 21,0%), bei den betriebsangehörigen IG Metall-Mitgliedern waren es 24,4%. Überproportional im Vergleich zu ihrem Anteil an allen IG Metall-Mitgliedern ist der Anteil der Mitglieder mit Migrationshintergrund bei Betriebsratsmitgliedern mit 32%, bei Vertrauensleuten mit 37% und bei Delegiertenversammlungen mit 38%. Die IG Metall wird durch MigrantInnen nicht geschwächt, sondern gestärkt.

Die real existierende »Arbeiterschaft« und die »Servicebeschäftigten« stellt Wagenknecht als monolithischen Block mit einheitlichen Werten und Interessen dar. Ihr Ansatz ist unterkomplex. Er wird der differenzierten Lage und den differenzierten Bewusstseinsstrukturen nicht gerecht. Trotz der gemeinsamen objektiven sozioökonomischen Lage der Lohnabhängigkeit sind die Werte, Einstellungen und politischen Haltungen unterschiedlich. Eine politische Strategie muss diese Differenzierungen und deren Entstehungsursachen eingehend analysieren, um darauf aufbauend eine Programmatik zu entwickeln. Sebastian Herkommer hat bereits 1996 dazu fest gestellt: »Eine Folge dieser Einsicht wäre, daß marxistische Klassenanalyse heute weder von der Annahme einer weitgehenden Einheitlichkeit objektiver (sozialstruktureller) Lagen und einer dadurch gegebenen unmittelbaren Determination kultureller Normen und praktischer Orientierung ausgehen müsste, was offenkundigen Unsinn darstellte, noch von einer strikten Ableitung klassengebundenen sozialen Handelns. Selbstverständlich bilden sich mit der Differenzierung der gesellschaftlichen Arbeit und mit der sozialstaatlichen Umverteilung vielfältige ›Stile‹ und Milieus des Alltagslebens heraus. Ebenso selbstverständlich aber bleiben diese strukturiert durch die für kapitalistische Produktionsverhältnisse charakteristischen Einkommens- und Revenueformen« (1996, 18). Ralf Krämer schildert in *Kapitalismus verstehen* plastisch, wie extrem untergliedert die sozialen Lagen und Bewusstseinsformen von Lohnabhängigen sind: Die Arbeiterklasse sei »in vielfältiger Hinsicht ausdifferenziert und von Spaltungslinien durchzogen: Handarbeit oder Kopfarbeit, Arbeit in Landwirtschaft, Industrie oder einem der Dienstleistungsbereiche, im privaten oder öffentlichen Sektor, ArbeiterInnen oder Angestellte oder Beamte oder Scheinselbständige oder Erwerbslose, Geschlecht, Herkunft und Migrationshintergrund, regionale, politische und religiöse Traditionen und Bindungen, Betriebsgröße, Branche, Kern- oder Randbelegschaft, im Normalarbeitsverhältnis oder Teilzeit oder befristet beschäftigt, Qualifikation, Einkommen und Arbeitsbedingungen, gewerkschaftlicher Organisationsgrad, Tarifbindung, Mitbestimmungsstrukturen – in all diesen Aspekten unterscheiden sich die konkreten Arbeits- und Lebensbedingungen und die Einstellungen der Lohnabhängigen teils erheblich« (2015, 60). Alex Demirović stellt die »Arbeiter*innenklasse« so dar: »Sozial-räumlich wird sie durch die Politik der Unternehmen und der Staaten vielfach neu gegliedert, ihre Lebenslagen gehen weit auseinander, einige Kategorien sind hoch qualifiziert, bis hin zur akademischen Ausbildung (oftmals ohne entsprechende berufliche Funktionen und Einkommen), andere haben ihre Lebensgrundlage in modernsten technologischen und globalen Entwicklungen, wieder andere erfüllen die Funktion einfacher Handarbeit. Erhebliche Anteile der Arbeiter*innenklasse sind migrantisch« (2021, 521). Die gemeinsame Basis ihrer Existenz sei aber weiterhin die Abhängigkeit von der Lohnarbeit. Demirović warnt vor Klischeevorstellungen über die ArbeiterInnen wie z. B. im Proletkult. Es gebe »vielfältige Arbeiter*innen-Existenzen«. Er kritisiert den behaupteten Gegensatz von »Identitäts-« und »Klassenpolitik« mit dem Hinweis darauf, »dass auch und gerade schwule, lesbische und queere Arbeiter*innen unter Diskriminierung leiden, dass auch und gerade Arbeiter*innen von Rassismus betroffen sind und sie besonders unter den gesundheitlichen Folgen der Umweltverschmutzung am Arbeitsplatz, in der Wohnlage und bei der Ernährung leiden« (ebd., 500).

Wagenknecht geht (von keiner Sachkenntnis getrübt) von einem tiefgreifenden soziokulturellen Gegensatz zwischen akademischer Mittelschicht und Oberschicht auf der einen Seite und den Servicebeschäftigten, der Arbeiterschaft und der klassischen Mittelschicht auf der anderen Seite aus. Bei Reckwitz ist es der Gegensatz von neuer Mittelklasse auf der einen Seite und alter Mittelklasse und Unterklasse auf der anderen Seite, bei

Merkel (2020) ist es der Gegensatz von Kosmopoliten und Kommunitaristen, bei Gauland der Gegensatz von »Nomaden« und »Sesshaften«. Alle Genannten gehen von einer politischen und kulturellen Zwei-Lager-Theorie aus. Wagenknecht behauptet zudem, dass »linksliberale *Kulturkämpfe* das sicherste Mittel sind, Mauern des Misstrauens und der Feindseligkeit zwischen den akademischen Milieus und der nichtakademischen Bevölkerung aufzubauen« (2021, 201). Was sagen empirische Studien zu dieser Polarisierungsthese? Die Soziologen Mau et al. veröffentlichten 2020 eine längere Abhandlung: Sie erklären vorweg, »es sei geradezu irritierend, dass sie [die Zwei-Lager-Theorien, E.W.] fast gänzlich ohne Rückgriff auf Empirie auskommen, obwohl die Kernargumente auf starken empirischen Aussagen fußen« (323). Sie werteten Umfragen des SOEP (Sozio-ökonomisches Panel) aus dem Jahr 2017 zu Einstellungen eines bundesweit repräsentativen Querschnitts zu Fragen der sozialen Gerechtigkeit, zur Haltung zu sexuellen Minderheiten und zur Flüchtlingsfrage aus. Bei der mehrheitlich starken Kritik an zu großer Ungleichheit und der großen Zustimmung zur Gleichstellung von sexuellen Minderheiten gebe es keinerlei Polarisierung, sondern nur graduelle Unterschiede bezogen auf Einkommens- und Bildungsgruppen. Bei der Migrationsfrage gebe es allerdings eine Tendenz zur Polarisierung zwischen höheren und niedrigeren Bildungs- und Einkommensgruppen. Ihr Fazit ist eindeutig: »Wir finden nur wenige empirische Hinweise auf die in den Gegenwartsdiagnosen oft behauptete Spaltung der Gesellschaft, die sozialstrukturell bedingt ist. Unsere Befunde sind als deutlicher Beleg dafür zu verstehen, dass sich bestimmte pauschalisierende Thesen über neue gesellschaftliche Konfliktfelder, die aus der Beobachtung politischer Akteure und der öffentlichen Kommunikation abgeleitet werden, nicht notwendigerweise in den Einstellungen unterschiedlicher sozialstruktureller Gruppen spiegeln müssen« (Mau et al. 2020, 339ff.).

Nun zu Ergebnissen weiterer Umfragen zu relevanten gesellschaftlichen Themen mit dem Augenmerk auf Unterschiede zwischen sozialen Schichten, die aufgrund des Bildungs- und Einkommensniveaus in drei Schichten eingeteilt werden: hoch, mittel und niedrig. Sie entsprechen in etwa den drei Hauptschichten bei Wagenknecht (akademische Mittelschicht mit Oberschicht, klassische Mittelschicht und Servicebeschäftigte/Arbeiterschaft). Gemäß der Zwei-Lager-Theorie müsste es eine starke Polarisierung in zwei Lager mit diametral entgegengesetzten Werten und Einstellungen geben. Um es vorwegzunehmen: Dem ist in der Realität nicht so. Hier die Ergebnisse:

Klima und Energie: Bei der Bertelsmann-Studie gibt es auf die Frage, ob für den Klimaschutz ein tiefgreifender Wandel der Gesellschaft notwendig sei, breite Zustimmung in allen drei Bildungsschichten: 76 % beim oberen Bildungsniveau, 68 % beim mittleren Bildungsniveau und 70 % beim niedrigen Bildungsniveau (Bertelsmann-Stiftung 2021, 16). Die Studie *Die geforderte Mitte* kommt zu dem klaren Ergebnis: »Für die erfassten Einstellungen zum Thema Klima und Energie sind demografische Merkmale der Befragten wie Alter, Geschlecht, Bildung und Einkommen nahezu unerheblich. Letzteres widerspricht der Annahme, die Ablehnung der Energiewende erfolge primär aufgrund der wahrgenommenen Kosten und sei bei den niedrigen Einkommen besonders hoch« (Zick & Küpper 2021, 271). Wagenknecht dagegen hält Fridays for Future (FfF) für eine elitäre Bewegung aus der oberen akademischen Mittelschicht, für eine »Bewegung der Bessergestellten« (2021, 33). Die soziale Zusammensetzung von FfF mag einseitig sein; die große Mehrheit der AktivistInnen kommt aus Akademikerhaushalten. Aber dies bedeutet nicht, dass die Jugendlichen bornierte Interessen verträten. Kein Verständnis für die Ziele der FfF-Proteste zeigten bei einer Umfrage nur 23 % der Volks-/HauptschülerInnen und 26 % der RealschülerInnen (Koos & Lauth 2020, 212). Die große Mehrheit dieser SchülerInnen steht der Bewegung positiv gegenüber.

Soziale Gleichheit/Soziale Spaltung: Bei der Bertelsmann-Studie antworteten auf die Frage »Eine Gesellschaft ist gerecht, wenn Einkommen und Vermögen gleichmäßig verteilt sind« voll bzw. eher zustimmend: bei BezieherInnen niedriger Haushaltseinkommen 72 %, bei BezieherInnen mittlerer Haushaltseinkommen 60 % und bei BezieherInnen hoher Einkommen immerhin noch 49 %. Befragte mit niedriger Bildung stimmten zu 71 % zu, Befragte mit mittlerer Bildung stimmten zu 66 % zu und selbst Befragte mit hoher

Bildung stimmten mit 55 % ebenfalls mehrheitlich zu (2021, 30). In der Studie *Die geforderte Mitte* wurde nach der »Bedrohung für das Land« durch soziale Spaltung gefragt. Bei BezieherInnen geringer Einkommen sahen 71,0 % darin eine Bedrohung, bei BezieherInnen mittlerer Einkommen 61,9 % und bei BezieherInnen hoher Einkommen 61,6 % (Zick & Küpper 2021, 27).

Zuwanderung: In der *Mitte*-Studie wurde nach der »Bedrohung für das Land« durch Zuwanderung gefragt. Bei allen drei Einkommensgruppen kam diese Art der »Bedrohung« bei zwölf abgefragten Themen in der Einschätzung der Wichtigkeit nur auf den zwölften, also letzten Platz. 24 % der BezieherInnen niedriger Einkommen sahen in der Zuwanderung eine Gefahr, 19,7 % der BezieherInnen mittlerer Einkommen und 16 % der BezieherInnen hoher Einkommen. Auch hier ist keine Polarisierung erkennbar.

Verlust von Traditionen und Werten: Hier sahen in der *Mitte*-Studie bei den BezieherInnen niedriger Einkommen 28,3 % eine »Bedrohung für das Land«, bei BezieherInnen mittlerer Einkommen 33,7 % und bei BezieherInnen hoher Einkommen 28,4 %. Auch hier ist keine Polarisierung erkennbar, was Wagenknecht jedoch behauptet.

Rechtsextremismus: Hierin sahen in der *Mitte*-Studie 64,9 % der Befragten mit geringem Einkommen »eine Bedrohung für das Land«, 70,9 % mit mittlerem Einkommen und 72,0 % mit hohem Einkommen. Auch in diesem Bereich gibt es nur graduelle Unterschiede und keine Polarisierung.

Wagenknecht ordnet den Schichten pauschal politische Parteien zu. In der SPD, den Grünen und der Linken sieht sie vor allem VertreterInnen der Werte und Interessen der akademischen Mittelschicht, die den »Irrweg des Linksliberalismus« eingeschlagen hätten. Ein Blick in die Bundestagswahl-Programme 2021 dieser drei Parteien beweist, dass sie durchaus bereit waren, Steuern für Reiche und Besserverdienende zu erhöhen, also ihre angeblichen »Klasseninteressen« zu »verraten«. Die tatsächliche Interessenvertreterin der Reichen und Besserverdienenden, die FDP, die in Wagenknechts Buch nicht vorkommt, hat dies in der Ampel-Koalition verhindert. Ohne jeglichen Beleg behauptet Wagenknecht, dass die »Lifestyle-Linke« nicht nur bei den grünen Parteien in Europa zur dominierenden Strömung geworden sei, sondern »auch in den sozialdemokratischen, sozialistischen und anderen linken Parteien« (25). Die »Lifestyle-Linke« interessiere sich für die »*soziale Frage* [...] meist nur am Rande« (26). Ihre eigene Partei, die überwiegend eine »Akademikerpartei« sei (42), nimmt sie dabei nicht aus. Der Faktencheck zur Fernsehsendung *Die Anstalt* vom 23. Juli 2021 widerlegt diese These: »Auf der Homepage der Linken gibt es 20 000 Einträge, über 5000 zum Thema Arbeit, über 2300 zu Miete und Wohnen, zu Gender nur 60 und zu LGBTQ ... einen« (Die Anstalt 2021, 18).

Wagenknecht wirft der SPD und der Linken vor, »der AfD zu ihren Wahlsiegen verholfen« und sie »zur führenden ›Arbeiterpartei‹ gemacht« zu haben

(17). Wie verhält es sich nun mit der »Arbeiterpartei AfD«? Bei der Bundestagswahl 2017 wählten 25 % der Arbeiter die CDU/CSU, 23 % die SPD und 21 % die AfD. Bei der Bundestagswahl 2021 stimmten 26 % der ArbeiterInnen für die SPD, 21 % für die AfD und 20 % für CDU/CSU. 2017 und 2021 stimmten also jeweils 79 % der Arbeiter nicht für die AfD. Sie ist somit keine »Arbeiterpartei«, auch wenn sie bei ArbeiterInnen und GewerkschafterInnen überproportional erfolgreich ist. Wagenknechts politische Strategie besteht darin, Nicht-AkademikerInnen gegen AkademikerInnen in Stellung zu bringen, indem sie »die akademische Mittelschicht« als arrogant, unsympathisch, egoistisch und als Partner der Superreichen kennzeichnet und Menschen mit Migrationshintergrund als Konkurrenz und als Gefahr für Einkommen und Status gerade der schlechter gestellten Lohnabhängigen darstellt. Sie propagiert eine seltsame Form des »Klassenkampfes« in Form eines Kampfes zwischen orts- und heimattreuen und gemeinschaftsorientierten Nicht-AkademikerInnen auf der einen und heimatlosen und anti-nationalen individualistischen kosmopolitischen AkademikerInnen auf der anderen Seite. Damit steht sie objektiv in einer unrühmlichen Traditionslinie des rechten und rechtsextremen politischen Lagers, die heute u. a. von Gauland vertreten wird. Adolf Hitler unterschied in einer Rede am 10.11.1933 vor Arbeitern in Berlin-Siemensstadt zwischen einer »kleinen internationalen Clique« und dem nationalen Volk: »Es sind das die Menschen, die überall und nirgends zuhause sind, sondern die heute in Berlin leben, morgen genauso in Brüssel sein können, übermorgen in Paris und dann wieder in Prag oder Wien oder in London, und die sich überall zu Hause fühlen. (Zuruf aus dem Publikum: »Juden«) Es sind die einzigen, die wirklich als internationale Elemente anzusprechen sind, weil sie überall ihre Geschäfte betätigen können, aber das Volk kann ihnen nicht nachfolgen, das Volk ist ja gekettet an seinen Boden, ist gekettet an seine Heimat, ist gebunden an die Lebensmöglichkeit seines Staates, der Nation.« (Hitler 1933b) Hitler lobt dann zwei Schichten des Volkes, Arbeiter und Bauern, und grenzt sie von den Intellektuellen ab: »Nicht die intellektuellen Schichten haben mir den Mut gegeben, dieses gigantische Werk zu beginnen. Sondern [...] diesen Mut habe ich nur gefaßt, weil ich zwei Schichten kannte, den Bauern und den deutschen Arbeiter.« Ziel seiner Politik sei, das Schicksal »zu gestalten in einer unzertrennlich gebundenen Gemeinschaft« (Hitler 1933b). In einer Rede zum ersten Spatenstich an der Autobahn Frankfurt am 23.9.1933 wandte sich Hitler gegen den »Standesdünkel« von Vertretern der »geistigen Arbeit«: »Wir wollen unser Volk erziehen, daß es sich entfernt von dem Irrsinn der ständischen Überheblichkeit, des Standesdünkels, daß nur die geistige Arbeit zu schätzen wäre, daß das Volk begreife, daß jede Arbeit, die notwendig ist, ihren Träger adelt« (Hitler 1933a). Die Anrufung der breiten Volksmassen aus der klassischen Mittelschicht und der Arbeiterschaft gegen die kosmopolitischen und anti-nationalen Intellektuellen und Superreichen gehört zum Standardrepertoire von Rechten und Rechtsextremen. Das Lob Gaulands sollte Wagenknecht zu denken geben.

»Identitätspolitik« und »Klassenkampf« sind kein Gegensatz!

Für eine linke Politik geht es darum, unterschiedliche Werte und soziale Interessen (vor allem) innerhalb der Fraktionen von Lohnabhängigen anzusprechen und für eine gemeinsame Politik zu bündeln. Dies ist kein leichter Weg, denn es gibt keinen Automatismus von objektiven sozialen Lagen und daraus resultierenden subjektiven Bewusstseinsformen. Dörre weist darauf hin: »Die vermittelnden Instanzen – Klassenethos, lebensweltliche Bindungen, Bewegungen, Organisationen, Programmatiken und Diskurse – sind zu komplex, als dass sich politische Meinungen und Orientierungen unmittelbar auf soziale Lagen und Interessen rückbeziehen ließen« (2021, 234). Der angebliche Widerspruch von »Identitätspolitik« und Vertretung sozioökonomischer Interessen existiert eher in der Einbildung von Sahra Wagenknecht als in der Realität. Dazu genügt bereits ein Blick in die Wahlprogramme von SPD, Grünen und Linken zur Bundestagswahl 2021: An sozioökonomischer wie identitätspolitischer Programmatik ist kein Mangel. Bereits im *Erfurter Programm* der SPD von 1891 hieß es zu »Klassenpolitik« und »Identitätspolitik«: »Die Sozialdemokratische Partei Deutschlands kämpft also nicht für neue Klassenprivilegien und Vorrechte, sondern für die Abschaffung der Klassenherrschaft und der Klassen selbst und für gleiche Rechte und Pflichten aller ohne Unterschied des Geschlechts und der Abstammung. Von diesen Anschauungen ausgehend bekämpft sie in der heutigen Gesellschaft nicht bloß die Ausbeutung und Unterdrückung der Lohnarbeiter, sondern jede Art der Ausbeutung und Unterdrückung, richte sie sich gegen eine Klasse, eine Partei, ein Geschlecht oder eine Rasse« (zit. n. Deppe 2021, 65). Seit dem Entstehen der Arbeiterbewegung geht es um eine Verknüpfung des Kampfes um soziale Gerechtigkeit mit dem Kampf um die Gleichstellung von Menschen unabhängig von Geschlecht, Abstammung, sexueller Identität und Hautfarbe. Dies gelingt manchmal mehr und manchmal weniger, war in der Programmatik und Praxis von linken Parteien und Gewerkschaften aber immer präsent. Bei einer linken Programmatik sind »Identitätspolitik«, »Klassenpolitik« und das Verhältnis von Ökonomie und Ökologie keine Gegensätze. Es geht darum, möglichst große Schichten v. a. der Lohnabhängigen für ein Programm zu gewinnen, das die ökonomische Ausbeutung und die Diskriminierung aufgrund von Geschlecht, sexueller Orientierung, Religion oder Herkunft und die Zerstörung der natürlichen Lebensgrundlagen bekämpft und Grundzüge zu einer sozialen, ökologischen und emanzipatorischen Gesellschaftsveränderung aufzeigt. Angesichts der dargestellten zunehmenden Differenzierung auch innerhalb der Lohnabhängigen ist dies eine sehr schwierige Aufgabe, für die es keine Patentlösung gibt.

Die Strategie Wagenknechts, »Nicht-Akademiker« gegen »Akademiker« in Stellung zu bringen, ist objektiv rückwärtsgewandt, zeigt große Parallelen zu einer rechten und rechtsradikalen Erzählung (ohne deren programmatische Inhalte zu übernehmen) und versucht, durch ein »klassenübergreifendes« Bündnis von »Arbeiterschaft« und »Servicebeschäftigten« mit der »klassischen Mittelschicht« gegen die »akademische Mittelschicht« und die »Oberschicht« die Gesellschaft in zwei große gegensätzliche politische und kulturelle Lager zu trennen. Diese politisch-kulturelle Zwei-Lager-Theorie hält einer empirischen Überprüfung nicht stand. Die simple Schichtungstheorie Wagenknechts wird der komplexen Realität der sozioökonomischen Lagen und der Bewusstseinsformen v. a. auch der Lohnabhängigen in keiner Weise gerecht.

Die Erzählung Wagenknechts, selbst Mitglied der »akademischen Mittelschicht«, wird nicht nur durch ihr Buch transportiert, sondern durch zahlreiche Talkshow-Auftritte und wohlwollende Artikel in der bürgerlichen Presse. Real existierende Hauptansprechpartnerin der Autorin ist gerade die »akademische Mittelschicht«, die sie geißelt, und sind nicht die Schichten, die sie vorgeblich ansprechen will. Im Bundestagswahlkampf 2021 stellte sie sich keiner Wahlkreiskandidatur, verzichtete also auf einen Test darauf, wie ihre Programmatik für eine »echte soziale Volkspartei« vor Ort ankommt.

Barth, Bertram, Berthold B. Flaig, Norbert Schäuble & Manfred Tautscher (Hg.) (2018): Praxis der SINUS-Milieus – Gegenwart und Zukunft eines modernen Gesellschafts- und Zielgruppenmodells. Wiesbaden: Springer.

Benner, Christiane, & Fessum Ghirmazion (2017): Mitglieder mit Migrationshintergrund in der IG Metall – Gewerkschaften und Arbeitswelt als Wegbegleiter für Migration. *WSI-Mitteilungen* 4, 296–300.

Bertelsmann-Stiftung (Hg.) (2021): Klimawandel, Vielfalt, Gerechtigkeit – Wie Werthaltungen unsere Einstellungen zu gesellschaftlichen Zukunftsfragen bestimmen. Gütersloh: Bertelsmann.

Bourdieu, Pierre (2012): Die feinen Unterschiede. Kritik der gesellschaftlichen Urteilskraft. Berlin: Suhrkamp.

Decker, Oliver, & Elmar Brähler (Hg.) (2020): Autoritäre Dynamiken. Alte Ressentiments – neue Radikalität. Gießen: Psychosozial.

Demirović, Alex (2021): Kein Wesenskern – nirgendwo. Klassen und Identität, in: Mario Candeias (Hg.), Klassentheorie. Vom Making und Remaking. Hamburg: Argument, 495–523.

Deppe, Frank (2021): Sozialismus: Geburt und Aufschwung – Widersprüche und Niedergang – Perspektiven. Hamburg: VSA.

DESTATIS (Statistisches Bundesamt) (2021a): Bildungsstand: Beruflicher Bildungsabschluss (Abruf im Internet 17.11.2021).

DESTATIS (Statistisches Bundesamt) (2021b): Bildungsstand. Bevölkerung im Alter von 15 Jahren und mehr nach allgemeinem und beruflichem Bildungsabschluss (Abruf im Internet 28.11.2021).

Die Anstalt (2021): Der Faktencheck zur Sendung vom 23. Juli 2021. Mainz: ZDF.

Diekmann, Florian (2020): Bürger empfinden Deutschland als extrem ungerecht. *Spiegel* v. 5.3.

Dörre, Klaus (2020): In der Warteschlange. Arbeiter*innen und radikale Rechte. Münster: Westfälisches Dampfboot.

Dörre, Klaus (2021): Die Utopie des Sozialismus – Kompass für eine Nachhaltigkeitsrevolution. Berlin: Matthes & Seitz.

Gauland, Alexander (2018): Warum muss es Populismus sein? *FAZ* v. 6.10.

Gauland, Alexander (2019): Populismus und Demokratie. *Sezession 88*, 14–20.

Gohlke, Nicole (2021): Klassenpolitik in Zeiten von Akademisierung und neuer Unsicherheit. Plädoyer für eine zeitgemäße Betrachtung von Akademikern. Rosa-Luxemburg-Stiftung Online-Papier zur Bildungspolitik. Berlin, 1–23.

Goodhart, David (2017; dt. 2020): The Road to Somewhere. The Populist Revolt and the Future of Politics. London: Penguin.

Hartmann, Michael (2021): Die »Oberklasse« – ein blinder Fleck bei Andreas Reckwitz. *Leviathan (Berliner Zeitschrift für Sozialwissenschaft) 3*, 297–307.

Hartmann, Michael (2018): Die Abgehobenen. Wie die Eliten die Demokratie gefährden. Frankfurt/New York: Campus

Herkommer, Sebastian (1996): Veränderungen in der Klassenstruktur Europas. Empirische Daten, theoretische Diskussion. Hamburg: VSA.

Hirschel, Dierk (2020): Das Gift der Ungleichheit. Wie wir die Gesellschaft vor einem sozial und ökologisch zerstörerischen Kapitalismus schützen können. Bonn: Dietz Nachf.

Hitler, Adolf (1933a): Rede zum ersten Spatenstich an der Autobahn Frankfurt am 23.9.1933, online unter: https://www.lagis-hessen.de/img/edb/pdf/725-Q-10.pdf (Abruf 10.3.2022).
Hitler, Adolf (1933b): Rede in Siemensstadt am 10.11.1933, online unter: http://www.filmarchives-online.eu/viewDetailForm?FilmworkID=aaa546b529f11070db8058 11df326094&searchterm=siemensstadt (Abruf 11.12.2021).
Kilroy, Juri, & Dirk Müller (2021): Streikmonitor – Die ersten fünf Jahre. *Z. Zeitschrift marxistische Erneuerung 128 (Geopolitik – Afghanistan)*, 107–122.
Koos, Sebastian, & Franziska Lauth (2020): Die gesellschaftliche Unterstützung von Fridays for Future, in: S. Haunss & M. Sommer (Hg.), Fridays for Future – Die Jugend gegen den Klimawandel: Konturen der weltweiten Protestbewegung. Bielefeld: transcript, 205–226.
Krämer, Ralf (2015): Kapitalismus verstehen. Einführung in die Politische Ökonomie der Gegenwart. Hamburg: VSA.
Krämer, Ralf (2018): Die Klassenlandschaft in Deutschland 2018. *Z. Zeitschrift marxistische Erneuerung 116 (Neue Klassendiskussion)*, 51–60.
Krüger, Stephan (2017): Soziale Ungleichheit. Private Vermögensbildung, sozialstaatliche Umverteilung und Klassenstruktur (Kritik der Politischen Ökonomie und Kapitalismusanalyse, Bd. 5). Hamburg: VSA.
Lesch, Hagen (2016). Die Dienstleistungsgewerkschaft ver.di. *IW-Trends 04*, 1–39.
Mau, Steffen, Thomas Lux & Fabian Gülzau (2020): Die drei Arenen der modernen Ungleichheitskonflikte. Eine sozialstrukturelle Positionsbestimmung der Einstellungen zu Umverteilung, Migration und sexueller Diversität. *Berliner Journal für Soziologie 30*, 317–346.
Merkel, Wolfgang (2021): Polarisierung als gesellschaftliche Signatur. *Tagesspiegel* v. 8.6.

Reckwitz, Andreas (2019): Das Ende der Illusionen. Politik, Ökonomie und Kultur in der Spätmoderne. Berlin: Suhrkamp.
Reckwitz, Andreas (2017): Die Gesellschaft der Singularitäten. Zum Strukturwandel der Moderne. Berlin: Suhrkamp.
Riexinger, Bernd (2018): Neue Klassenpolitik. Solidarität der Vielen statt Herrschaft der Wenigen. Hamburg: VSA.
Sauer, Dieter, Ursula Stöger, Joachim Bischoff, Richard Detje & Bernhard Müller (2018): Rechtspopulismus und Gewerkschaften. Eine arbeitsweltliche Spurensuche. Hamburg: VSA.
Wagenknecht, Sahra (2021): Die Selbstgerechten – Mein Gegenprogramm – für Gemeinsinn und Zusammenhalt. Frankfurt/New York: Campus.
Zick, Andreas, & Beate Küpper (Hg.) (2021): Die geforderte Mitte – Rechtsextreme und demokratiegefährdende Einstellungen in Deutschland 2020/2021. Bonn: Dietz Nachf.

Peter Bierl

Von Ulbricht zu Erhard. Sahra Wagenknecht als Brückenbauerin nach rechts

Sahra Wagenknecht gehört zum Spitzenpersonal der deutschen Politik. Im Dezember 2021 schaffte sie es im Ranking des *ZDF*-Politbarometers unter die Top Ten (ZDF 2021). Das ist für eine Vertreterin der Partei Die Linke ungewöhnlich. Ihr Aufstieg begann als glamouröses Gespenst des Kommunismus, ein Image, das dem Tingeln durch die Fernseh-Talkshows förderlich gewesen sein dürfte, zumal Wagenknecht mit Sozialismus oder Kommunismus schon bald nichts mehr am Hut hatte. Ihr Plädoyer für Marktwirtschaft und starken Staat findet heute den Beifall bürgerlicher Kreise. Wenn Wagenknecht gegen Geflüchtete hetzt, gegen Linke und Feminismus, Fridays for Future, Black Lives Matter, Veganer*innen oder über die Organisation Seebrücke faktenfrei polemisiert, ist die AfD entzückt.

Anderseits wirkt Wagenknecht bei bestimmten Themen in mancher Talkrunde wie die letzte Stimme der Vernunft, etwa wenn sie erklärt, dass die Rente nicht von der Demografie abhängt. Sie widerspricht dem gängigen Narrativ von Politik, Wissenschaft und Medien, immer weniger junge Menschen müssten immer mehr Alte durchfüttern, was nicht zu leisten sei, und verweist darauf, dass die Produktivität ausschlaggebend ist (Curieux & Wagenknecht 1999, 21). Recht hat sie. In einer Gesellschaft wie jener der Bundesrepublik könnten alle frei von materiellen Sorgen leben, wäre die Verteilung der gesellschaftlich produzierten Güter und Dienstleistungen eine andere. Stattdessen werden alte Menschen mit Schlagworten wie »Rentnerschwemme« diffamiert. Denn Rente für Lohnabhängige ist ein Abzug vom Profit des Kapitals in Gestalt von Sozialabgaben und Steuern.

In diesem Beitrag soll anhand von Wagenknechts Werken der Wandel von der marxistischen Philosophin zur bürgerlichen Berufspolitikerin, von der Liebhaberin der DDR zur Trommlerin für den deutschen Mittelstand, von der Anhängerin des Stalinismus und Walter Ulbrichts zur Verehrerin Ludwig Erhards und Freundin des CSU-Rechtsaußen Peter Gauweiler ideologiekritisch nachvollzogen werden. Dabei handelt es sich um einen Prozess, keinen Bruch.

Wagenknecht vertrat anfangs die Position Lenins zu Monopolkapitalismus und Imperialismus, übernahm gegen Ende der 1990er Jahre populäre Vorurteile der Globalisierungskritik über eine vermeintlich abgehobene parasitäre Finanzwelt und endete (vorläufig) damit, dass sie eine idealisierte soziale Marktwirtschaft preist. Die marxistisch-leninistische Strategie des antimonopolistischen Bündnisses lebt bei ihr wieder auf als Plädoyer für die ordoliberale Forderung der Entflechtung von großen Unternehmen, die Ludwig Erhard (CDU) als Wirtschaftsminister nie ernsthaft oder gar erfolgreich verfolgt hat.

Dieser Wandel durch Anpassung kann leicht übersehen lassen, welche Kontinuitäten es in ihrem Denken gibt. Die Auspressung von Mehrwert aus der Ware Arbeitskraft im Prozess der Kapitalverwertung, also das, was Lohnabhängigen täglich in jedem Betrieb widerfährt, der für einen Markt produziert – in Fabriken und Büros, in Banken und coolen Start-ups, Lkw-Speditionen wie privaten Krankenhäusern, in kleinen Klitschen genauso wie in mittelständischen Unternehmen und Konzernen –, war nie ihr großes Thema. Eine Kritik an Staat und Nation als herrschafts- und gewaltförmiger Vergesellschaftung von Menschen war Wagenknecht bereits als Marxistin-Leninistin fremd. Seit jeher betonte sie das Leistungsprinzip, das die bürgerliche Tretmühle praktisch wie ideologisch am Laufen hält und von so vielen verinnerlicht ist. Ihre Wertschätzung galt und gilt den Sekundärtugenden wie Fleiß, Ordnung und Disziplin, von denen ihr heutiger Gemahl Oskar Lafontaine einmal zu Recht sagte, mit diesen »Sekundärtugenden« könne man auch Konzentrationslager betreiben.

Ihre Utopie heute ist nicht mehr ein prosperierender abgeschotteter Marktsozialismus unter strenger Aufsicht einer Partei, die immer recht hat, sondern ein starker Nationalstaat, der die deutsche Kleinbourgeoisie vor den Fährnissen des Weltmarkts abschirmt und den deutschen Proleten vor migrantischer Schmutzkonkurrenz (um einen widerwärtigen Ausdruck zu verwenden, der in der Gewerkschaftsbewegung früh aufkam und seinerzeit auch auf Frauen gemünzt war). Dieser Staat möge dafür sorgen, dass es in der Wirtschaft gerecht zugeht – eine moralisierende Kategorie, die Marx als gänzlich unbestimmte hohle Phrase verworfen hat. Außenpolitisch lehnt Wagenknecht die EU ab, selbst wenn sie ein demokratischer Bundesstaat wäre. Sie plädiert für die Kooperation souveräner europäischer Nationalstaaten im Bunde mit dem rechtsautoritären Putin-Regime, um den Kontinent vor – wie sie es nennt – angelsächsischen Kriegstreibern abzuschirmen.

Wagenknecht betont inzwischen, dass der Sozialstaat ebenso wie die Demokratie – gemeint ist das parlamentarische repräsentative System auf der Grundlage einer kapitalistischen Ökonomie – nur von einer nationalen Gemeinschaft getragen werden kann und nur deren Angehörige schützen soll. Ihr Programm, den deutschen Mittelstand vor den Konzentrations- und Zentralisationstendenzen kapitalistischer Konkurrenz zu bewahren, hat seine Vorläufer in der völkischen Ideologie. Ihre sachlich falsche Annahme einer ehrbaren Realwirtschaft, die von Finanzhaien ausgeplündert würde, ähnelt der Vorstellung vom schaffenden und raffenden Kapital, das die Nazis nicht erfunden haben, sondern Antisemiten nach dem Gründerkrach, der Wirtschaftskrise von 1873, entwickelten. Wenn Wagenknecht von Heuschrecken spricht, gar von den Rothschilds, nutzt sie antisemitische Chiffren.

Darum spricht es nicht für den Zustand der Linkspartei, wenn solche Positionen nicht schon längst und massiv kritisiert werden, denn was Wagenknecht verbreitet, ist nicht bloß weit jenseits einer radikalen Linken, sondern auch jenseits einer ernsthaft reformistischen Linken. Ihre Behauptung, die Partei kümmere sich nicht um soziale Fragen, ist kontrafaktisch und ein Schlag ins Gesicht für tausende Kommunalpolitiker*innen, die genau das tun, sehr konkret mit hohem Engagement und zunehmend bedroht von faschistischen Kräften.

Liebhaberin der DDR

Im Frühsommer 1989 wurde Wagenknecht Mitglied der SED, angeblich um Opportunisten entgegenzutreten und den Sozialismus attraktiver zu gestalten (Brost & Lebert 2011). Ab 1991 gehörte sie dem Vorstand der PDS an und trat als Vertreterin eines kommunistischen Flügels auf. In den folgenden Jahren bezog sich Wagenknecht positiv auf die DDR (Curieux & Wagenknecht 1999, 51, 91), die sie als »liebenswert« bezeichnete, und verteidigte den Bau der Mauer, um dem »lästigen Einwirken des feindlichen Nachbarn ein (längst überfälliges) Ende« zu setzen (Schütt 1995, 23f.). Das feindliche Einwirken ist unbestritten, Wagenknecht blendete jedoch aus, dass DDR-Bürger*innen flüchteten wegen des repressiven Systems. Als wichtigste theoretische Bezugspersonen nannte sie in dieser Periode Marx, den sozialdemokratischen Theoretiker Rudolf Hilferding und immer wieder Lenin, der die Marx'sche »vorrangig ökonomische Theorie um ihre politischen Konsequenzen erweitert« habe (Elsässer & Wagenknecht 1996, 33).

Das »erste sozialistische Weltsystem« ist ihrer Meinung nach zugrunde gegangen, weil die imperialistischen Staaten dieses System mit Erfolg bekämpften und die Führung der KPdSU seit Mitte der 1950er Jahre einen opportunistischen Kurs einschlug (Wagenknecht 1995, 7). Wagenknecht wollte das nicht als moralisches Urteil, sondern als politische Wertung verstanden wissen (ebd., 10). Ihr Vorwurf lautete, die kommunistischen Parteien hätten das Ziel einer Weltrevolution zugunsten der Entspannungspolitik aufgegeben. Angesichts der wirtschaftlichen Unterlegenheit sowie des Atomwaffenmonopols der USA sei eine solche Haltung in der Nachkriegszeit noch berechtigt gewesen, aber spätestens um 1960 hätte die Sowjetunion mit den USA gleichgezogen. Wagenknecht wertete deswegen die sowjetische Politik als opportunistisch und revisionistisch, was letztlich zur Zersetzung der kommunistischen Parteien und zur Auflösung der sozialistischen Staaten geführt habe (ebd., 167).

Dagegen rühmte Wagenknecht den SED-Generalsekretär Walter Ulbricht, der sich bis zu seinem Sturz 1971 gegen diesen Kurs gestemmt und die Grundlagen einer sozialistischen Gesellschaft verteidigt habe, im Unterschied zu Leonid Breschnew, dem Generalsekretär der KPdSU (Elsässer & Wagenknecht, 24). Insbesondere hielt sie Ulbricht seine Wirtschaftspolitik zugute (Curieux & Wagenknecht, 136). Dieser habe für eine »einzigartige Prosperität« in der DDR gesorgt, durch eine Kombination aus Markt- und Planwirtschaft, Leistungsprinzip und Gewinnorientierung, gestützt auf kleine und halbprivate mittlere Unternehmen. Dabei habe der Staat als Vermittler unterschiedlicher Interessen agiert (Schütt, 24). Sein Nachfolger Erich Honecker habe hingegen die ökonomische Basis der

DDR zerrüttet, indem »opulente Sozialausgaben« ohne Bezug zur Leistung verteilt worden seien (Schütt, 24).

Solche Aussagen zeigen, dass Wagenknecht bereits als Kommunistin für eine Wirtschaftsform plädierte, die teilweise durch marktvermittelten Austausch sowie das Leistungsprinzip gekennzeichnet ist. Tausch von Gütern und Dienstleistungen bedeutet jedoch Markt und Konkurrenz. Güter und Dienstleistungen werden nicht für den unmittelbaren Gebrauch, sondern für den Markt hergestellt.

Auf den autoritären Charakter dieser sozialistischen Staaten ging Wagenknecht erst gar nicht ein, nicht auf die Repression in der DDR, von den Verbrechen der Stalin-Ära ganz zu schweigen. Vielmehr teilte sie implizit Stalins Konzept vom Sozialismus in einem Land, das selbst als »revisionistisch« bezeichnet werden kann, weil sowohl Marx und Engels als auch Lenin für unmöglich gehalten hatten, dass ein isoliertes sozialistisches Land oder eine Gruppe von vergleichsweise wirtschaftlich zurückgebliebenen Ländern sich gegen die kapitalistische Übermacht würden halten können.

In einer Auseinandersetzung mit Jürgen Elsässer, damals noch ein antideutscher Linksradikaler, heute einer der führenden Protagonisten der faschistischen Rechten, vertrat Wagenknecht die Auffassung, für den Aufbau und die Verteidigung des Sozialismus sei ein Staat notwendig (Elsässer & Wagenknecht, 54). Allenfalls nach einigen Jahrhunderten der Umgestaltung könne dieser Staatsapparat abgebaut werden (ebd., 57). Ein Sozialismusmodell zu fordern, das auf staatliche Strukturen verzichtet, sei »Traumtänzerei«, hielt sie Elsässer entgegen (ebd., 53). Der wiederum erklärte das leninistische Modell für gescheitert und forderte den direkten Übergang zu einer kommunistischen Gesellschaft ohne Staat und Markt (ebd., 36). Bemerkenswert ist, dass Wagenknecht den Staat nicht wie Lenin rundweg als Gewaltapparat der jeweils herrschenden Klasse definierte und den sozialistischen Staat nicht als Diktatur des Proletariats bezeichnete. Stattdessen erscheint der Staat als Instanz, die »eine Gesamtplanung im allgemeinen Interesse« durchsetzt. Sie gelangte außerdem zu der Einschätzung, der Staat habe in bestimmten historischen Situationen »eine vermittelnde Rolle zwischen den verschiedenen Klasseninteressen« ausgeübt (ebd., 54f.). Welche Situationen das gewesen sein könnten, sagte sie nicht. Ihre Perspektive ist nicht bloß keine Staatskritik, nicht einmal im plumpen Verständnis des Marxismus-Leninismus, sondern das Gegenteil, Staatsverherrlichung im Stile Georg Wilhelm Friedrich Hegels. Hegel nahm an, dass die Weltgeschichte auf ein Ziel ausgerichtet ist, einen Fortschritt im Bewusstsein der Freiheit, womit sich ein göttlicher Plan vollziehe. Mochten einzelne Völker und große Männer ihre eigenen Interessen verfolgen, so dienten sie doch, ohne es zu wissen, diesem Prozess. Darin bestand Hegels berühmte »List der Vernunft«. Dabei verkörperte der Staat in seiner jeweiligen Form den erreichten Bewusstseinsstand der Freiheit, die konkrete Gestalt der göttlichen Idee auf Erden, und war als solcher »der näher bestimmte Gegenstand der

Weltgeschichte überhaupt« (Hegel 1928a, 448; Hegel 1928b, 46, 54, 63, 67, 71, 119).

Wagenknecht gilt als ausgewiesene Hegel-Kennerin. Ihr Buch über die Hegelkritik des jungen Marx von 1997, das aus ihrer Magisterarbeit in Philosophie hervorging, ist weithin anerkannt. Die Auseinandersetzung war jedoch kein Selbstzweck. Ihr ging es vielmehr darum, die dialektische Methode zu begreifen, die die gesellschaftliche Realität »besser und adäquater zu erfassen vermag als jede bisher entwickelte andere«. Wenn die marxistische Theorie »je wieder wirkliche und breite Überzeugungskraft gewinnen« solle, stehe sie »in der Pflicht, das, was sich seit Lenins Tod auf diesem Planeten zugetragen hat, wissenschaftlich zu analysieren und begrifflich zu erfassen« (Wagenknecht 1997a, 10). Das gelte sowohl für die »Gesamtgeschichte des ersten sozialistischen Weltsystems« als auch für die Wandlungen des Kapitalismus (ebd., 11). Das korrespondiert mit der Ansicht Wagenknechts, Lenin sei der einzige Marxist gewesen, der Hegel und dessen dialektische Methode begriffen habe (Elsässer & Wagenknecht, 28).

Die Kritik Elsässers, die SED habe Nationalismus sowie die Sekundärtugenden instrumentalisiert, wies Wagenknecht zurück. Der Vorwurf eines Antisemitismus sei »miese Zeitgeistlüge«, unterstellte sie (Elsässer & Wagenknecht, 36). Tatsächlich beteiligte sich die SED-Führung in den späten 1940er Jahren an der letzten großen stalinistischen Verfolgungswelle in den sozialistischen Staaten Osteuropas, die unter Schlagworten wie zionistische Verschwörung und Kosmopolitismus antisemitisch konnotiert war. Ihr fielen zahlreiche kommunistische Funktionäre jüdischer Herkunft zum Opfer. Bekannter sind die Moskauer Ärzteprozesse und der Slánský-Prozess 1952 in der Tschechoslowakei. In der DDR wurde Paul Merker, Mitglied des Politbüros und des Zentralkomitees, seiner Funktionen enthoben und eingesperrt. Er hatte sich für die Rückgabe von den Nazis »arisierten« Eigentums sowie Entschädigungen für überlebende jüdische Opfer eingesetzt und die Gründung eines jüdischen Staates in Palästina befürwortet (Dietl 2021).

Ihr Unwille, sich mit deutscher Geschichte kritisch auseinanderzusetzen, kam auch darin zum Ausdruck, dass Wagenknecht darauf pochte, die DDR habe versucht, die deutsche Kulturtradition zu bewahren; es sei falsch, diese als Bewegung hin zum Faschismus darzustellen (Elsässer & Wagenknecht, 25f.). Sie verwies selektiv auf Goethe und Hegel und blendete aus, dass es deutsche Dichter und Denker waren, die in der napoleonischen Ära den völkischen Nationalismus und einen biologistischen, eliminatorischen Antisemitismus entwickelten. Bereits in solchen Äußerungen ist ein positiver Bezug auf die deutsche Nation enthalten, der den Faschismus nur noch als Betriebsunfall oder Machenschaft der am meisten reaktionären Elemente des Finanzkapitals deuten kann, wie die Formel der stalinistischen Dritten Internationale von 1935 lautete, und nicht als Herrschaftsform und Massenbewegung, die in ihrer Spezifik nur aus der deutschen Geschichte erklärbar ist.

Als inzwischen prominente Berufspolitikerin äußerte sich Wagenknecht Jahre später zurückhaltender. Sie habe schon zu DDR-Zeiten ein Ulbricht-Bild zu Hause aufgehängt, aber aus »Trotz«, weil dieser verfemt gewesen sei. Selbstverständlich wolle sie die DDR nicht zurückhaben, deren ökonomisches System nicht funktioniert habe. Von autoritären Strukturen ist wieder nicht die Rede und erneut verteidigte sie Ulbricht als denjenigen, der gesehen habe, dass die DDR »radikale Reformen« brauche. Diese habe Ulbricht mit seinem Neuen Ökonomischen System vorangebracht, das in den Grundideen »ziemlich vernünftig« gewesen sei (Brost & Lebert 2011).

Großkapital, Lobbyismus und Finanzhaie

Das Hegel-Buch kann als Abschluss einer Schaffensphase gelten, in der sich Wagenknecht als marxistische Philosophin verstand, die sich ganz der wissenschaftlichen Arbeit widmen und keinesfalls Berufspolitikerin werden wollte (Schütt, 159, 161). 1998 scheiterte sie bei der Bundestagswahl als Direktkandidatin in Dortmund, 2004 bekam sie ein Mandat im Europaparlament. 2009 zog Wagenknecht erstmals in den Bundestag ein, dem sie seitdem angehört, zeitweise als Fraktionssprecherin.

In ihren Schriften tauchten im Lauf der 1990er Jahre zunehmend Begriffe und Motive der Globalisierungskritik auf, diese verstärkten die antimonopolistische Schlagseite ihres politischen Denkens. Das bedarf einer kurzen

Erklärung: Die Strategie des antimonopolistischen Bündnisses und das Ziel der antimonopolistischen Demokratie waren von westeuropäischen kommunistischen Parteien entwickelt worden. Beide basieren auf der Theorie des staatsmonopolistischen Kapitalismus (Stamokap), wonach einige wenige Monopolkapitalisten die gesamte Wirtschaft, aber auch den Staat kontrollierten. Sowohl die verbotene KPD (1968) als auch später die DKP (1978) in Westdeutschland verfolgten diese Strategie. Das »Großkapital« und die »Großbourgeoisie« wurden als Gegner benannt (Judick, Schleifstein & Steinhaus 1989, 301ff.; Maier 1979, 481f., 484f., 496). Im letzten Programmentwurf der KPD von 1968 ist die Rede von »grundlegenden demokratischen, antimonopolistischen Reformen, die die Macht des Großkapitals einschränken sollen«. Diese würden nicht nur Arbeitern und Angestellten dienen, sondern auch Bauern, Einzelhändler, Gewerbetreibende, kleine und mittlere Unternehmen aus der Abhängigkeit vom Großkapital befreien (Judick, Schleifstein & Steinhaus, 422). Im DKP-Programm ist von einem »breiten antimonopolistischen Bündnis« die Rede, das Reformen gegen das »Großkapital« durchsetzen soll (Maier 1979, 496).

Die Stamokap-Theorie ist falsch, was an dieser Stelle nicht weiter diskutiert werden kann. Es muss die Bemerkung genügen, dass der Staat zwar als Staat des Kapitals agiert, aber nicht als Marionette, sondern autonom, als ideeller Gesamtkapitalist, wie Friedrich Engels sagte, mit der Aufgabe, das System langfristig zu sichern, in dem die Grundlagen, das Rechts- und Vertragssystem, das private Eigentum an Produktionsmitteln, aber auch Infrastruktur oder die Bildung der Ware Arbeitskraft aufrechterhalten werden (Engels 1978, 222). Was ideeller Gesamtkapitalist beispielsweise bedeuten kann, zeigt die Corona-Pandemie: Die deutsche Regierung lockerte die Schuldenbremse und schnürte enorme Rettungspakete in vierstelliger Milliardenhöhe, um die ökonomische Substanz möglichst zu bewahren, damit Deutschland »gestärkt« aus der Krise hervorgehe. Dabei verteilte der Staat die Finanzmittel so, dass die Bourgeoisie am meisten profitierte, Kleinbürgertum, Mittelschicht und Arbeiter*innen jedoch einen eher bescheidenen Anteil abbekamen, um sie einzubinden (Sablowski 2020). Vom Lockdown waren vor allem Gastronomie, Freizeit- und Kulturindustrie sowie zahlreiche Selbständige betroffen, nicht jedoch das produzierende Gewerbe; so durften bei Airbus weiter Flugzeuge gebaut werden, was im Hamburger Werk zu einem Corona-Hotspot führte. Außerdem mag es zeitweise Monopole und Kartelle geben, aber dauerhaft hat bislang kein Unternehmen eine ganze Branche kontrollieren können, schon wegen der technischen Innovationen, die den Produktionsprozess beständig umwälzen; die Macht der Eisenbahn- und Stahlbarone oder der Elektrokonzerne, die die empirische Basis der Theorie liefern sollten, gehören der Vergangenheit an. In ihren vulgären Varianten oder als unreflektiertes Sediment politischen Denkens fundiert die Stamokap-Theorie bis heute Teile der (radikalen) Linken und macht diese anfällig für Verschwörungsideologien.

Entsprechend dieser antimonopolistischen Position war nicht vom Kapital oder dem Kapitalismus die Rede, sondern das »große Kapital« gibt den Bösewicht ab in einem Beitrag, den Wagenknecht zusammen mit Ellen Brombacher von der Kommunistischen Plattform der PDS und Joachim Bischoff von der Zeitschrift *Sozialismus* 1995 zur Strategie der PDS verfasste. Durchaus konsequent wird nicht die Aufhebung der Kapitalverwertung anvisiert, sondern lediglich »die Dominanz des privatkapitalistischen Eigentums« müsse »überwunden« werden (Bischoff et al. 1995, 2).

Im Gespräch mit Hans-Dieter Schütt stellte Wagenknecht zunächst fest, dass sich die Klassenspaltung am Besitz (oder Nicht-Besitz) von Produktionsmitteln festmache, um dann sofort zu betonen, »der eigentliche Gegensatz« verlaufe zwischen »Banken und Großkonzernen« und dem »Rest der Gesellschaft« (Schütt, 149). Zwar sprach Wagenknecht von der Notwendigkeit des strukturellen Bruchs (ebd., 153), wollte die Grundlagen der kapitalistischen Ordnung ins Visier nehmen, bezeichnete Vergesellschaftung als Perspektive (Wagenknecht 1997b, 159), verwarf den »sozialen Reformismus« als unmöglich und kanzelte Lafontaines Rede vom »Sozialismus in einer Klasse«, eine Umverteilung innerhalb der Lohnabhängigen, als zynisch ab (Wagenknecht 1998b, 173). Allerdings bedeutete struktureller Bruch für Wagenknecht nicht, dass die Mechanismen der kapitalistischen Ordnung überwunden werden sollen. Auch in einer sozialistischen Gesellschaft müsse das betriebswirtschaftliche Rentabilitätsprinzip gelten, müssten die Güter nach individueller Leistung verteilt werden, die nicht allein nach der Arbeitszeit bewertet werden dürfe wie in der DDR, und der Verbraucher müsse zwischen den Produkten verschiedener Betriebe wählen können, erklärte Wagenknecht 1998 auf der Rosa-Luxemburg-Konferenz der marxistischen Tageszeitung *Junge Welt* (Wagenknecht 1998b, 176).

Richtig ist, dass in einer künftigen sozialistischen Wirtschaft effektiv gewirtschaftet werden sollte, dass modernste Technik genutzt und weder menschliche Arbeitskraft noch Ressourcen vergeudet werden, so dass alle ein Leben in Muße führen können und die Umwelt geschont wird. Was Wagenknecht nicht berücksichtigt, ist der Umstand, dass Produktivität und Rentabilität keine gesellschaftlich neutralen Größen darstellen, sondern dass unter kapitalistischen Verhältnissen in Arbeitsorganisation und Technik beispielsweise stets der Zweck der Profitmaximierung und damit der Kontrolle und Ausbeutung der lebendigen Arbeit eingegangen ist. Die Produktivität einer sozialistischen Wirtschaft muss partiell anderen Kriterien folgen, Emanzipation ist mit Arbeitshetze, Stress und einem verinnerlichten Leistungsfetisch unvereinbar. Die Formulierung Wagenknechts legt hingegen nahe, dass in ihrem Modell Konkurrenz und Markt weiterexistieren sollen.

Die Reden und Schriften von Wagenknecht waren zunehmend geprägt von einem Nebeneinander. Einerseits finden sich Bemerkungen, die sich im Rahmen einer an Marx orientierten Kritik des Kapitalismus bewegen, etwa wenn sie kritisierte, dass im Programm der PDS Ausbeutung, Klassen und Profitinteressen nicht genannt, sondern der Grundkonflikt auf den Gegensatz zu neoliberaler Politik reduziert würde (Wagenknecht 1998a, 162). Damit attackierte Wagenknecht zu Recht eine im Gefolge des Aufstands der Zapatistas und der Globalisierungskritik in der Linken aufkommende Perspektive. Andererseits verfiel sie selbst diesem Duktus. So benutzte sie moralisierende Wertungen, die lediglich die Finanzsphäre sowie einige wenige Großunternehmen ins Visier nehmen. Wagenknecht schrieb über die »internationalen Großfinanzjongleure« (Wagenknecht 1997b, 158), über »Finanzhaie« (Wagenknecht 2009, 9), die »Heuschrecken« (ebd., 24ff.), das »von wenigen Wirtschafts- und Finanzgiganten dirigierte internationale Geldkapital« (ebd., 171), einen »Geldmachtapparat« (Wagenknecht 2007, 11), das »multinationale Großkapital« (Wagenknecht 1998b, 166), die »Wirtschaftsgiganten« (Curieux & Wagenknecht, 12) oder das »globale Großkapital« (Wagenknecht 2003, 148).

Mit der These von der »Renaissance feudaler Muster« griff Wagenknecht Vorstellungen der Occupy-Vordenker Michael Hudson und David Graeber sowie des französischen Ökonomen Thomas Piketty auf; diese finden ihren Ausdruck in Begriffen wie alter und neuer Geldadel (Wagenknecht 2007, 11), »Geldaristokratie« (Wagenknecht 2003, 158) oder »alte Clans«, die angeblich bis heute dominieren (ebd.). Sie sprach von einem »Wirtschaftsfeudalismus des 21. Jahrhunderts«.

Angeblich würden 99 Prozent der Bevölkerung »zum überwiegenden Teil, direkt oder indirekt, für den Reichtum dieses neuen Geldadels« arbeiten (Wagenknecht 2016, 17). Wagenknecht knüpfte an den Slogan der Occupy-Bewegung von den 99 versus ein Prozent der Bevölkerung an, der auf den Ökonomen Joseph Stieglitz zurückgeht. Sicher lässt sich mit Hilfe der Statistik feststellen, dass ein Prozent der Bevölkerung in jedem Land und weltweit einen enorm großen Anteil am Vermögen und an den Produktionsmitteln besitzt. Bloß handelt es sich nicht um Feudalherren, die Abgaben einsammeln, sondern die Vermögenskonzentration ist in den meisten Fällen das Resultat von Kapitalverwertung, die in letzter Instanz darauf basiert, dass Waren, Güter und Dienstleistungen von Lohnabhängigen hergestellt und auf dem Markt verkauft werden. Die Parole ist fragwürdig und politisch nutzlos, weil die Gesellschaft differenzierter gegliedert ist. Die Klasse der Bourgeoisie, die die wesentlichen Produktionsmittel besitzt, ist wesentlich größer als ein Prozent, auf ihrer Seite stehen auch die Kleinbourgeoisie, ein Teil der Landwirte und Selbständigen sowie das leitende Personal von Staat und Verwaltung sowie des Militärs.

Hingegen schreibt Wagenknecht von der »Diktatur der großen Player«, dem »Machtkartell der Giganten« (Wagenknecht 2003, 149), einem »Machtclub«, dem Europa gehöre (ebd., 158), und bemüht den Vorwurf des Lobbyismus, der von konservativer und rechter Seite stammt (Bierl 2021). So spricht sie von der »Großunternehmerlobby« (Wagenknecht 1998a, 163; Curieux

& Wagenknecht, 23), rügt »Lobbyistenvereine« (Curieux & Wagenknecht, 103) und eine »Konzernlobby«, denen gegenüber Regierungen nur »erpressbare Marionetten« (ebd., 122) seien. Die »Lobbyverbände des großen Kapitals« hätten einen »entfesselten Kapitalismus« durchgesetzt (Wagenknecht 2007, 277).

Alle diese Begriffe, die Wagenknecht bemüht, um eine kleine Gruppe von Reichen und Superreichen zu markieren, die alles zu ihren Gunsten steuern und manipulieren, haben einen gemeinsamen Fluchtpunkt. Es ist nicht mehr der Prozess der Kapitalverwertung, die Auspressung von Mehrwert, der fokussiert wird, sondern vermeintliche Auswüchse derselben. Es geht um die Unterscheidung zwischen einer guten Marktwirtschaft und einem schlechten, weil monopolistischen Kapitalismus, einer guten Realwirtschaft gegen die böse Finanzwelt, eines ehrsamen Mittelstands versus Global Player. Diese Trennungen, die sachlich nicht zu begründen sind, weil es sich in jedem Fall um Kapital handelt, das sich nur durch die Aneignung von menschlicher Arbeitskraft vermehren lässt, laufen auf die völkische Parole vom schaffenden versus raffenden Kapital zu. Wagenknechts antimonopolistische Haltung ist ebenso wie jene vieler linker Globalisierungskritiker*innen anschlussfähig für Verschwörungsideologie, Nationalismus und Antisemitismus. Schon der Lobbyismusvorwurf verstellt die Erkenntnis, dass der Staat auch in der Form der bürgerlichen Demokratie und unabhängig davon, welche Parteien regieren, immer als Staat des Kapitals agiert. Suggeriert wird, die Regierungen wären Handlanger von Unternehmen (was sie im Einzelfall durchaus sein können); eine prinzipiell falsche Ansicht. Denn eine funktionierende kapitalistische Ökonomie ist immer auf einen Staat angewiesen, der dauerhaft ihre Grundlagen sowie ihr Überleben sichert und sich deshalb notfalls auch über unmittelbare Interessen von Einzelkapitalen hinwegsetzt, der autonom als »ideeller Gesamtkapitalist« agiert.

Erstmals formuliert Wagenknecht eine Auffassung, die später tragend für ihr Weltbild wird, ihre antimonopolistische Position zuspitzt und darin mündet, dass sie Marktwirtschaft und Kapitalismus als zwei verschiedene Wirtschaftsformen deutet. Diese Ansicht stammt von deutschen völkischen Antisemiten aus dem 19. Jahrhundert, die zugleich Mittelstandspolitiker waren und den Interessen dieser Klientel Ausdruck verliehen, welche dem Konzentrationsprozess, der sozialdarwinistischen Grundregel jeder Marktwirtschaft, ausgesetzt sind, aber selbst als Unternehmer daran beteiligt sein wollen. In dem vermeintlichen Zwiegespräch in Buchformat mit Pierre Curieux, einer von ihr erfundenen Kunstfigur (Schneider 2019, 125), behauptet Wagenknecht, eine Marktwirtschaft existiere nicht mehr, sondern heute herrschten die großen Konzerne, die Giganten, ein Machtkartell, zu dem die Mehrheit der Unternehmen nicht gehörten (Curieux & Wagenknecht, 101). Begriffe wie Markt und Wettbewerb erklärt Wagenknecht zu Phrasen, real seien die Monopole, wenige Großkonzerne, »die ihre Profite auf

Kosten von Verbrauchern und Zulieferern in die Höhe treiben« (Wagenknecht 2007, 9).

Noch verwirft Wagenknecht das Konzept der sozialen Marktwirtschaft als reine Theorie (Curieux & Wagenknecht, 132f.). Ihre Utopie ist eine sozialistische Marktwirtschaft, eine Leistungsgesellschaft, in der Grund und Boden sowie wirtschaftliche Kernbereiche in Gemeineigentum überführt und eine Rahmenplanung vorgenommen wird, aber der Markt die Details reguliert und die hochproduktiven Sektoren die anderen subventionieren (ebd., 138, 140, 142, 146). In einer Schrift, die vier Jahre später erschien, entfällt die Rahmenplanung. Zwar sollen zentrale Bereiche der industriellen Produktion, Natur- und Bodenschätze nicht in privater Hand bleiben, aber das bedeutet bloß noch, dass »öffentliche Körperschaften« die Mehrheiten in Aktiengesellschaften halten (wie heute schon bei VW). Als Beispiele nennt Wagenknecht die französische Électricité de France (EdF) und die Gaz de France (Wagenknecht 2003, 149ff.). Ihre Forderungen nach einem fairen Handel und einer internationalen Arbeitsteilung »ohne Ausbeutung« durch Entflechtung der Global Player (ebd., 156) greift weit verbreitete Vorstellungen aus der Umwelt- und globalisierungskritischen Bewegung auf, ohne zu reflektieren, dass »fair« eine Kategorie der Beliebigkeit darstellt: Internationale Arbeitsteilung ist im Rahmen kapitalistischer Verhältnisse ohne Ausbeutung unmöglich, wenn diese als strukturelles Moment begriffen wird.

In dieser antimonopolistisch-globalisierungskritischen Phase, die etwa von 1999 bis 2011 reicht, verstand sich Wagenknecht immer noch als Sozialistin. Bereits vorher warnte sie, die PDS befände sich auf dem »Weg nach Godesberg«, einer Abkehr vom sozialistischen Anspruch und Akzeptanz des bürgerlich-kapitalistischen Systems. Die PDS müsse antikapitalistisch bleiben (Wagenknecht 1994). Dabei kommt Wagenknecht das Verdienst zu, als einzige und prominente Führungsfigur der Linkspartei Koalitionen immer wieder kritisiert zu haben. Eine breite und fundierte Debatte über Regierungsbeteiligungen gab es in der Partei nie, keine Strömung wie bei den Grünen in den 1980er Jahren, die mit Verweis auf Rosa Luxemburg und Johannes Agnolis Überlegungen zur Fundamentalopposition vehement dagegen gekämpft hätte. Debattiert wurde allenfalls über Koalitionsverträge und diese wurden regelmäßig abgenickt. Im Prinzip kann sich eine Partei mit sozialistischem Anspruch nicht an einer bürgerlichen Regierung beteiligen, weil sie dann als ideeller Gesamtkapitalist agieren muss. In der Debatte mit Elsässer kritisierte Wagenknecht die Beteiligung an »systemkonformen Landesregierungen« (Elsässer & Wagenknecht, 124). Die Linke dürfe sich nicht als Regierungspartei betätigen, sich aber auch nicht in einer Nische einrichten, sondern müsse eine soziale Basis unter den Arbeitenden gewinnen, den Widerstand von unten, die außerparlamentarische Gegenwehr stärken

(Wagenknecht 1998b, 178). Sie kritisiert auf dem Parteitag im Januar 1999 die Bekenntnisse der PDS zu Marktwirtschaft und Demokratie als beängstigend, ebenso deren Zustimmung zu Kriegseinsätzen der Bundeswehr (Wagenknecht 1994).

In der Folgezeit rügte Wagenknecht die Tolerierung einer SPD-Grünen-Minderheitsregierung durch die PDS in Sachsen-Anhalt (Curieux & Wagenknecht, 26ff.) ebenso wie die Koalition aus SPD und PDS in Berlin, die einen sozialen Kahlschlag veranstaltete (Wagenknecht 2002). Dort verkauften SPD und PDS etwa 100 000 landeseigene Wohnungen, und die Trinkwasserversorgung wurde teilprivatisiert. Im Duett mit Wirtschaftssenator Harald Wolf (PDS) sorgte Thilo Sarrazin (SPD) dafür, dass Berlin aus dem kommunalen Arbeitgeberverband und damit dem Tarifsystem austrat. Das ging einher mit einer Kürzung der Gehälter der Angestellten des Landes um bis zu zwölf Prozent (Berger 2016). Wagenknecht sprach vom »Verrat an sich selbst und damit letztlich an ebendiesem Wähler«. Die Enttäuschung sei spürbar, auch in Sachsen-Anhalt und Mecklenburg-Vorpommern, wo die PDS sich ebenfalls auf eine Koalition eingelassen hatte (Wagenknecht 2003, 118). Noch bei der Bundestagswahl 2021 kritisierte Wagenknecht das Koalitionsangebot der Linkspartei an SPD und Grüne als schweren Fehler.

Allerdings stellt Wagenknecht keine weitergehenden Überlegungen an. Im Vordergrund stand und steht der partei- und wahlkampftaktische Aspekt, der (tatsächlich eingetretene) Verlust von Wähler*innen, nicht die grundsätzliche Kritik an bürgerlichem Parlamentarismus und Staat. Wahrscheinlich wären einige Wähler*innen auch enttäuscht gewesen, wenn die Partei nicht in Regierungen eingetreten wäre, denn die Linkspartei setzt sich nicht kritisch mit den Illusionen ihrer Anhängerschaft auseinander, Illusionen, die Wähler*innen, Mitgliedschaft und Führung teilen. Im Gegensatz zur Sozialdemokratie in früheren Zeiten und den Kommunistischen Parteien später versteht sich die Linkspartei nicht als kollektiver Thinktank, als revolutionäre Organisation, als Zusammenschluss der bewusstesten Kräfte, die die Arbeiter*innenklasse aufklärt oder in der weniger autoritär-bevormundenden Variante von Luxemburg durch Diskussion und Aktion in Lern- und Bewusstseinsbildungsprozesse einbezieht. Die Partei Die Linke wie zuvor schon die PDS agiert stets als Wahlverein, nicht als eine kämpferische, außerparlamentarische Kraft, die immer wieder klarmachen müsste, dass Regierungsbeteiligungen wenig bringen können. Insofern darf unterstellt werden, dass ein Großteil ihrer Wähler*innen solche Kooperationen erwartet.

Fan von Ludwig Erhard

Den Übergang zu bürgerlichen bis reaktionären Vorstellungen markiert Wagenknechts Werk *Freiheit statt Kapitalismus* (2013). Vermutlich um ihr Image als Kommunistin loszuwerden, kündigte sie darin einen »positiven Gegenentwurf« an, den sie »kreativen Sozialismus« taufte. Leistung, Wettbewerb und »echte

Unternehmer« sollten gefördert werden (Wagenknecht 2013, 11f.). Garniert ist dieser Ansatz mit allerlei Ressentiments, wie schon der Titel ihres nächsten Buches *Reichtum ohne Gier* (2016) zeigte; als wäre Gier, also ein moralisches Fehlverhalten, die Ursache für Reichtum und die Spaltung der Gesellschaft. Früher hatte sie immer wieder darauf hingewiesen, selbst wenn sie »Finanzhaie« und »Crash-Jongleure« rügte, dass es nicht um eine Böswilligkeit der Finanzakteure oder angelsächsische Methoden ginge, sondern um die Logik eines Systems (Wagenknecht 2009, 11; Curieux & Wagenknecht, 146).

An Piketty erinnert ihr Lamento über leistungslose Einkommen, reiche Erben und einen vermeintlich neuen Geldadel, das sich allerdings schon früher findet (Curieux & Wagenknecht 1999, 9; Wagenknecht 2016, 14; Wagenknecht 2021, 54, 272). Das Ressentiment über leistungsloses Einkommen geht in der Tradition der Linken zurück bis zu Pierre-Joseph Proudhon, der als einer der Klassiker des Anarchismus gilt und vehementer Antisemit war (Portman 2013, 39ff.). Mit Proudhon verteidigt Wagenknecht das Recht auf Eigentum, sofern es durch eigene Arbeit erworben sei (Wagenknecht 2016, 245). Solange die gesellschaftliche Produktivität gering und der Mangel unausweichlich war, mochte es angehen, reiche Müßiggänger*innen wie Marie Antoinette anzuprangern. Heute werden damit Vorurteile geschürt, die sich gegen alle richten, die nicht arbeiten können oder sich dem Leistungsregime verweigern, gegen Kranke, Behinderte, Erwerbslose und

Sozialhilfeempfänger*innen. Bezeichnend ist, dass Wagenknecht von »Faulbären« schreibt (ebd., 52ff.). Als Vorbild zeichnet sie hingegen einen »Guido Cleverle«, den Selfmademan. Er macht eine Kneipe auf und beutet bald vier Lohnabhängige aus, einen Koch und drei Kellner. Sein Gewinn sei gerechtfertigt, schreibt Wagenknecht, weil er das Risiko selber trage, anders als die Hypo Real Estate, bei der der Staat einspringt, wenn die Pleite droht (ebd., 255).

Als »Masters of the Universe« charakterisiert Wagenknecht die Investmentbanken, denen Staat und Wirtschaft unterworfen seien. Die Basis ihrer Macht sei, »nahezu unlimitiert Geld zu erzeugen und sagenhafte Gewinne damit zu machen, dieses Geld in realwirtschaftlich sinnlose oder gar schädliche Kanäle zu lenken« (ebd., 191). Als Beispiel verweist sie auf Mayer Amschel Rothschild, den Gründer der Rothschild-Banken-Dynastien. Dieser habe schon Ende des 18. Jahrhunderts gewusst, wer die Kontrolle über das Geld einer Nation habe, dem könne es egal sein, wer die Gesetze macht (ebd., 191). Sie sollte wissen, dass der Name Rothschild seit etwa 1800 von Antisemiten als Chiffre für eine vermeintliche jüdische Weltmacht verwendet wird.

Hingegen stehen den Guido Cleverles in Wagenknechts idealer Marktwirtschaft Geldhäuser zur Seite, die sie Gemeinwohlbanken nennt (ebd., 183, 186). »Kernaufgabe der Banken ist die Bereitstellung von Kaufkraft, um einer möglichst innovativen wirtschaftlichen Entwicklung, die unseren Wohlstand erhöht und ihn zugleich naturverträglich macht, den Weg zu bahnen«, schreibt Wagenknecht (ebd., 215). Ihr Ziel ist »ein kleinteiliger, gemeinwohlorientierter Finanzsektor, der kostendeckend, aber nicht profitorientiert das öffentliche Gut Geld so bereitstellt, dass die Wirtschaft sich nach den gesellschaftlich gesetzten Prioritäten entwickeln kann« (ebd., 223f.). Da spricht die Märchenfee. Zunächst einmal unterliegen Banken in einer Marktwirtschaft den Gesetzen des Marktes wie alle Unternehmen, sie müssen maximalen Gewinn machen, um in der Konkurrenz zu bestehen, und nach diesem Kriterium ihre Kredite vergeben. Produzierende oder handeltreibende Unternehmen wiederum werden nur Geld aufnehmen, wenn sie mit einer gewissen Wahrscheinlichkeit darauf spekulieren können, profitable Geschäfte zu machen, aus denen sich Rückzahlungen und Zinsen bestreiten lassen. Ob diese Geschäfte naturverträglich sind oder »unseren« Wohlstand erhöhen, steht auf einem anderen Blatt.

Wagenknechts zentrale These lautet: Der Kapitalismus zerstöre die Marktwirtschaft. Neoliberale Politik habe keine neuen Märkte geschaffen, sondern öffentliche durch private Monopole ersetzt. Besonders anfällig seien Branchen, in denen die Technik ein Monopol erheische, also Eisenbahn, Stromversorgung oder digitale Datennetze (ebd., 16). Tatsächlich konkurrieren heute jedoch allerlei private Unternehmen um neue Märkte, die früher der Kapitalverwertung entzogen waren, im Gesundheits- und Pflegebereich sowie bei der Alters- und Krankenversicherung. Für einiges

Aufsehen sorgte die Privatisierung von Wasserwerken und Wohnungsgenossenschaften. Längst verlegen und betreiben Unternehmen Glasfaserleitungen, lassen Züge rollen und bieten Strom an, auch wenn Gleise und Leitungen der Bahn AG oder Eon gehören. Solche Tendenzen ignoriert Wagenknecht. Stattdessen fabuliert sie über einen »Wirtschaftsfeudalismus«, den es zu überwinden gelte. »Märkte darf man nicht abschaffen, im Gegenteil, man muss sie vor dem Kapitalismus retten. Wir brauchen, was die Neoliberalen so gerne auf ihre Fahnen schreiben, aber in Wirklichkeit zerstören: Freiheit, Eigeninitiative, Wettbewerb, leistungsgerechte Bezahlung, Schutz des selbsterarbeiteten Eigentums«, fordert sie (ebd., 20). Das ist die Schlüsselbotschaft des ganzen Buches und zugleich die Quintessenz des verqueren Gedankens, Kapitalismus sei keine Marktwirtschaft, sondern es handele sich um zwei verschiedene Wirtschaftsweisen (ebd., 129f.). Selbst der Begriff des »Dritten Weges«, den sie einst als reaktionären Unfug abqualifizierte, verwendet sie nun positiv, als Kennzeichnung von Erhards sozialer Marktwirtschaft, als wäre diese etwas anderes als Kapitalismus (ebd., 138).

Die Vorstellung einer Marktwirtschaft als drittem Weg zwischen Kapitalismus und Kommunismus geht ebenfalls auf völkische Antisemiten des Kaiserreichs zurück. Die Parole erfreute sich großer Beliebtheit bei den Nationalsozialisten. Später verwendeten manche Sozialdemokraten den Begriff, um eine Reformpolitik zu markieren. Ziel war stets ein staatlich regulierter Kapitalismus, in dem lohnabhängige Volksgenossen einen »gerechten« Anteil des Erwirtschafteten bekommen sollten. Die sogenannten Reformkommunisten des Prager Frühlings von 1968 nutzten den Begriff ebenfalls. In den späten 1990er-Jahren übernahmen Gerhard Schröder und Toni Blair die Parole, um die Abkehr von sozialdemokratischen Positionen zu bemänteln. Björn Höcke forderte 2008 angesichts der Weltwirtschaftskrise, zwischen Marktwirtschaft und zinsbasiertem Kapitalismus zu differenzieren; die Rechte solle in die Debatte über einen Dritten Weg einsteigen. Neonazis verwenden das Schlagwort heute als Parteinamen (Bierl 2018, 40ff.).

Kapitalismus ist Marktwirtschaft unter modernen industriellen Bedingungen. Dazu gehören unvermeidlich Zentralisation und Konzentration von Kapital, Konzerne und Banken, Oligopole und Monopole. Warum dies so ist, hat Marx so erklärt: Der Konkurrenzkampf wird über den Preis der Waren geführt, damit ist die Produktivität der entscheidende Faktor, die wiederum von der Stufenleiter der Produktion abhängt. »Die größeren Kapitale schlagen daher die kleineren«, schrieb Marx. Kleinere Kapitale mögen in Nischen ausweichen, aber die Konkurrenz holt sie ein. »Sie endet stets mit dem Untergang vieler kleinerer Kapitalisten, deren Kapitale teils in die Hände des Siegers übergehen, teils untergehen« (Marx 2013, 654f.). Im Verlauf dieses Prozesses, so Marx, entsteht als »ganz neue Macht« ein Kreditwesen, das aus bescheidenen Anfängen zum »ungeheuren sozialen Mechanismus« der Zentralisierung wird. Denn in dem Maße, wie sich Produktion und Akkumulation entwickeln, »entwickeln sich Konkurrenz und Kredit« (ebd., 655). Die Finanzsphäre ist demnach ein organischer Teil des Kapitalismus, kein von Vampiren bevölkertes Paralleluniversum.

Die Marx'sche Theorie wies Wagenknecht nun jedoch ausdrücklich zurück. Ihrer Ansicht nach resultiert Profit nicht aus der Ausbeutung menschlicher Arbeitskraft, sondern aus der Monopolstellung großer Konzerne (Wagenknecht 2016, 130ff.). Die aktuellen Produktionsverhältnisse spielen für sie in diesen beiden Büchern (Wagenknecht 2013 und 2016) keine Rolle, ihr Adressat ist der Mittelstand, die Guido Cleverles dieser Welt. Das unterscheidet sie von dem britischen »Postkapitalisten« Paul Mason, der ebenfalls auf den Nationalstaat setzt und einen linken Brexit befürwortete, um die Reste der britischen Industrie und damit des Industrieproletariats durch Zollmauern zu schützen. Wagenknecht berief sich auf Adam Smith und Josef Schumpeter, Fernand Braudel und Karl Polanyi sowie die Ordoliberalen (ebd., 86, 205f.). Was die Monopolprofite betrifft, hätte sie auch Lenin zitieren können. In seiner berühmten Schrift über den Imperialismus behauptete Lenin, der Kapitalismus basiere nicht mehr auf der Produktion und Aneignung von Mehrwert, sondern auf Wucher und Erpressung durch Finanzmagnaten und Monopolisten (Lenin 1970, 785, 808, 813, 848f.). Als staatstragende Berufspolitikerin nimmt Wagenknecht lieber Ludwig Erhard in Beschlag als Lenin (Wagenknecht 2013, 15ff., 347ff.). Sie beutet einen Mythos aus. Dabei war Erhard ein beinharter Neoliberaler, der zuvor das NS-Regime, die Kriegswirtschaft und die Ausplünderung der von den Deutschen besetzten Gebiete in Europa unterstützt hatte (Roth 1995, 1998, 1999). In der Nachkriegszeit widmete sich der »Vater des Wirtschaftswunders« unter dem Label Soziale Marktwirtschaft der Restauration, weil der Kapitalismus durch Wirtschaftskrisen und Weltkriege diskreditiert war. Die Verelendung etwa der Rentner*innen war ihm nebensächlich. Die dynamische Rente setzte Bundeskanzler Konrad Adenauer durch, aus Wahlkampfgründen, und gewann 1957 die absolute Mehrheit. Obendrein hintertrieb Erhard die Rückerstattung arisierten Eigentums (Abelshauser 2011, 177ff., 195ff.). Die zentrale Vorstellung der Ordoliberalen, auf die Wagenknecht zurückgreift, eine Dekartellierung der Industrie, konnte Erhard nicht verwirklichen. Die Kartellgesetzgebung sei »zahnlos« geblieben, bis die Europäische Gemeinschaft (EG) eingriff, urteilt der Wirtschaftshistoriker Werner Abelshauser (ebd., 174ff.). Das passt so gar nicht in Wagenknechts Stereotyp vom »Brüsseler Lobbyistenclub«.

Aber es geht nicht anders. Denn Wagenknechts Ideal einer antimonopolistischen, krisenfreien und vom Weltmarkt abgeschotteten Marktwirtschaft aus mittelständischen Unternehmen und regionalen Banken ist ein Wolkenkuckucksheim. Ihre aktuelle Vision wie ihre frühere Schwärmerei für die Ulbricht'sche DDR als Weg zum »Wohlstand für alle« stehen in der Tradition jenes geschlossenen Handelsstaates, den der Philosoph Johann Gottlieb Fichte, ein Begründer des völkischen

Nationalismus, anno 1800 der preußischen Obrigkeit empfahl.

Früher hatte Wagenknecht noch eine gemeinsame europäische Verfassung und eine Sozialunion gefordert, also eine Reform der EU (Wagenknecht 2003, 160). Nun geißelte sie die EU als von Konzernlobbyisten gesteuerten »Technokratensumpf«. Eine »arrogante EU-Kommission« mische sich in »staatliche Souveränitätsrechte« ein, der Chef der Europäischen Zentralbank (EZB) regiere »selbstherrlich in die einzelnen Länder« hinein. Im Krisenfall würden Nationalstaaten von einer »Technokratengang« aus EU-Kommission, EZB und Internationalem Währungsfonds (IWF) »entmündigt« (Wagenknecht 2016, 226). Das sind Legenden: In der Griechenland-Krise kam das Diktat aus Berlin, während IWF und EZB die deutsche Sparpolitik aus systemimmanenten Gründen skeptisch beurteilten. Denn ein solcher Sparkurs hatte schon 1929 dazu beigetragen, die Depression zu vertiefen.

Wagenknecht hält die EU nicht für demokratisch reformierbar. Das könnte man als Absage an linke Illusionen durchgehen lassen. Ihre Alternative ist aber nicht mehr die sozialistische Weltrepublik, sondern der Nationalstaat, der mit starker Hand eine weitgehend autarke Wirtschaft lenken soll. Auf europäischer Ebene würde eine »Abstimmung zwischen gewählten Regierungen« genügen (ebd., 25). Solche Forderungen sind Nebelkerzen, denn genau das findet dauernd statt: Wichtige Entscheidungen fallen auf Treffen der Regierungschefs oder Ressortminister. Die EU ist weder eine

Verschwörung gegen die nationale Demokratie, wie Wagenknecht suggeriert, noch ein Bundesstaat wie die USA, sondern ein Bündnis konkurrierender Staaten. Jeder erhofft sich Vorteile, die Größeren geben den Ton an, Deutschland ist die Hegemonialmacht. Davon aber ist bei Wagenknecht keine Rede. Auffallend ist, dass sie das deutsche Agieren gerne ausblendet. Wagenknechts Tiraden gegen die EU gipfeln im Bekenntnis zum homogenen Volk als Träger wahrer Demokratie. Bei der Spitzenpolitikerin der Linkspartei klingt das so: »Je größer, inhomogener und unübersichtlicher eine politische Einheit ist, desto weniger funktioniert das. Kommen dann noch Unterschiede in Sprachen und Kultur hinzu, ist es ein aussichtsloses Unterfangen. Demokratie und Sozialstaat wurden aus gutem Grund im Rahmen einzelner Nationalstaaten erkämpft, und sie verschwinden mit dem Machtverlust ihrer Parlamente und Regierungen« (ebd., 23).

Deutschland zuerst

Bürgerliche Demokratien wie Belgien, die Schweiz und die USA dürfte es demnach nicht geben. Mit der Existenz größerer Gruppen von Migrant*innen anderer Sprache und Kultur wäre Demokratie unvereinbar. Mit solchen Ansichten schließen Linke im Kampf gegen das neoliberale Establishment zur Rechten auf. Gauweiler lobt Wagenknechts Bücher mit gutem Grund über den grünen Klee: »Mit Haltung und geradem Rücken« wolle sie »etwas retten [...], was uns allen wichtig ist:

Marktwirtschaft und Demokratie« (Gauweiler 2016). Über ihr Deutschland-First-Plädoyer im neuesten Buch (2021) schrieb der rechtskonservative Politiker, es sei eine »Ironie der Geschichte«, dass etwas, was in den vergangenen Jahren als »rechts« zermalmt und auf den Index gesetzt worden sei, »jetzt ganz unbefangen von links zurückgeholt und wiederhergestellt werden soll« (Gauweiler 2021).

Zu ökonomischen Fragen finden sich in dem Buch ihre bekannten Ansichten wieder. Wagenknecht beschwört die Übermacht des Finanzsektors (Wagenknecht 2021, 53, 277f.), spricht von Refeudalisierung (ebd., 330), wettert gegen Lobbyisten (ebd., 66ff.), idealisiert die Nachkriegsära der Bundesrepublik (ebd., 62ff.), will den Mittelstand fördern (ebd., 17), wirbt für den Ordoliberalismus (ebd., 256, 264), eine deutsche Ausprägung des Neoliberalismus, und für eine »Marktwirtschaft ohne Konzerne« (ebd., 264). Ihre politische Perspektive ist die einer »echten sozialen Volkspartei« (ebd., 17), ihr Programm versteht sie als konservativ im Sinne von »gemeinschaftsorientiert«, das traditionelle Wertesystem erhaltend (ebd., 221ff.). In Kombination mit ihrer Vorstellung eines mittelständisch beschränkten Kapitalismus prägt sie dafür den Begriff »linkskonservativ«, was bedeute, wertkonservativ und links zugleich zu sein (ebd., 17).

Neu ist ihr Begriff eines Leistungseigentums (ebd., 270ff.). Darunter versteht sie ein »gemeinwohlorientiertes Eigentum«, das eine »echte Leistungsgesellschaft« fundieren soll (ebd., 291). Gemeint ist, dass ein

Unternehmen nicht privaten Eigentümer*innen oder Investmentfonds gehören soll, sondern der Firma, die etwa als Stiftung organisiert ist. Dann müssten Manager und Belegschaft keine Übernahme durch »Heuschrecken« mehr fürchten, schreibt Wagenknecht. Die Kapitalgeber würden je nach unterschiedlichem Verlustrisiko lediglich höhere oder niedrigere Zinsen bekommen; sind Einlagen und Zinsen abbezahlt, soll es keine Ansprüche mehr geben. Wagenknechts Held bleibt der echte, der positive, weil wagemutige und fleißige Unternehmer, Guido Cleverle also, der nicht mehr von Finanzjongleuren und Hedgefonds um den Lohn seiner Mühen gebracht werden kann (ebd., 293). Auf diese Idee des Leistungseigentums trifft die Kritik von Marx an allen Konzepten zu, die den Kapitalismus in seiner Substanz bejahen – die Konkurrenz, die Ausbeutung von Menschen durch Lohnarbeit sowie die Produktion von Waren für Märkte –, aber dessen negative Folgen nicht wollen. Das aber ist unmöglich. Wer A sagt, muss auch B sagen. Die Konzentration und Zentralisation von Kapital, das Entstehen einer großen Finanzsphäre, die immer weiter ausdifferenzierte internationale Arbeitsteilung unter dem Kommando des Kapitals, verkürzt als Globalisierung bezeichnet, entsprechen der Dynamik der rastlosen und unendlichen Kapitalverwertung, dem Prinzip des Wachse-oder-Weiche, dem das einzelne Unternehmen nur bei Strafe des Ruins oder der feindlichen Übernahme entgehen kann.

Wie der Titel *Die Selbstgerechten* bereits ankündigt, ist das große Thema eine Abrechnung mit der Linken.

Dazu konstruiert Wagenknecht ein Feindbild, einen ominösen Linksliberalismus, eine Lifestyle-Linke, wie sie es nennt (ebd., 14f., 25ff., 35, 97ff.). Im Einzelnen nimmt Wagenknecht sich die Black Lives Matter-Bewegung vor (ebd., 22), Fridays for Future (ebd., 33f., 200, 284), das Bündnis Unteilbar (ebd., 35f., 38) sowie die Organisation Seebrücke (ebd., 35), die Geflüchtete vor dem Ertrinken im Mittelmeer zu retten versucht. Abgesehen von Seebrücke finden sich in allen diesen Bewegungen Aspekte, die kritikwürdig sind und in der emanzipatorischen Linken schon längst kontrovers diskutiert werden. Was Wagenknecht hingegen betreibt, ist vorurteilsbehaftet und gelegentlich derart primitiv, wie man es nur von der extremen Rechten kennt. Eine Kostprobe: »Auch dass die Veganer-Bewegung unseren Planeten erlösen wird, scheint unwahrscheinlich. Wenn die Methanausscheidungen heimischer Kühe durch die schwarzen Rauchschwaden zusätzlicher, schwerölgetriebener Containerschiffe ersetzt werden, die, gefüllt mit Soja, Reisprotein, Amaranth und Quinoa, die Weltmeere kreuzen, dürfte der Effekt eher ein gegenteiliger sein« (ebd., 285).

Als soziale Basis dieses Linksliberalismus konstruiert Wagenknecht eine neue akademische Mittelschicht, die wurzellos und privilegiert sei, in trendigen Vierteln mit teuren Wohnungen lebt, ihren Nachwuchs in den bilingualen Kindergarten und die Waldorfschule schickt, Bioläden und Sushi-Bars frequentiert (ebd., 79ff.). Die Gewerkschafterin Franziska Wiethold hat diese vorurteilsbehaftete Darstellung gestützt auf empirische

Daten ausführlich kritisiert. Diese Schicht unterliege vielmehr ständiger Leistungskontrolle und steigendem Leistungsdruck (was die Leistungsfetischistin Wagenknecht womöglich gutheißen würde), Personalabbau, der Umwandlung unbefristeter Stellen in prekäre Verhältnisse, Tarifflucht, der Ausgliederung und Schließung von »unrentablen« Betrieben. Wie die gesamte Arbeiterklasse erlebe diese Schicht die Krise als Dauerzustand (Wiethold 2021, 6). Wer sich Wagenknechts Buch genau durchlese, werde »mehr Einseitigkeit als Eindeutigkeit« bemerken und feststellen, dass ihre Aussagen nicht belegt, sondern mit passenden Einzelbeispielen bloß illustriert seien, schreibt Wiethold (ebd., 2).

Die Lifestyle-Linke von Wagenknecht ist ein Amalgam, ihr Konstrukt, das es als politische Einheit gar nicht gibt. Sie steckt mindestens drei Richtungen in eine Schublade: erstens radikale Linke, die Staat und Nation in der Tat überwinden wollen und für offene Grenzen plädieren, zweitens Feminismus und Antirassismus, deren Anliegen Wagenknecht diffamierend auf politisch-korrekte Sprache und Gendersternchen reduziert, sowie drittens eine Regierungslinke aus SPD, Grünen und Linkspartei.

Berechtigt ist Wagenknechts Kritik nur insofern, als die Regierungslinke neoliberale Spardiktate stets umgesetzt hat, um die Profite des Kapitals zu steigern. Völlig an den Haaren herbeigezogen ist darum Wagenknechts Unterstellung, die Lifestyle-Linke lehne Wachstum ab und fordere eine Postwachstumsökonomie (Wagenknecht 2021, 272f.). Das trifft allenfalls auf einige ökosozialistische Strömungen der radikalen Linken zu, die leider völlig marginal sind. Die Regierungslinke setzt mit ihren Konzepten eines Green New Deal gerade auf Wachstum, das sie als nachhaltig und umweltverträglich labelt, was ein Widerspruch in sich ist. Weiter behauptet Wagenknecht, die Linksliberalen wie die Neoliberalen wollten den Nationalstaat abschaffen. Sie verweist auf Klaus Schwab, den Direktor des Weltwirtschaftsforums, der bereits 1999 den Tenor vorgegeben habe (ebd., 227). Sie bewegt sich damit auf der schiefen Ebene der Verschwörungsideologie; sowohl in dieser Szene als auch seitens der extremen Rechten wird behauptet, Schwab sei Teil einer kleinen Gruppe von Strippenziehern, die die Corona-Pandemie nutzen wollten, um eine Weltherrschaft zu errichten.

Allerdings war die Vorstellung, die Nationalstaaten würden durch die Globalisierung und den Neoliberalismus entmachtet, bereits in der globalisierungskritischen Bewegung verbreitet. Diese Auffassung wurde etwa von Subcomandante Marcos, der Ikone der Zapatist*innen, und Ignacio Ramonet, dem Begründer von Attac, vertreten und findet sich auch in der Erklärung des ersten Weltsozialforums von 2001. Die Ansicht ist falsch. Ja, es gibt eine Vielzahl von supranationalen Organisationen, von der UNO über die WHO, die Weltbank und den Weltwährungsfonds bis hin zur EU als Staatenbund, aber die Nationalstaaten sind nicht in Auflösung begriffen. Das Gegenteil trifft zu, abgesehen von den *failed states* im globalen Süden. Alle diese internationalen Einrichtungen basieren auf der Übereinkunft souveräner

Staaten. In Krisensituationen wie der Wirtschaftskrise von 2008 oder der Corona-Pandemie erwiesen sich Nationalstaaten als entscheidende Akteure, die jeweils ihre nationalen egoistischen Interessen verfochten, etwa mit Milliardensummen ihr heimisches Kapital päppelten. Nichts hat das deutlicher gemacht als die Schließung der innereuropäischen Grenzen im Frühjahr 2020. Die EU war als Papiertiger desavouiert. Wagenknecht würde dem nicht widersprechen, auch sie hält die Nationalstaaten für ausschlaggebend (ebd., 229). Der entscheidende Punkt ist jedoch, dass sie unterstellt, der Linksliberalismus wolle den Nationalstaat aushöhlen und entmachten, demokratische Strukturen auf eine »transnationale Ebene« verlagern, etwa die EU als Bundesstaat mit einem »voll funktionsfähigen Parlament« ausstatten (ebd., 228). Man muss es noch mal in aller Deutlichkeit festhalten: Wagenknecht lehnt einen bürgerlich-demokratischen europäischen Bundesstaat ab. Die nationalistische Begründung hat sie schon früher geliefert, wie wir gesehen haben.

In Wahrheit verwirft diese Regierungslinke keineswegs »Glaube, Nation und Heimat« als rückständig, wie Wagenknecht irreführend unterstellt (ebd., 99). Ganz im Gegenteil, ihre Vertreter*innen beschwören Nation, Heimat, Gemeinschaft und Patriotismus als ideologischen Kitt. Der neue Wirtschafts- und Klimaminister Robert Habeck (Grüne) hat ein ganzes Buch mit dem Titel *Patriotismus. Ein linkes Plädoyer* (2010) veröffentlicht. »Sich für die Gemeinschaft einzusetzen, das ist für mich links und patriotisch«, äußerte Habeck (in der *Frankfurter Allgemeinen Sonntagszeitung*, 14.3.2010). 2017 erklärte die damalige Parteichefin der Grünen, Katrin Göring-Eckardt: »Wir lieben dieses Land. Das ist unsere Heimat. Diese Heimat spaltet man nicht. Für diese Heimat werden wir kämpfen.« Als sie dafür von der Parteijugend gerügt wurde, sprangen ihr der Co-Vorsitzende Cem Özdemir, Bundespräsident Walter Steinmeier und Bundesaußenminister Sigmar Gabriel (beide SPD) zur Seite und plädierten für Heimat und Nation, ebenso der Publizist Jakob Augstein und Vertreter der Linkspartei. Der Ministerpräsident von Thüringen, Bodo Ramelow (Linke), legte ein Bekenntnis zur Heimat ab, die er sich »von keinem Nazi wegnehmen« lasse (Bierl 2020). Nein, es ist kontrafaktisch, wenn Wagenknecht versucht, SPD, Grüne und Linkspartei als vaterlandslose Gesellen abzustempeln.

Während Wagenknecht auf bald alle Fraktionen der Linken verbal eindrischt, redet sie Rassisten, Klimawandel- und Coronaleugner schön, bedient das Geraune über Bill Gates und die WHO im Kontext der Pandemie (Wagenknecht 2021, 10, 37, 226), verteilt Persilscheine an AfD-Politiker (ebd., 30, 192), attestiert Donald Trump, Viktor Orbán und der polnischen PiS-Partei eine gute Sozialpolitik (ebd., 183ff.) und greift rechte Ideologeme wie die *cancel culture* auf (ebd., 18, 31). Sie übernimmt gar faschistische Propaganda, wenn sie eine unkontrollierte Zuwanderung unterstellt (ebd., 10), angesichts hochgezogener Mauern und Zäune und zehntausenden von Toten im Mittelmeer, an den Landgrenzen der EU und in den Lagern.

Dabei gilt es festzuhalten, dass sie sich vom völkischen Nationalismus distanziert (ebd., 218, 235). Sie teilt mit dem geschmähten Linksliberalismus, der Regierungslinken, den Standortnationalismus. So beklagt Wagenknecht etwa, »wir« würden in der internationalen Konkurrenz zurückfallen (ebd., 14ff.). An anderer Stelle findet sich die Bemerkung: »Die massive Konzentration von Wirtschaftsmacht schwächt uns letztlich, denn sie minimiert die Fähigkeit, eine innovative Wirtschaft zu entwickeln.« (Fratzscher & Wagenknecht 2016) Mit »wir« und »uns« ist Deutschland gemeint, so wie in der *Bild*-Schlagzeile »Wir sind Papst« oder wenn »wir« Fußballweltmeister geworden sind, obwohl nur elf Mann auf dem Platz standen. Bei aller Aversion gegen die EU bezieht Wagenknecht klare Position, wenn es um den Kampf um Weltmarktanteile geht, wo das deutsche Kapital in der Konkurrenz mit den USA und China auf seine europäische Basis angewiesen ist. So attackiert Wagenknecht Apple, Google, Facebook und Microsoft und fordert eine »europäische Datenstrategie, die uns von den US-Datenkraken ebenso unabhängig macht wie von chinesischen IT-Ausrüstern« (Wagenknecht 2021, 245).

Ihr ordinärer Nationalismus ist ein zentraler Aspekt des neuesten Werks, wie Gauweiler richtig erkannt hat, welches Wagenknecht sicher nicht zufällig im Frühjahr zu Beginn des Bundestagswahlkampfs 2021 veröffentlichte. Sie lenkte damit die Aufmerksamkeit auf sich statt auf die Kampagne der Linken, bot den bürgerlichen Medien die Gelegenheit, die Partei einmal mehr als zerstritten darzustellen, verhielt sich also extrem parteischädigend und wurde dafür auch noch hofiert. Bereits im Titel ist von »Gemeinsinn und Zusammenhalt« die Rede. Immer wieder beschwört sie Gemeinwohl, Gemeinwesen, Gemeinsinn und Gemeinschaftswerte (Wagenknecht 2021, 9, 226, 333), denen sie ein ganzes Kapitel widmet (ebd., 205ff.). Die reale Klassengesellschaft deutet sie als »Gemeinschaftsprojekt«, das erst in jüngster Zeit zur »Assoziation von Egoisten« geworden sei (ebd., 94). Sie plädiert für »Nationalstaat und Wir-Gefühl«, wie etwa die Überschrift des neunten Kapitels lautet (ebd., 227), rühmt die »nationale Identität als Zivilisationsgewinn« und zitiert zustimmend Willy Brandt: »Wir können stolz sein auf unser Land.« (Ebd., 218) Solche Auffassungen finden sich auch bei Politiker*innen anderer Parteien, bei SPD und Grünen.

Die Beschwörung der nationalen Volksgemeinschaft läuft auf die These hinaus, dass nur ein Gefühl nationaler Zusammengehörigkeit, von gemeinsamer Identität, die Basis eines Sozialstaats sein könne (ebd., 123). Das ist die kaum verklausulierte Forderung nach Abschottung und Ausgrenzung von Migrant*innen und Geflüchteten, die in Deutschland zum größten Teil der Arbeiter*innenklasse angehören, auch wenn manche in ihren Herkunftsländern eine akademische Ausbildung genossen oder dem Kleinbürgertum angehört haben mögen. Was der gemeine Nazi bei nationalen Maifeiern auf Transparenten fordert, »Deutsche Arbeitsplätze nur für Deutsche«, preist Wagenknecht als Strategie an. Vorbild ist die Weimarer Republik, als es mit Hilfe der Gewerkschaften und der SPD gelungen sei, die Zuwanderung aus Osteuropa zu stoppen; bei der Einstellung hätten inländische Arbeiter Vorrang gehabt, maximal 200 000 ausländische Arbeitskräfte habe es in Deutschland gegeben, im Kaiserreich hingegen 1,2 Millionen (ebd., 154). Sie lobt Willy Brandt, der 1973 einen »kompletten Anwerbestopp« verhängt habe (ebd., 155). Generell gelte, dass bei starken Gewerkschaften in der zweiten Hälfte des 20. Jahrhunderts »Zuwanderer daher in der Regel kaum Zugang zum normalen Arbeitsmarkt der Industrieländer« hatten (ebd., 157).

Wie weit das Gespenst des Kommunismus nach rechts abgedriftet ist, lässt sich im Vergleich erkennen. 1999 hatte Wagenknecht Hetze gegen Ausländer, Geflüchtete und Sozialhilfeempfänger kritisiert, sie hatte Bundeskanzler Gerhard Schröder und den CSU-Chef Edmund Stoiber deswegen scharf gerügt. Ganz klar sprach sie sich gegen Abschiebungen und für die Aufnahme von Geflüchteten aus (Curieux & Wagenknecht, 25, 31f., 34). Seit 2015 ging Wagenknecht stattdessen Bundeskanzlerin Angela Merkel (CDU) an, weil diese die Grenze kurzzeitig für Geflüchtete, vor allem aus Syrien, geöffnet hatte.

Die Wertschätzung für Sekundärtugenden ist bei ihr unvermeidlich und findet sich auch im neuen Buch (Wagenknecht 2021, 63, 94, 123, 220). Der Neoliberalismus habe kein Interesse an Fleiß und Disziplin, behauptet sie, ausgerechnet im Kontext zu Bemerkungen über Margret Thatcher, einer Kleinbürgerin, die in dieser Hinsicht Wagenknecht kaum nachstand (ebd.,

94). Die 68er hätten sich »gegen den gesamten Wertekanon von ›Maß und Mitte‹ und die damalige Gesellschaft« gerichtet, die »immerhin den Arbeitern mehr Rechte, Konsummöglichkeiten und Aufstiegsoptionen eröffnet habe«, rügt Wagenknecht ähnlich wie die AfD (ebd., 96). Sie verharmlost die renazifizierte westdeutsche Gesellschaft mit ihren Prügelstrafen und Missbrauch in Schulen und Heimen, der Verfolgung von Homosexuellen, der Diskriminierung von Sinti und Roma oder der vom Bundesverfassungsgericht als legal erklärten Vergewaltigung von Frauen in der Ehe, und sie offenbart ihre Ignoranz gegenüber den Kämpfen der Arbeiter*innenbewegung, die die Lohnfortzahlung im Krankheitsfall und den freien Samstag in langen Streiks durchsetzen musste, während ihre demokratischen Rechte durch das Betriebsverfassungsgesetz von 1952 eingeschränkt wurden.

Wagenknecht ruft die »traditionellen Gemeinschaftswerte« an, verknüpft sie mit der Sehnsucht nach sicheren Arbeitsplätzen, Wohnvierteln und stabilen Familien und fragt dann rhetorisch, ob diese Werte nicht ein überzeugenderer Gegenentwurf zum »entfesselten Kapitalismus« seien als »der bindungslose Selbstverwirklichungs-Individualismus und die linksliberale Weltbürgerlichkeit« (ebd., 222f.). Welche traditionellen Werte sind gemeint? Dass das Weib dem Mann untertan sein möge, die Jungen den Alten gehorchen und dass Homosexelle als pervers bezeichnet werden? Es ist dieses Changieren im Unbestimmten, das so perfide ist, ebenso wie die Verknüpfung mit den Ängsten von

Lohnabhängigen vor dem Jobverlust. Das Bashing der Weltbürgerlichkeit, das Wagenknecht betreibt, ist nicht weit entfernt vom stalinistischen Verdikt gegen die Kosmopoliten oder dem Stereotyp des wurzellosen Weltjudentums der Völkischen.

Nach rechtsaußen anschlussfähig

Ähnlichkeiten mit faschistischen Konzepten sind nicht zufällig, gleichwohl ist Wagenknecht keine Faschistin. Sie distanziert sich vom völkischen Nationalismus, der auf Blut und Boden gründet, was die AfD im Wahlkampf auch getan hat. Sie vertritt eher einen Standortnationalismus, eine Variation, die vielen gar nicht als nationalistisch zu Bewusstsein kommt und Konsens in diesem Land sein dürfte. Ihr Plädoyer für nationale Identität, für Gemeinsinn und nationale Gemeinschaft könnte entgegen ihren kontrafaktischen Auslassungen über eine ominöse »Lifestyle-Linke« auch von Grünen und Sozialdemokrat*innen stammen. Wie diese ignoriert Wagenknecht die Existenz von Klassen, dass diese Gesellschaft immer schon gespalten ist in eine Minderheit, denen die Masse der Produktionsmittel gehört, und die große Mehrheit, die deshalb bangen muss, ob ihre Arbeitskraft gebraucht wird. Wer dieses fundamentale Faktum ausblendet, der landet bei der Chimäre einer homogenen Gesellschaft, letztlich dem Gedanken der Volksgemeinschaft. Ob Etiketten wie Linksnationalistin oder Linkspopulistin angebracht wären, sei dahingestellt, zumal der Begriff des Populismus in der öffentlichen Debatte derart oberflächlich und inflationär verwendet wird. Wichtig scheint mir, Wagenknecht nicht in die »rechte Ecke« zu stellen. Denn fast alles, was sie an kritikwürdigen Positionen verkündet, ist nicht originell, sondern findet sich in der Linken längst, gehört oftmals zum unreflektierten Traditionsbestand. Die antinationale Haltung einer Rosa Luxemburg war hingegen stets minoritär. Wagenknecht bündelt autoritäre, nationalistische und staatsfixierte Tendenzen, verbindet diese mit Ressentiments gegen »Superreiche« und »Giganten« (eines ihrer Lieblingswörter) und wirkt so als Brückenbauerin nach rechtsaußen.

Literatur

Abelshauser, Werner (2011): Deutsche Wirtschaftsgeschichte. Von 1945 bis zur Gegenwart, 2. überarb. u. erw. Auflage. München: Beck.

Berger, Axel (2016): Manchmal sparen sie wieder. *Jungle World* 35.

Bierl, Peter (2018): Einmaleins der Kapitalismuskritik. Münster: Unrast.

Bierl, Peter (2020): Keine Heimat nirgendwo. Eine linke Kritik der Heimatliebe. Berlin: Edition Critic.

Bierl, Peter (2021): Der Fehler liegt im System. *Hinterland* 49, 19–24.

Bischoff, Joachim, Ellen Brombacher, Sahra Wagenknecht (1995): Deutschland fünf Jahre vor der Jahrtausendwende. Zur Strategie der PDS in den nächsten Jahren.

Brost, Marc, & Stefan Lebert (2011): »Ich bin nicht Gretchen«. *Die Zeit* v. 21.7.

Curieux, Pierre, & Sahra Wagenknecht (1999): Kapital, Crash, Krise ...: kein Ausweg in Sicht. Fragen an Sahra Wagenknecht. Bonn: Pahl-Rugenstein Nachf.

Deininger, Roman, Andreas Glas & Klaus Ott (2021): Der Frontmann des Herrn Baron. *Süddeutsche Zeitung* v. 25.3.

Dietl, Stefan (2021): Kommunistische Minderheit. Der Kommunist Paul Merker setzte sich in der DDR für Israel ein. *Jungle World 28*, 15.7.

Elsässer, Jürgen, & Sahra Wagenknecht (1996): Vorwärts und vergessen. Ein Streit um Marx, Lenin, Ulbricht und die verzweifelte Aktualität des Kommunismus. Hamburg: Konkret Literatur Verlag.

Engels, Friedrich (1978): Die Entwicklung des Sozialismus von der Utopie zur Wissenschaft. MEW 19. Berlin: Dietz, 181–228.

Fratzscher, Marcel, & Sahra Wagenknecht (2016): Ungleichheit »Der Kampf tobt doch längst«. *Wirtschaftswoche* v. 18.3.

Gauweiler, Peter (2016): Die Entfremdeten. *Süddeutsche Zeitung* v. 29.3.

Gauweiler, Peter (2021): Sag es mit Dante. *Frankfurter Allgemeine Zeitung* v. 21.4.

Hegel, Georg Wilhelm Friedrich (1928a): Grundlinien der Philosophie des Rechts oder Naturrecht und Staatswissenschaft im Grundrisse (1821). Sämtliche Werke, Bd. 7.

Hegel, Georg Wilhelm Friedrich (1928b): Vorlesungen über die Philosophie der Geschichte. Einleitung (1822/23). Sämtliche Werke, Bd. 11.

Judick, Günter, Josef Schleifstein & Kurt Steinhaus (Hg.) (1989): KPD 1945–1968. Dokumente, Bd. 2. Neuss: Edition Marxistische Blätter.

Lenin, Wladimir I. (1970): Der Imperialismus als höchstes Stadium des Kapitalismus, in: Ausgewählte Werke, Bd. 1. Berlin: Dietz, 763–873.

Maier, Herbert (1979): Deutsche Kommunistische Partei (DKP), in: R. Kunz, ders. & T. Stammen, Programm der politischen Parteien in der Bundesrepublik Deutschland (II). München: C. H. Beck, 473–503.

Marx, Karl (2013): Das Kapital, Bd. 1. MEW 23. Berlin: Dietz.

Neues Deutschland (2021). Mal an einem Strang ziehen. *Neues Deutschland* v. 27.8.

Portman, Werner (2013): Proudhon und das Judentum, ein kompliziertes Verhältnis, in: J. Mümken & S. Wolf (Hg.), »Antisemit, das geht nicht unter Menschen«. Anarchistische Positionen zu Antisemitismus, Zionismus und Israel. Lich: Verlag Edition AV, 39–79.

Roth, Karl Heinz (1995): Das Ende eines Mythos. Ludwig Erhard und der Übergang der deutschen Wirtschaft von der Annexions- zur Nachkriegsplanung (1939–1945). Teil I: 1939 bis 1943. *1999 Zeitschrift für Sozialgeschichte des 20. und 21. Jahrhunderts*, 53–93.

Roth, Karl Heinz (1998): Das Ende eines Mythos. Ludwig Erhard und der Übergang der deutschen Wirtschaft von der Annexions- zur Nachkriegsplanung (1939–1945). Teil II: 1943 bis 1945. *1999 Zeitschrift für Sozialgeschichte des 20. und 21. Jahrhunderts*, 92–121.

Roth, Karl Heinz (1999): Das Ende eines Mythos. Ludwig Erhard und der Übergang der deutschen Wirtschaft von der Annexions- zur Nachkriegsplanung (1939–1945). Teil III: 1939 bis 1943. Fortsetzung und Schluß. *1999 Zeitschrift für Sozialgeschichte des 20. und 21. Jahrhunderts*, 73–91.

Sablowski, Thomas (2020): Der Klassencharakter der deutschen Politik in der Corona-Krise (2020). https://www.zeitschrift-luxemburg.de/der-klassencharakter-der-deutschen-politik-in-der-coronakrise (Abruf 21.4.2020).

Schneider, Christian (2019): Sahra Wagenknecht. Die Biographie. Frankfurt/M.: Campus.

Schütt, Hans-Dieter (1995): Zu jung, um wahr zu sein? Gespräche mit Sahra Wagenknecht. Berlin: Dietz.
Wagenknecht, Sahra (1994): Wohin geht die PDS? *Junge Welt* v. 31.12.
Wagenknecht, Sahra (1995): Antisozialistische Strategien im Zeitalter der Systemauseinandersetzungen. Zwei Taktiken im Kampf gegen die sozialistische Welt. Bonn: Pahl-Rugenstein Nachf.
Wagenknecht, Sahra (1997a): Vom Kopf auf die Füße? Zur Hegelkritik des jungen Marx oder das Problem der dialektisch-materialistischen Wissenschaftsmethode. Bonn: Pahl-Rugenstein Nachf.
Wagenknecht, Sahra (1997b): Was ist heute noch links? *Konkret 10*. In: Curieux & Wagenknecht, 158–159.
Wagenknecht, Sahra (1998a): Unser Platz in der »besten aller Welten«. Diskussionsbeitrag auf dem PDS-Parteitag in Schwerin, April 1998, in: Curieux & Wagenknecht, 160–163.
Wagenknecht, Sahra (1998b): Kommunistisches Manifest oder neokeynesianische Sozialreform? Rede auf der Rosa-Luxemburg-Konferenz der Jungen Welt, 10.1.1998, in: Curieux & Wagenknecht, 164–178.
Wagenknecht, Sahra (2002): Die PDS hat eine gute Substanz. *Jungle World* v. 16.1.
Wagenknecht, Sahra (2003): Kapitalismus im Koma. Eine sozialistische Diagnose. Berlin: Edition Ost.
Wagenknecht, Sahra (Hg.) (2007): Armut und Reichtum heute. Eine Gegenwartsanalyse. Berlin: Edition Ost.
Wagenknecht, Sahra (2009): Wahnsinn mit Methode. Finanzcrash und Weltwirtschaft. Berlin: Das Neue Berlin.
Wagenknecht, Sahra (2013): Freiheit statt Kapitalismus. Über vergessene Ideale, die Eurokrise und unsere Zukunft. Frankfurt/M.: Campus.

Wagenknecht, Sahra (2016): Reichtum ohne Gier. Wie wir uns vor dem Kapitalismus retten. Frankfurt/M.: Campus.

Wagenknecht, Sahra (2021): Die Selbstgerechten. Mein Gegenprogramm – für Gemeinsinn und Zusammenhalt. Frankfurt/M.: Campus.

Wiethold, Franziska (2021): Wie ernst nimmt Sahra Wagenknecht die soziale Frage? Eine Replik auf ihren letzten Text. *Sozialismus, Supplement 12.*

ZDF-Politbarometer (2021): Vertrauensbonus für Scholz, 10.12.21, https://www.zdf.de/nachrichten/politik/politbarometer-scholz-bundeskanzler-ampel-corona-100.html (Abruf 29.12.21).

Wolfgang Veiglhuber

Gemeinsinn, Zusammenhalt und Nation: Eine nationale Perspektive ohne Kapitalismuskritik

1. Vorwort

Sahra Wagenknecht, prominentes Aushängeschild ihrer Partei in Öffentlichkeit und Medien, hat mit dem Buch *Die Selbstgerechten* (2021)[1] neben einer Generalabrechnung mit »Lifestylelinken«, »Linksliberalen«, »linken Parteien« und Teilen ihrer eigenen Partei keine Zweifel daran gelassen, wie ihre Analyse des gegenwärtigen Kapitalismus und ihr Staatsverständnis gelagert sind und worauf es ihr in »Mein Gegenprogramm – für Gemeinsinn und Zusammenhalt« (so der Untertitel des Buches) im Kern ankommt: »Die im zweiten Teil skizzierte Programmatik wäre für mich die einer echten sozialen Volkspartei. Einer Partei, die nicht zur weiteren Polarisierung der Gesellschaft beiträgt, sondern zur Revitalisierung von Gemeinwerten« (W, 17). Nachdem die Autorin auf Kapitalismuskritik völlig verzichtet und stattdessen gelegentlich »Kapitalistenkritik« (v. a. Finanzkapitalistenkritik) übt, sich aber ihre Kritik letztlich allein auf den »Neoliberalismus« als bürgerliche Politikvariante bezieht, soll zunächst erörtert werden, was denn der »Gemeinsinn«, den sie propagiert, in einer Klassengesellschaft, die sie nicht abschaffen

1 Im Folgenden zitiert (W, Seitenzahl).

will, für Lohnabhängige bedeutet. Dem folgt eine Auseinandersetzung mit den Positionen der Autorin zu nationaler Identität, Geschichte und nationaler Kultur sowie mit ihrem prinzipiell affirmativen Staatsverständnis. Letztlich soll nachgewiesen werden, dass es der Autorin um eine Art »linke Volksgemeinschaft« geht, die sich allerdings, obwohl es Übereinstimmungen in einzelnen Formulierungen gibt, von Björn Höckes Programm eines »solidarischen Patriotismus« (Höcke 2019) unterscheidet. Denn die Autorin steht diesbezüglich durchaus in gewissen Traditionen der Arbeiter- und Gewerkschaftsbewegung. Deshalb kann am Ende nicht darauf verzichtet werden, darzulegen, dass nicht nur Wagenknecht zu kritisieren ist, sondern auch einschlägige Positionen der historischen Arbeiter- und Gewerkschaftsbewegung. Trotzdem ist klar: Die Beliebtheit und Akzeptanz der Autorin nicht nur in Teilen ihrer eigenen Partei, sondern auch unter Bürgerlichen und Rechten liegt nicht nur an deren vordergründigen polemischen Absichten (auf einem AfD-Plakat nach Erscheinen ihres Buches stand: »Sahra hat Recht«), sondern auch an den Übergängen und Brücken, die die Autorin den Bürgerlichen und den Rechten analytisch-theoretisch anbietet.

2. Gemeinsinn in der Klassengesellschaft

Die Ausgangsthese der Autorin lautet: »Denn auch Deutschland ist tief gespalten. Auch hier zerfällt der gesellschaftliche Zusammenhalt. Auch in unserem

Land ist aus dem gesellschaftlichen Miteinander ein über weite Strecken feindseliges Gegeneinander geworden. Gemeinwohl und Gemeinsinn sind Worte, die aus der Alltagssprache nahezu verschwunden sind« (W, 9). Sie führt diesen Zerfall zurück auf den »Verlust an Sicherheit und Gemeinsamkeit [...], der mit dem Abbau der Sozialstaaten, der Globalisierung und den wirtschaftsliberalen Reformen verbunden war« (W, 14). Basis von Gemeinsinn sei »die Unterscheidung von zugehörig und nicht zugehörig« (W, 205). Denn: »Wer sich mit seinem Dorf, seiner Region oder seinem Land identifiziert, fühlt sich all denen, die in einem bestimmten Territorium leben und seine Traditionen, seine Kultur und seine Brauchtümer pflegen, enger verbunden als Menschen, für die das nicht gilt« (W, 206). Innerhalb der einzelnen Länder brauche es den »Kitt einer gemeinsamen Identität und gemeinsamer Werte« (W, 210). Auch »eine Ökonomie, die auf einem gewissen Fundus an Gemeinsamkeit und Vertrauen aufbauen kann, [funktioniert] besser als eine, die ohne dieses Fundament auskommen muss« (W, 213), und entsprechend »[identifizieren] die Mitarbeiter sich mit ihrem Betrieb« (ebd.). Sie bemängelt, dass sich die Menschen »immer weniger als Teil eines gemeinsamen Ganzen empfinden« (W, 214). »Aber eine Gesellschaft, die ihre Traditionen, ihre Werte und ihre Gemeinsamkeiten zerstört, zerstört den Kitt, der sie zusammenhält« (ebd.). Sie führt daher auch die modernen europäischen Sozialstaaten auf gemeinsame Werte und Bindungen zurück. Die Gesellschaften in den nationalen Begrenzungen seien von Arbeitern und der Mittelschicht »als eine Art Gemeinschaftsprojekt [!]« (W, 215) begriffen worden: »Gemeinsinn, Solidarität, Mitverantwortung für das Gemeinwesen waren zu dieser Zeit [gemeint ist die Zeit nach dem Zweiten Weltkrieg, W. V.] in großen Teilen der Gesellschaft anerkannte Werte, gegen die sich zu wenden als unmoralisch galt« (ebd.). Für die Autorin gilt das aber nur für die zur Nation Gehörigen, für die die Nationen »Schutzräume« (W, 218) darstellen, quasi als »Schicksalsgemeinschaft aller Staatsbürger« (ebd.). Das daraus entstandene gemeinschaftsorientierte Wertesystem sei nicht zuletzt durch Merkels »hohe Zuwanderung« (W, 221) unter Druck geraten, »und wertvolle Bindungen, die Menschen Halt und Stabilität im Leben gegeben haben« (ebd.), seien aufgelöst worden. Faires Miteinander und Zusammenhalt in der Gesellschaft sind für die Autorin unbedingt zu bewahrende Wertvorstellungen, sie sind geradezu unabdingbare Voraussetzungen für eine fortschrittliche Politik.

Zur Auseinandersetzung mit Wagenknecht sind in diesem Zusammenhang folgende Punkte wesentlich:

1. Die Autorin klärt keinen einzigen von ihr verwendeten Begriff. Sie erläutert nicht, was »gesellschaftlicher Zusammenhalt« oder »Gemeinwohl« in einer Klassengesellschaft bedeuten sollen. Hätte sie das gemacht, wäre ihr vielleicht aufgefallen, dass die tiefe Spaltung des Landes, die sie beklagt, möglicherweise mit der kapitalistischen Grundstruktur und der Eigentumslosigkeit der meisten Leute zu tun hat. Diese

nötigt einen Großteil der Menschen, ihre Arbeitskraft zu verkaufen, und zwar an den, der sich von der Be- und Vernutzung derselben eine Vergrößerung seines Eigentums verspricht; nur deshalb werden Arbeitsplätze überhaupt eingerichtet. Denn das Verwertungsinteresse der Kapitale ist nicht einfach irgendeines von unzähligen Interessen in der Gesellschaft, sondern das zentrale Ausgangsinteresse in kapitalistischen Gesellschaften, dem Lohnabhängige unterworfen sind bzw. sich unterwerfen. Mit der Lohnabhängigkeit ist somit ein grundlegendes Herrschaftsverhältnis konstituiert, dem Teile der Lohnabhängigen die Organisierung in Gewerkschaften entgegengesetzt haben und entgegensetzen. Dies, um überhaupt in eine Verhandlungsposition zu kommen, von der aus die Arbeits- und Lebensverhältnisse gesichert und verbessert werden können. Martin Kannegießer, Chef von Gesamtmetall (2000 bis 2012), stellte ebenso hellsichtig wie aufklärend klar, worum es bei der Anwendung menschlicher Arbeitskraft geht: »Aufgabe der Tarifpolitik ist es, dass jeder den Lohn erhält, den er – gemessen an seiner Leistung – verdient. Man muss *aber auch* [Herv. W. V.] die persönlichen Notwendigkeiten eines Menschen berücksichtigen. Was braucht er zum Leben? Das auszugleichen ist die Aufgabe der Solidargemeinschaft« (7.3.2012 im *Stern*). Kannegießer reißt Lohnarbeit und Lebensunterhalt radikal auseinander. Er klärt darüber auf, dass der Lebensunterhalt der Leute ihn und seine Klassenbrüder eigentlich nichts angeht, dass die Lebensnotwendigkeiten, wenn überhaupt, von der

»Solidargemeinschaft« gesichert werden müssten und nicht durch die – aus seiner Sicht ohnehin immer zu hohen – Löhne. Wagenknecht will mit ihren Begriffsbildungen von alledem nichts wissen. Nichts davon, dass der Inhalt des Begriffs »Klassengesellschaft« eine grundlegende Kritik darstellt, daran nämlich, dass die überwiegend eigentumslose Mehrheit der Bevölkerung in der Regel lebenslänglich auf die Vermehrung fremden Eigentums und damit fremden Reichtums verpflichtet ist. Sie affirmiert diese Verhältnisse geradezu, denn der von ihr gelobte »gesellschaftliche Zusammenhalt«, dem häufig beschworenen »sozialen Frieden« nicht unähnlich, bedeutet nichts anderes als die kritiklose Unterwerfung unter die Imperative der Kapitalverwertung. Von all dem ist bei Wagenknecht nicht die Rede, diese elementare Spaltung kapitalistischer Gesellschaften interessiert sie nicht.

2. Wenn Wagenknecht zwischen »zugehörig und nicht zugehörig« (W, 205) unterscheidet, geht es ihr nicht um soziale Unterscheidungen und deren Analyse, sondern sie unterscheidet nach dörflicher, regionaler und nationaler Herkunft sowie nach Traditionen, Kultur und Brauchtümern (W, 206), wie auch nach gemeinsamer Identität und gemeinsamen Werten (W, 210). Allesamt also Bestimmungen, die recht rücksichtslos von den Bedingungen der Produktion und Reproduktion der Menschen in kapitalistischen Gesellschaften abstrahieren. Ihre Unterscheidung der Menschen in »Wir« und »Die« nimmt nicht Maß an den wirklichen Lebensverhältnissen und den entsprechenden Gegen-

sätzen, sondern konstruiert harmonische Verhältnisse auf lokaler, regionaler und nationaler Ebene. Dabei entgeht ihr, dass diese angeblichen Gemeinsamkeiten von den jeweiligen Staaten gestiftete Gemeinsamkeiten sind, die von arm und reich, oben und unten, also von Klassen und Klassenverhältnissen ganz prinzipiell absehen. Somit sitzt sie der »illusorische[n] Gemeinschaftlichkeit« (Marx & Engels 1969, 33) und dem »illusorische[n] ›Allgemein‹-Interesse als Staat« (ebd., 34) der »zugehörigen« Staatsbürger auf und verlängert diese Zugehörigkeit hinsichtlich der Lohnabhängigen obendrein auf deren Identifikation mit »ihrem Betrieb« (W, 213).

3. Es ist daher folgerichtig, dass Wagenknecht die kapitalistischen Gesellschaften nach dem Zweiten Weltkrieg »als eine Art Gemeinschaftsprojekt« (W, 215) von Arbeitern und Mittelschicht fasst. Die Nationen werden begriffen als »Schutzräume« (W, 218) für die »Zugehörigen«, sozusagen für die berechtigten urdeutschen Staatsbürger. Das ist für eine »linke« Politikerin und Autorin durchaus bemerkenswert. Der staatliche Überbau über dem kapitalistischen Getriebe (siehe Kapital 4 in diesem Beitrag) wird von ihr zu einem »Schutzraum« umgedeutet, als würde nicht gerade der bürgerliche Staat mit seinen Funktionen für eine möglichst reibungslose Kapitalakkumulation (Sicherung des Eigentums, Rechtssetzung etc.), also für die Anwendung der Lohnarbeit als Mittel der Reichtumsproduktion, erst dafür sorgen, dass Lohnabhängige überhaupt des Schutzes bedürfen. Die praktische Stel-

lung dieses »Schutzraumes« (Staates) zu den »zugehörigen« deutschen Staatsbürgern ist nämlich geprägt von einer beinharten Beurteilung ihrer Nützlichkeit (z. B. gegenüber Hartz-IV-Empfängern, Arbeitslosen, Alten auf Pflegestationen etc.) und einem häufig ruppigen Umgang mit ihnen (vgl. Veiglhuber 2016). Das praktische Leben im »Schutzraum« ist für viele alles andere als gemütlich. Wagenknechts Behauptung, dass Merkels »hohe Zuwanderung« (W, 221) ein grundsätzlich gemeinschaftsorientiertes Wertesystem unter Druck gesetzt habe, bringt nicht nur ihre beschönigende Sicht auf einen garantiert ethnisch sauberen deutschen Kapitalismus zum Ausdruck, sondern macht, und das ist reichlich perfide, Flüchtlinge dafür verantwortlich, dass moderne kapitalistische Verhältnisse und Entwicklungen Menschen in existenziell schwierige Lebenslagen bringen (vgl. den Text von Wendl in diesem Band). Diesen Verhältnissen entkommen sie jedoch weder durch die Verhinderung von Einwanderung noch durch den Wagenknecht'schen »Gemeinsinn«, hinter dem bei ihr die Ethnisierung sozialer Fragen nur notdürftig verhüllt ist. Das Aufhetzen deutscher Lohnabhängiger gegen migrantische Lohnabhängige widerspricht jeglicher Klassensolidarität und obendrein den Grundprinzipien der Einheitsgewerkschaft: »Hier verstößt sie fundamental gegen den Gedanken der inneren Klasseneinheit der abhängig Beschäftigten« (Wendl 2021, 67).

3. Nationale Identität, Geschichte und Kultur

Es wurde bereits darauf hingewiesen, wie wichtig Wagenknecht der Unterschied ist zwischen denen, die dazugehören, und denen, die nicht dazugehören (W, 218). Deshalb ist es nur konsequent, dass sie der Nation und ihren Angehörigen große Aufmerksamkeit schenkt, gar die »Schicksalsgemeinschaft aller Staatsbürger« (ebd.) anruft, die ein »Wir-Gefühl« erzeuge, das derzeit in Auflösung begriffen sei (W, 219). »Jahrhundertelange Gemeinschaftserfahrungen« (ebd.) hätten dazu geführt, dass die Menschen nach Zugehörigkeiten unterscheiden. »Nationen entstehen durch eine gemeinsame Kultur und Sprache, durch geteilte Werte, gemeinsame Traditionen, Mythen und Erzählungen, aber auch durch eine gemeinsame politische Geschichte« (W, 235). Erstaunlich ist, dass Wagenknecht in ihrem Text die Solidarität der Arbeiterschaft auf dieselbe Ebene stellt wie nationale »Gemeinschaftsbindungen«, wo doch die schiere Existenz von Gewerkschaften und Arbeiterparteien die Ideologie der nationalen Gemeinschaft tagtäglich dementiert. Die Faschisten haben das begriffen, weswegen sie Gewerkschaften und Arbeiterparteien, egal ob sie sich angepasst oder widerspenstig verhalten, historisch und aktuell ablehnen bis hin zur terroristischen Eliminierung. Auch die »alten Arbeitermilieus« (W, 225) setzt sie mit nationalen Vergemeinschaftungsvorstellungen gleich, obwohl diese Milieus im Unterschied zu nationalistischen Gemeinschaftsvorstellungen in der Klassenexistenz wurzelten und gerade den Ausschluss aus den akzeptierten bürgerlichen Räumen der Nation bedeuteten. Sie stellt deshalb fälschlicherweise »nationale Identitäten und die Sehnsucht nach Stabilität, Vertrautheit und Zusammenhalt« (W, 226) auf dieselbe Ebene. Die Grundposition Wagenknechts hierzu lautet: »Die Prägung des Menschen durch seine Geschichte und nationale Kultur ist daher auch kein Gefängnis, aus dem man ihn befreien muss. Menschen streben nicht nur nach Freiheit und Autonomie, sondern auch nach Anerkennung, Zugehörigkeit und Gemeinsamkeit« (W, 224). Mit dem von ihr festgestellten Auflösungsprozess der »Gemeinschaftswerte« meint sie recht eindeutig nationale Werte und nicht etwa den Organisationsgrad der Gewerkschaften, die Abnahme der Tarifbindung oder die Zunahme von Unternehmen ohne Betriebsrätestrukturen. Eine Frage sticht außerdem zwangsläufig ins Auge: Wie kommt die Autorin nur dazu, die Abnahme nationaler Werte zu beklagen, wo doch europa- und weltweit gerade nationalistische und faschistische Bewegungen auf dem Vormarsch sind?

Zur Auseinandersetzung mit Wagenknecht sind in diesem Zusammenhang folgende Punkte wesentlich:

1. Wagenknecht begreift nationale Identität und nationale Einheit als zentrale Kategorien, bevor sie auf andere gesellschaftliche, ökonomische und politische Gesichtspunkte Bezug nimmt. Die Menschen werden unabhängig von ihrer Klassenzugehörigkeit, ihrer Stellung in der Gesellschaft und ihren Interessen als Einheit begriffen, also ohne weitere kritische Problema-

tisierung vorausgesetzt: »Dabei wird nicht geleugnet, dass die diversen ›Volksgenossen‹ ihre Mitgliedschaft in der Nation sehr unterschiedlich genießen, bzw. bezahlen; dies wird nur anders gedeutet: als unterschiedlicher Dienst, den die gesellschaftlichen Stände der ›gemeinsamen Sache‹ bringen. Als ›nationales Kollektiv‹ wird die Manövriermasse der Staatsgewalt zweitens zum Subjekt all dessen ernannt, was ihre Herrschaft mit ihr anstellt. Alles, was mit ihm geschieht, wird dem Volk als seine ›Geschichte‹ zugeschrieben. Die Ergebnisse politischer Herrschaft, die sich einen ganzen Menschenschlag zum Mittel macht, werden so verwandelt in den gemeinschaftlichen Lebensprozess eines fiktiven kollektiven Subjekts« (Dillmann o. J., 1f.).

2. Auch bei Wagenknecht findet man die Vorstellung, es gebe so etwas wie eine vorstaatliche quasi volksmäßige Identität von Menschen. Diese sei vermittelt über Sprache, Abstammung, Kultur und Geschichte und ergebe zusammen genommen so etwas wie »nationale Identitäten« (W, 226) und ein Bewusstsein vom »Wert nationaler Zusammengehörigkeitsgefühle« (W, 218). Diese führten dazu, dass sich die zugehörigen Menschen in Nation und Staat eine entsprechende politische Form gegeben hätten (ebd.). »An diesem Bild stimmt nichts. Weder haben die Mitglieder von Nationen die angeführten Versatzstücke als ihre Quasi-Merkmale gemeinsam, noch konstituieren Natur, Abstammung, Geschichte, Sprache und Kultur eine politisch relevante Gemeinsamkeit« (Auinger 2000, 32). Auch eine gemeinsame Sprache stiftet, wie Auinger zu Recht betont, keine

politische Gemeinsamkeit; eine gemeinsame Sprache wird gerade von Staat und Politik ins Werk gesetzt, und zwar durch die Bestimmung einer Nationalsprache (vgl. Hobsbawm 1991; nach Sandleben 2003, 120f.). Genauso werden Kulturgüter von Staaten zur Pflege des Nationalen genutzt und gefördert und zum Mittel in der Konkurrenz der Nationen gemacht, zur Nationalkultur ideologisiert, obwohl künstlerische Hervorbringungen aller Art höchst individuelle Leistungen sind, die nicht selten »internationale« Einflüsse verraten. Auch der ständige Verweis auf eine gemeinsame Geschichte ist ein staatlich-politisches Werk zum Zweck der Formierung der Menschen zu einem nationalen Kollektiv und um bei Bedarf hinsichtlich aktueller Fragen die entsprechenden Gegnerschaften zu pflegen. Welche Gemeinsamkeit unter den Menschen sollte denn auch von einer »gemeinsamen Geschichte« gestiftet werden, wo doch diese Geschichte prall gefüllt ist mit größeren und kleineren Gemeinheiten der jeweiligen Herrschaften gegenüber dem ihnen unterworfenen »Menschenmaterial«?

3. Wagenknechts Vorstellung der Gemeinsamkeit der Menschen in der jeweiligen Nation beruht (wie bei Bürgerlichen und bei Rechten) auf der Einbildung, die Völker seien »klar voneinander abgegrenzte, stabile und objektiv identifizierbare soziale und kulturelle Einheiten, [...] die sich durch eindeutige und unveränderliche Merkmale wie Sprache, Religion, Brauchtum und Nationalcharakter unterscheiden. Diese Völker sollen entweder in einem fernen Moment der Prähistorie ent-

standen sein oder im Laufe eines Prozesses, der sich irgendwann im Mittelalter vollzog und ein für alle Mal endete« (Geary 2002, 20). Dabei werde, so argumentiert Geary richtig, immer unterstellt, es gebe eine Art »erste Landnahme«. Entgegen nationaler Ideologie sind die vermeintlichen Völker Europas eine neuere Erfindung. Der ethnische Nationalismus ist ein Erzeugnis des 19. Jahrhunderts. Und zwar erzeugt von der modernen Geschichtswissenschaft, die selbst wiederum dem 19. Jahrhundert entstammt und »als Instrument des europäischen Nationalismus geplant und entwickelt wurde. Die Geschichte der europäischen Nationen leistete der nationalistischen Ideologie hervorragende Dienste, hatte aber zur Folge, dass unser Verständnis der Vergangenheit eine Mülldeponie für das Gift des ethnischen Nationalismus darstellt, das tief ins allgemeine Bewusstsein eingesickert ist« (ebd., 25).

4. Wagenknechts gesamte Erörterungen zu Nation und nationaler Identität beruhen letztlich darauf, von den Unterschieden der Menschen in ihrem realen Leben zunächst zu abstrahieren. Dabei kommt das, was das wirkliche Leben in einer Klassengesellschaft ausmacht, nicht vor: weder die abhängige Arbeit noch die unterschiedlichen bzw. gegensätzlichen Interessen als Arbeiter, Mieter, Rentner, Manager oder Hausbesitzer, aber auch nicht die Gegenwehr gedeckelter Menschen. Es erstaunt, dass eine führende Figur der Linkspartei mit enormer Öffentlichkeitswirkung tatsächlich die nationale Zugehörigkeit als die wirkliche Identität der Menschen definiert, und das unter Abstraktion von

den praktischen Unterschieden in der Alltagsexistenz. Und das, obwohl sie sich ständig zur Fürsprecherin der kleinen Leute stilisiert. Aber anstatt sich als Linke darüber Gedanken zu machen, wie politisch mit diesem massenhaft vorfindbaren Alltagsbewusstsein umzugehen ist, affirmiert sie dieses Bewusstsein geradezu und teilt den Lesern mit, dass es daran nichts zu kritisieren gibt (W, 235). Ihr fällt dabei nicht auf, dass das Bewusstsein von nationaler Identität die Haltung einer kritiklosen Mitmacherei befördert und gerade nicht das theoretische und praktische Austragen von Gegensätzen. Sie könnte wenigstens reflektieren, wer sie in den letzten Jahren gelobt und medial hofiert hat und vor allem *warum*: Gauweiler, Gauland, Poschardt, Höcke, *BILD TV* und *FAZ*.

5. Dem unkritischen Bezug Wagenknechts auf Nation und nationale Identität muss deshalb abschließend entgegengehalten werden, dass die modernen Nationalstaaten und damit auch die Trennung von politischer und ökonomischer Herrschaft Resultate des sich herausbildenden Kapitalismus im 18. und 19. Jahrhundert sind, somit ein historisch betrachtet spätes Produkt, »ein modernes Phänomen« (Mense 2016, 43; vgl. Jünke 2014, 105). »Dieses staatlich umhegte ›Ganze‹ von Kapital und Arbeit wird dann, in den einzelnen Ländern in unterschiedlichem Ausmaß, als Nation angerufen, als imaginierte Schicksalsgemeinschaft eines ›Volkes‹, das über eine angeblich ›gemeinsame‹ Geschichte und Kultur konstruiert wird« (Heinrich 2004, 218). Hier sei noch einmal an die Geschichtswissenschaft erinnert

und an »die populistische Seite der Nation« (Sandleben 2003, 121), die die Nationalisierung der Menschen mit Schulen, Militär, aufkommenden Massenmedien, Kunst und Kultur, Denkmälern, Gedenktafeln, Vereinen, Sport und ebenden Geschichtserzählungen bewirkte und heute in zeitgemäßer Form weiter bewirkt (ebd.). Hierauf beruht ideologisch auch die von Wagenknecht so geschätzte Scheidung in »Zugehörige« und »nicht Zugehörige«. Sie will sich nicht lösen von der Vorstellung einer vorstaatlichen Volkszugehörigkeit, von einer vorstaatlichen Gemeinschaft, und verfehlt damit den Zusammenhang von »Volk« und Staat ums Ganze und damit auch die Entstehung der Figuren des »Inländers« und des »Ausländers«: »Die Tatsache, dass es Deutsche, Franzosen, Polen etc. gibt, kann gar nicht anders zustande kommen als dadurch, dass sich eine Staatsgewalt mit ihrem Hoheitsanspruch über Land und Leute innerhalb eines bestimmten Territoriums etabliert, sich damit gegen andere Staaten behauptet und ihren Hoheitsanspruch in Gestalt der so geschaffenen Nation konsolidiert. Dann gibt es Deutschland, Frankreich, Polen etc. und ein jeweils dazugehörendes Volk – als Produkt eines Staates, der aus den Menschen, die auf dem von ihm regierten Territorium leben, ›sein‹ Volk macht, das er sich zuordnet, mit entsprechenden Ausweisdokumenten versorgt, auf das Befolgen seiner Gesetze verpflichtet usw.« (Gloel et al. 2017, 102) Man stelle sich für einen Moment einen Menschen und seine staatlichen Zugehörigkeiten vor, der 1905 in Wien geboren und 1980 in Wien gestorben ist!

4. Das Staatsverständnis von Wagenknecht

Wagenknechts Erörterungen zum »Nationalstaat« (Überschrift: »Nationalstaat und Wir-Gefühl«, W, 227ff.) beginnen mit dem Befund, zwischen Wirtschaftsliberalen und Linksliberalen bestehe Übereinstimmung beim gemeinsamen »Abgesang auf den Nationalstaat« (W, 227); beiden gehe es um »die Vision einer Weltregierung [...] als verheißungsvolle Zukunftsperspektive« (ebd.). Gerade die »Neoliberalen« verfolgten »die Idee, den Staat zusätzlich von außen seiner Souveränität und Gestaltungsmöglichkeit zu berauben« (W, 228). Demgegenüber betont sie, dass die Nationalstaaten sehr wohl handlungsfähig und in ihrer angeblichen Machtlosigkeit nicht überholt seien (W, 229). Die Nationalstaaten seien die einzigen Kräfte, die zur Umverteilung und zur sozialen Absicherung fähig seien (ebd.). Und innerhalb der Nationalstaaten komme es auf den Willen an, ob Politik im Interesse der »ressourcenstarken Minderheiten« oder »der Mehrheit der Staatsbürger« betrieben werde, wozu es aber der Wiederherstellung der Demokratie in den einzelnen Nationalstaaten bedürfe (W, 231). Ohne nun zu erläutern, was Demokratie ist, warum sie nicht mehr existiert (sonst müsste sie ja nicht wiederhergestellt werden) und welche Funktionen der bürgerlich-demokratische Staat stets erfüllen muss, bezieht sie sich jedoch wie an vielen anderen Stellen ihres Buches auf Identitätsfragen: »Eine funktionierende Demokratie benötigt tatsächlich mehr Gemeinsamkeit als eine gemeinsame Sprache, und als gemeinsames Wertgerüst reicht das Bekenntnis zum Grundgesetz nicht aus. [...] Wenn man den Begriff Leitkultur sinnvoll definieren will, sollte man darunter die durch kulturelle Überlieferung, Geschichte und nationale Erzählungen begründeten spezifischen Werte und typischen Verhaltensmuster innerhalb einer Nation verstehen, die Teil ihrer gemeinsamen Identität sind und auf denen ihr Zusammengehörigkeitsgefühl beruht« (W, 240). Und so hängt sie sich an die Parole der »Leave«-Kampagne in Großbritannien an: »Take back control«, eine Kontrolle, die die Nationalstaaten (also auch Deutschland!) insbesondere wegen der EU angeblich nicht mehr ausüben könnten. Sie pocht auf volle nationale Souveränität, wodurch »ein Mehr an Demokratie und sozialer Sicherheit« (ebd., 243) hergestellt werden könne.

Mehr staatstheoretische Erörterungen sind im Kern in Wagenknechts Buch nicht zu finden. Für eine führende Repräsentantin der Linkspartei haben die es allerdings in sich.

Zur Auseinandersetzung mit Wagenknecht sind in diesem Zusammenhang folgende Punkte wesentlich:

1. Zunächst fällt auf, dass Wagenknecht ohne jede Darlegung zur Frage des Staates in kapitalistischen Gesellschaften auskommt. Letztendlich ist der (National-)Staat in ihren Ausführungen eine Instanz, mit der beliebig verfahren werden kann: entweder sozialstaatlich im Sinne einer »sozialen Volkspartei« oder eben neoliberal. Ganz offensichtlich begreift sie den Staat als irgendwie »einfach vorhanden«. Und so

kann er Instrument der herrschenden Klasse sein (des Finanzkapitals also, denn das von ihr so geschätzte schaffende Kapital, den »guten Unternehmer«, kann sie nicht meinen) oder aber Instanz der gerechten Verteilung des gesellschaftlichen Reichtums. Historisch nimmt sie auf die Entstehung moderner bürgerlicher Staaten nur insofern Bezug, als sie auf die Volkszugehörigkeit und deren Voraussetzungen abhebt (Sprache, Abstammung, Kultur, Geschichte), mithin auf Fragen der »nationalen Identität« und nicht auf die Staatenbildung im Zusammenhang mit der Entstehung und Entwicklung der kapitalistischen Produktionsweise (Hirsch 2005, 50ff.) und der damit verbundenen Trennung von politischer und ökonomischer Herrschaft. Auch die grundlegende Frage, wie überhaupt Staat und Politik einzuordnen sind »als soziale Formen, d.h. als eine[] bestimmte[] Weise, den gesellschaftlichen Zusammenhang zu vermitteln« (Heinrich 2004, 202; vgl. Zeiler 2017, 77ff.), interessiert sie nicht. Marx hat dieses Defizit bereits 1875 in seiner *Kritik des Gothaer Programms* so beschrieben: »Die deutsche Arbeiterpartei – wenigstens, wenn sie das Programm zu dem ihrigen macht – zeigt, wie ihr die sozialistischen Ideen nicht einmal hauttief sitzen, indem sie, statt die bestehende Gesellschaft (und das gilt von jeder künftigen) als Grundlage des bestehenden Staats (oder künftigen, für künftige Gesellschaft) zu behandeln, den Staat vielmehr als ein selbständiges Wesen behandelt, das seine eignen ›geistigen, sittlichen, freiheitlichen Grundlagen‹ besitzt« (Marx 1978, 28).

2. Da Wagenknecht sowohl auf Kapitalismuskritik wie auf Staatskritik verzichtet, sind bei ihr der Neoliberalismus und die ihn umsetzenden politischen Subjekte der Grund für die Probleme des kleinen Mannes und der kleinen Frau (diese Wortwahl ist dem paternalistischen Duktus von *Die Selbstgerechten* angemessen). Bei ihr existiert kein ökonomisches System und auch kein Staat, der die ökonomischen Grundverhältnisse von Eigentum, abhängiger Arbeit und Konkurrenz am Laufen hält, sondern ausschließlich die nach neoliberalen Prinzipien handelnden Regierungen. Die Gründe für Armut und Reichtum werden nie für sich behandelt und schon gar nicht erklärt, sondern den politisch Handelnden zugeschoben. Ursache sozialer Schwierigkeiten ist daher nie das kapitalistische Getriebe, sondern ausschließlich das Fehlhandeln bzw. das Nichthandeln der staatlichen Akteure. Die Konsequenz lautet: Wählt uns, ihr kleinen Leute, und wir werden euch, und zwar garantiert nicht neoliberal, zu eurem Recht verhelfen, wir werden das tun, was Staat und Politik eigentlich tun müssten. Dazu braucht ihr weder etwas über die Gründe eurer Schwierigkeiten zu wissen noch euch selbsttätig zu emanzipieren. Gewerkschaften und sonstige Organisatoren von Widerständigkeit existieren in Wagenknechts Denken nicht. Daher wird zu Recht die »Akteurslosigkeit« (Bierbaum & Eifler 2021, 8) in ihren Ausführungen kritisiert. Franziska Wiethold beschreibt das recht konkret: »Beim Kampf gegen neoliberale Deregulierung und für stabile, gut bezahlte Arbeitsplätze gibt es viele gemeinsame Interessen zwischen

verschiedenen Beschäftigtengruppen und viel Konfliktbereitschaft. Da Wagenknecht dies kaum zur Kenntnis nimmt, verschenkt sie entgegen ihrem Plädoyer für mehr Zusammenhalt wesentliche Ansatzpunkte für eine Verbreiterung dieser Kämpfe« (Wiethold 2021, 8). Wiethold plädiert für »linke Diskussionen und Suchbewegungen« hinsichtlich der »praktischen Kämpfe« und schließt: »Das Buch von Sahra Wagenknecht trägt dazu nicht bei« (ebd., 30). Franziska Wiethold unterliegt allerdings einem Missverständnis: Wagenknecht meint mit »Zusammenhalt« nicht die übergreifende Solidarität der verschiedenen Abteilungen der Lohnabhängigen, die Wiethold anzielt, sondern den nationalen Zusammenhalt. Dazu braucht es keine konfliktbereite Selbsttätigkeit von Lohnabhängigen: Einzig relevanter Akteur ist die »soziale Volkspartei«, die mit dem Neoliberalismus bricht und die Regierungsgeschäfte vollzieht.

5. *Nationale Identität, Geschichte und Kultur bei Wagenknecht und Höcke*

Wagenknecht erhält viel Lob und Anerkennung von rechter Seite, von Einzelpersonen ebenso wie von diversen Publikationsorganen. Die öffentlich-rechtlichen Sendeanstalten gewähren ihr im Unterschied zu anderen Funktionären ihrer Partei überdurchschnittlich viel Raum in Talkshows. Dahinter verbergen sich recht durchsichtige taktische Überlegungen: Erhofft man sich doch in rechten und in bürgerlichen Kreisen von ihrer Präsenz eine Schädigung der Linkspartei und linker Positionen überhaupt; das stellt sie auch zuverlässig sicher, wie am Beispiel ihres Buches, ihrer dauernden Verteidigung des Querdenker-Milieus, ihrer Verharmlosung des Neofaschismus (W, 171–201), ihrer Abkehr von Kapitalismuskritik sowie an ihren Einlassungen zur Coronakrise und zum Thema Impfen deutlich abgelesen werden kann. Das ist jedoch nur die oberflächliche Ebene. Im Folgenden soll gezeigt werden, dass es jenseits politisch-taktischer Erwägungen auch einige Aspekte gibt, die tiefer liegen und Übergangsmöglichkeiten zu rechten Positionen aufweisen, wie am Beispiel von Björn Höcke zu sehen ist.

Höcke formuliert: »Entscheidend ist für mich, ob unser Land und unser Volk über die historischen Veränderungen, Wechsel und Brüche hinweg der zentrale Bezugspunkt für die politisch Verantwortlichen bleibt oder nicht. Es sind die [...] inneren Substanzen, aus denen der Genius des Volkes seine Kraft schöpft und den es zu erhalten gilt« (Höcke 2019, 290f.). Als Merkmale eines Volkes bestimmt er: »Ein Volk kann als eine dynamische Einheit aus Abstammung, Sprache, Kultur und gemeinsam erlebter Geschichte beschrieben werden« (ebd.). Und weiter: »Wir sollten ganz selbstbewusst darauf hinweisen, dass die Kategorie ›Volk‹ der zentrale Orientierungspunkt in unserem Denken und Handeln ist. Und dass das Eigene an erster Stelle kommt« (ebd.). Er begreift »Volk als geschichtlich gewachsene Einheit«, die aber einen »klar umrissenen

Ordnungs- und Gestaltungsrahmen« benötige (ebd., 269f.). »Diesen Rahmen stellt der Staat zur Verfügung. [...] Diese neuzeitliche Symbiose von Staat und Volk ist das, was wir gemeinhin als Nation bezeichnen« (ebd.). Und genau das sei durch die »Globalisierungsdoktrin mit ihrem Fetisch der Supranationalisierung zum Auslaufmodell erklärt« worden (ebd.). Höcke geht es letztlich um den »Kampf zwischen dem bewährten Nationalstaat gegen die grenzenlose Globalisierung« (ebd., 270). Daher fordert er: »Weg von der einseitigen Globalisierung – hin zu wirtschaftlicher Eigenständigkeit und Stärke« (Höcke 2020b, 2).

Wagenknecht spricht von der »Schicksalsgemeinschaft aller Staatsbürger« (W, 218). »Nationen entstehen durch geteilte Werte, gemeinsame Traditionen, Mythen und Erzählungen, aber auch durch eine gemeinsame Geschichte [...] (ebd., 235). Auch sie sieht in der »Globalisierung« eine der Hauptursachen für den »Verlust an Sicherheit und Gemeinsamkeit« (W, 14). Und genau wie **Höcke** beklagt sie: »Sie [die Nationalstaaten, W. V.] gelten als überholt und nicht mehr zeitgemäß. Ihre Unterordnung unter supranationale Institutionen wie die Europäische Union und die Einschränkung ihrer Souveränität durch internationale Verträge wird als zivilisatorischer Fortschritt gepriesen, die Vision einer Weltregierung steht als verheißungsvolle Zukunftsperspektive im Raum« (W, 227). Und so fordert sie eine »De-Globalisierung« der deutschen Ökonomie, natürlich unter Beibehaltung der bestehenden Produktionsweise (W, 310).

Interessant sind die Übereinstimmungen von Höcke und Wagenknecht in der Herleitung der nationalen Identität und in der Ablehnung der Globalisierung, wobei beide darauf verzichten, zu erläutern, was sie unter Globalisierung eigentlich verstehen. Die bereits formulierten Einwände gegen **Wagenknecht** hinsichtlich der »nationalen Identität« treffen für **Höcke** ebenso zu und sollen hier nicht wiederholt werden (s. Kapitel 3 in diesem Beitrag). Hier treffen sich zwei Seelenverwandte in ihrer Affirmation der nationalen Identität und in ihrem Bezug auf die De-Globalisierung der deutschen Ökonomie. Beide beziehen sich positiv auf die Zeit 1950 bis 1975, als die kapitalistische deutsche Welt, zumindest in der BRD, angeblich noch in Ordnung war. Bei **Höcke** reicht diese idyllische Zeit bis Anfang der 1990er Jahre (Höcke 2020b, 2). **Wagenknecht** bezieht sich zustimmend auf Schelskys These von der »nivellierten Mittelstandsgesellschaft« (W, 63), was sie zwei Seiten weiter wieder relativiert (W, 65), und versteigt sich zu der Aussage, dies sei die »Zeit von Maß und Mitte« (ebd.) gewesen. **Höcke** beklagt »die Abkehr von unserem bewährten deutschen Wirtschaftsmodell und die Hinwendung zu einer globalkapitalistischen Ökonomie neoliberalen Zuschnitts« (Höcke 2020b, 1f.). Damals herrschte laut **Wagenknecht** in der BRD noch »Normalität« (W, 65), die übrigens die AfD wieder anstrebt (Slogan: »Deutschland, aber normal«), und erst nach 1990 kam es, so wiederum **Höcke**, zur »finale[n] Auflösung aller Dinge: von den Identitäten der Geschlechter und Ethnien, den

Familien, den religiösen Bindungen [...] bis hin zu den schützenden und formenden Grenzen der Staaten und Kulturen« (Höcke 2019, 261f.). In dieser Zeit der Normalität meldeten sich auch noch nicht die von **Wagenknecht** beklagten und hämisch beschriebenen »immer skurrilere[n] Minderheiten« mit »irgendeiner Marotte« zu Wort (W, 102).

Auffällig ist eine weitere Übereinstimmung. **Höcke** unterscheidet zwischen Marktwirtschaft und Kapitalismus: »Mit Kapitalismus meine ich also nicht eine sinnvolle Marktwirtschaft, die in einer erneuerten Volkswirtschaft ihren wichtigen Platz haben wird, sondern die einseitige Dominanz und Extremisierung eines Produktionsfaktors – des Kapitals – unter Vereinnahmung der beiden anderen: Arbeit und Boden. Man kann dieses System mit der Formel zusammenfassen: Geld regiert die Welt! Dagegen stellen sich völlig zurecht [sic] linke wie rechte Globalisierungs- und Kapitalismuskritiker« (Höcke 2019, 250). Höckes Kapitalbegriff ist mindestens unklar. Aus der Zusammensicht diverser Texte lässt sich jedoch schlussfolgern, dass er unter Kapital das zinstragende Kapital versteht und unter Kapitalismus das Agieren des Finanzgewerbes.

Auch **Wagenknecht** unterscheidet Marktwirtschaft und Kapitalismus. Sie spricht davon, dass es für kapitalistisches Wirtschaften »charakteristisch ist: dass Unternehmen zu Anlageobjekten werden, um aus Geld noch mehr zu machen« (W, 292). Und sie schließt konsequent an mit einem Lob des Unternehmers:

»Die Motivation echter Unternehmer ist, wie schon Schumpeter wusste, eine andere als die von Kapitalisten. Unternehmer gründen Unternehmen, arbeiten in ihnen und machen sie groß. Kapitalisten investieren Geld und wollen Rendite sehen« (W, 293). Die grundlegende »ökonomische Aufgabe« von Unternehmen (wer stellt die ihnen eigentlich? W. V.) sei es nämlich – wohl im Unterschied zu Kapitalisten –, »gute, langfristig gebrauchsfähige Produkte und Dienstleistungen anzubieten und den technologischen Fortschritt voranzubringen« (W, 292).

Ein letzter Aspekt sei noch genannt: **Höckes** Ziel eines »solidarischen Patriotismus« (Höcke 2019, 246). In dieser Vorstellung müssten Deutsche im Rahmen des Sozialsystems privilegiert werden. Deshalb strebe er die Eingrenzung des »Verantwortungsraumes« der Solidargemeinschaft an, was nichts anderes bedeutet, als Migrantinnen und Migranten auszuschließen. Im Hinblick auf die Rentenpolitik (Volksrente mit Umlageverfahren für alle) betont er ebenfalls die angestrebte Privilegierung der Deutschen (Höcke 2020a). So weit ist **Wagenknecht** bisher nicht gegangen. Allerdings legt auch sie nahe, nach Zugehörigkeit zur Nation zu unterscheiden (W, 218). Und sie macht die Inanspruchnahme von Sozialleistungen durch »nicht Dazugehörige« für Legitimationsverluste des Sozialstaats bei den »Dazugehörigen« verantwortlich (vgl. W, 217f.). Die Sprache Wagenknechts kommt natürlich gepflegter und gebildeter daher als der eher derbe, offen rassistische Pegida-Sound. Auch wenn sie die Schlussfolgerung Höckes selbst nicht formuliert, entspricht doch die ganze Anlage ihrer Argumentation letztendlich unausgesprochen dem inhaltlichen Unterbau der Höcke'schen Schlussfolgerungen.

Zur Auseinandersetzung mit Wagenknecht und Höcke sind in diesem Zusammenhang folgende Punkte wesentlich:

1. Es fällt auf, dass bei der Erörterung ökonomischer Fragen bei Höcke wie bei Wagenknecht das Geldgewerbe im Mittelpunkt steht. Beide blenden die Welt von Mehrwertproduktion und Ausbeutung praktisch aus, bzw. erwähnt Wagenknecht sie nur dann, wenn es um Prekarität und damit verbundene krasse Formen von Unterbezahlung geht. Diese hatte zwar auch Marx kritisiert, aber seine Kernkritik galt dem Lohn als solchem, der die Eigentumslosigkeit der Arbeitskraftverkäufer und die Produktion von Mehrwert zum Ausdruck bringt, und zwar auch dann, wenn er relativ hoch ist. Bei Höcke erscheinen Privateigentum und Lohnarbeit als eine Art »natürliche« Voraussetzung für jegliches Wirtschaften. Auch Wagenknecht erhebt nicht den geringsten Einwand gegen abhängige Arbeit und die ihr zugrunde liegenden Eigentumsverhältnisse. Ihr »Programm für Gemeinsamkeit, Zusammenhalt und Wohlstand« enthält nicht einmal die gewerkschaftlichen und linken »Klassiker« wie z. B. die Verbesserung des Betriebsverfassungsgesetzes oder die »Wirtschaftsdemokratie« als Zukunftsperspektive über den Kapitalismus hinaus, Positionen immerhin, bei denen es um

den systematischen Einfluss auf die Bedingungen der Arbeitskraftanwendung geht.

2. Die bei Höcke deutlicher als bei Wagenknecht angesprochene Unterscheidung von Marktwirtschaft und Kapitalismus ist grundfalsch: Marktwirtschaft bedeutet nichts anderes, als dass voneinander unabhängige Privatproduzenten in Konkurrenz zueinander Kapital in die Produktion von Waren und Dienstleistungen investieren, um diese anschließend auf dem Markt zu verkaufen, dies in der Absicht, die ursprünglich vorgeschossene Geldsumme zu vergrößern; das ist auch das Ziel des von Wagenknecht gelobten »echten Unternehmers« und nicht nur des von ihr abgelehnten Kapitalisten (W, 293). Die zentrale Rolle spielt in diesem Prozess die be- und vernutzte menschliche Arbeitskraft, insofern ihre produktive Anwendung im Produktionsprozess die Vergrößerung des vorgeschossenen Kapitals bewirkt (vgl. Kaufmann & Muzzupappa 2020, 14). Nur unter dieser Voraussetzung werden Arbeitsplätze eingerichtet, wird Arbeitskraft überhaupt angewandt, übrigens auch vom »echten Unternehmer«, den Wagenknecht so schätzt.

3. Wagenknecht wie Höcke sind Befürworter einer »De-Globalisierung« (W, 310ff.; Höcke 2020b, 2) und »Re-Regionalisierung« (W, 316) bzw. »weitreichende[n] ökonomische[n] Regionalisierung« (Höcke 2020b, 2). Und beide bestimmen nie genau, was sie unter »Globalisierung« verstehen. Die Entwicklung der kapitalistischen Produktionsweise, das ignorieren beide, war von Beginn an eine internationale Angelegenheit (vgl. Marx

2005, 741–802, insbesondere 779–788). Die Expansion des Kapitals über die jeweiligen nationalstaatlichen Grenzen hinaus ist in der Dynamik kapitalistischen Wirtschaftens konstitutiv enthalten. Marx bezeichnet den Weltmarkt bzw. die »Konkurrenz auf dem Weltmarkt« als »überhaupt die Basis und die Lebensatmosphäre der kapitalistischen Produktionsweise« (Marx 1977, 120): »Die Erweiterung des Aktionsfeldes des Kapitals über die nationalen Grenzen hinaus wird zur Notwendigkeit für die einzelnen Kapitale, dient ihnen als Ventil für den Überdruck der Konkurrenz. Auf diese Weise vermittelt die Konkurrenz über das Handeln der Einzelkapitale die mit dem Begriff der Schrankenlosigkeit des Kapitals gegebene Tendenz, den Weltmarkt zu schaffen [...] Allerdings ist er [der Außenhandel, W. V.] im Gegensatz zum Handel innerhalb einer Nation ebenso wie alle Aktionen des Kapitals auf internationalen Absatz-, Rohstoff-, Kapital- und Arbeitsmärkten je bereits vermittelt über den Staat. So sind die Durchsetzung der Bedingungen freier Kapitalbewegung auf dem Weltmarkt, das Schaffen des Weltmarkts selbst und seine beständige Ausdehnung bis in die entlegensten Winkel der Welt von vornherein das Werk staatlicher Gewalt [...] In der gewaltbewehrten Konkurrenz der nationalen Kapitale setzt sich das Kapital als internationales System der Ausbeutung im Weltmaßstab durch und versucht, seine Herrschaft zu behaupten. Kapitalismus erweist sich als Imperialismus« (Paul 1978, 38f.). Im Übrigen waren Marx und Engels in ihrer Erkenntnis der kapitalistischen Dynamik bereits 1848, viele Jahre vor dem Erscheinen des *Kapital*, weiter als Höcke und Wagenknecht heute: »Das Bedürfnis nach einem stets ausgedehnteren Absatz für ihre Produkte jagt die Bourgeoisie über die ganze Erdkugel. Überall muß sie sich einnisten, überall anbauen, überall Verbindungen herstellen. Die Bourgeoisie hat durch ihre Exploitation des Weltmarkts die Produktion und Konsumtion aller Länder kosmopolitisch gestaltet. [...] An die Stelle der alten, lokalen Selbstgenügsamkeit und Abgeschlossenheit tritt ein allseitiger Verkehr, eine allseitige Abhängigkeit der Nationen voneinander. [...] Mit einem Wort, sie schafft sich eine Welt nach ihrem eigenen Bilde« (Marx & Engels 1974, 465f.).

Mit dem Begriff »Globalisierung« werden diese kapitalistischen Grundbedingungen gerade nicht aufgeklärt. Deswegen kommen beide – bei Höcke gar nicht erstaunlich, bei Wagenknecht auch nicht besonders überraschend (vgl. Bierl in diesem Band) – auf den verwegenen Gedanken, ohne Bezugnahme auf die systematischen Notwendigkeiten der Kapitale, also unter Beibehaltung der Produktionsweise in den entwickelten kapitalistischen Ländern, den Export und die »Globalisierung« zurückdrehen zu können. Wie eine solche Politik wohl aussehen würde? »Ebenso ist die Ausdehnung des auswärtigen Handels, obgleich in der Kindheit der kapitalistischen Produktionsweise deren Basis, in ihrem Fortschritt, durch die innere Notwendigkeit dieser Produktionsweise, durch ihr Bedürfnis nach stets ausgedehnterm Markt, ihr eignes Produkt geworden« (Marx 1997, 247).

4. Beide beziehen sich positiv auf eine angeblich bessere Vergangenheit. Höcke meint die Zeit bis Anfang der 1990er Jahre, Wagenknecht bezieht sich auf den Nachkriegskapitalismus bis in die 1980er Jahre. Es ist richtig, dass sich die Lebensverhältnisse vieler (nicht aller) abhängig Beschäftigter im Nachkriegskapitalismus von 1945 bis 1975 deutlich verbessert haben (Tarifarbeit der Gewerkschaften, Ausbau sozialstaatlicher Strukturen etc.). Die maßlose Idyllisierung dieser Phase durch Wagenknecht ist aber nicht haltbar (W, 63ff.) Sie erzählt die Geschichte einer harmonischen nationalen Gemeinschaft mit Werten wie »Leistung, Fleiß, Disziplin, Ordnung, Sicherheit, Stabilität und Normalität [!]« (ebd.) – »deutsche Sekundärtugenden [...], mit denen auch ein KZ gut betrieben werden könne, wie es ihr Gatte [...] formulierte« (Konicz 2021, 53) – und, ganz wichtig, in der »die Arbeiterschaft [...] überwiegend sesshaft und heimatverbunden [war]« (W, 62). Eine Klassengesellschaft war es jedoch allemal, Lohnarbeit und Kapital haben ihre gegensätzlichen Rollen in der gesellschaftlichen Reichtumsproduktion gespielt, und Krupp und Krause blieben auch. Bringen wir es auf den Punkt: »Sie zeichnet das positive Modell einer marktwirtschaftlichen Utopie, die historisch nie existiert hatte, und glaubt an den Glanz einer Vergangenheit, die es nie gegeben hat« (Wendl 2021, 66).

6. Nation und Arbeiter- und Gewerkschaftsbewegung

1. Bei der Auseinandersetzung mit Wagenknecht darf nicht übersehen werden, dass sie mit ihren Positionen weder historisch (vgl. Mense 2016, 161–173; Bollinger 2009, 7–34; Jünke 2014, 105–115; Bierl 2020, 97–151) noch aktuell (vgl. Zeuner et al. 2007; Mense 2016, 176–195) allein auf weiter Flur steht. Seit Beginn der Arbeiter- und Gewerkschaftsbewegung ist die Frage der Stellung der Arbeiterklasse zu Nation und Staat bzw. was genau »Internationalismus« oder das Diktum von Marx und Engels bedeuten: »Die Arbeiter haben kein Vaterland. Man kann ihnen nicht nehmen, was sie nicht haben« (Marx 1974, 479), theoretisch heftig umstritten und in der Praxis von herausragender Bedeutung für das reale politische Handeln (z. B. 1914, 1918/1919, 1933). Dabei gab es immer Positionen, die denen von Wagenknecht ähneln, selbstverständlich unter historisch spezifischen Bedingungen.

2. Ein zentrales Anliegen seit den ersten Anfängen einer Arbeiterbewegung war neben der Selbstorganisation zur Gegenwehr gegen das Kapital das Streben nach Anerkennung sowohl der Arbeiter selbst als gleichberechtigte Staatsbürger als auch ihrer Organisationen in der bürgerlichen Gesellschaft und rechtlich fixiert durch die Staatsgewalt. Der Zusammenschluss in Gewerkschaften und Parteien diente also auch dem Zweck, eine rechtlich abgesicherte Verhandlungsposition zu erreichen, um überhaupt als Vertragspartei der Arbeiter gegenüber dem Kapital agieren zu kön-

nen und Kapital und Staat zu einem anderen Verhalten ihnen gegenüber zu bewegen. Angestrebt wurden neue Rechte, das Recht auf Koalitionsfreiheit etwa sowie staatsbürgerliche Rechte (siehe Eisenacher Programm 1869, Gothaer Programm 1875, Erfurter Programm 1891; dokumentiert in Abendroth 1974, 91ff.). Dieser Zugang war verbunden mit der prinzipiellen Anerkennung des bürgerlichen Nationalstaats und des bürgerlichen Rechts, von dem die Berechtigung, die eigenen Interessen zu vertreten, eingefordert wurde. Marx betonte die Notwendigkeit, sich als Arbeiter auf den Staat, sozusagen auf das Allgemeine, zu beziehen: »Zum ›Schutz‹ gegen die Schlange ihrer Qualen müssen die Arbeiter ihre Köpfe zusammenrotten und als Klasse ein Staatsgesetz erzwingen, ein übermächtiges gesellschaftliches Hindernis, das sie selbst verhindert, durch freiwilligen Kontrakt mit dem Kapital sich und ihr Geschlecht in Tod und Sklaverei zu verkaufen« (Marx 2005, 320). Damit ist allerdings die Unterordnung der eigenen Interessen unter das bürgerliche Recht systematisch verbunden, ebenso wie die Festschreibung der Interessen der Eigentümer der Produktionsmittel.

Dies hat drei Konsequenzen: 1. Mit dem bürgerlichen Recht sind ökonomische und gesellschaftliche Macht- und Herrschaftsverhältnisse fixiert. 2. Die Arbeiterschaft und ihre Organisationen sind auf diese Weise bürgerlichen Verhältnissen unterworfen. 3. Im Bewusstsein der Beteiligten erscheint der bürgerliche Staat (als Ausdruck der Nation) als Institution, die offen ist für die eigene Interessenvertretung, auf den die eigenen Forderungen projiziert werden.

Der praktische Zwang, sich auf den Staat einzulassen, sich mit ihm zu arrangieren (Gesetze, Gewerbeordnungen, Arbeitsschutz, Koalitionsfreiheit etc.), führte in Deutschland dazu, dass die Mehrheit der Arbeiter und ihre Gewerkschaften, aber auch die Mehrheit in der Sozialdemokratie (Ausnahme: Rosa Luxemburg und ihre Anhänger) den Weg der am Recht orientierten Verständigung mit dem Staat gegangen sind. Sie sind in Nation und Staat »hineingewachsen« und haben sich in der Folge ganz prinzipiell zu Staat und Nation bekannt, weil eben der Staat von SPD und Gewerkschaften als fast schon natürlicher, alternativloser Bezugsrahmen begriffen wurde. All dem unterlag auch keine grundsätzliche Kritik der Lohnarbeit. Die kapitalistischen Erwerbskategorien wurden nicht infrage gestellt. Wagenknecht bewegt sich ideologisch also in einer einschlägigen Tradition.

3. Im Fortgang dieser Entwicklungen verfestigte sich die Vorstellung von einer Nation, in der Gerechtigkeit für alle herrschen möge, in der der Staat als Adressat von Wünschen und Forderungen fungieren sollte, immer unter der Voraussetzung gleicher Staatsbürgerrechte der Arbeiter (Wahlrecht, Gleichheit vor dem Gesetz, Koalitionsrecht, Streikrecht etc.). Damit wurde implizit die Klassengesellschaft als Grundstruktur akzeptiert und das Bewusstsein nationaler Zusammengehörigkeit geformt, parallel zu dem, was an nationaler Agitation seitens der herrschenden Klassen und der Politik im

Kaiserreich ohnehin stattfand (ideologische Inszenierung von Gemeinschaft, Ethnisierung von Gemeinschaft, Konstruktion einer nationalen Geschichte, Erfindung eines deutschen Wesens etc.). Die Nation als Ausdruck des deutschen Ganzen wurde von den organisierten Arbeitern grundsätzlich akzeptiert, einmal abgesehen von der Vielzahl von Arbeitern, die sich von den Organisationen der Arbeiterklasse – SPD, Generalkommission der Gewerkschaften (Vorläufer des ADGB und des DGB) – fernhielten.

4. Die Jahre vom Auslaufen der »Sozialistengesetze« 1890 bis zum Beginn des Ersten Weltkriegs 1914 sind ökonomisch geprägt von der Hochindustrialisierung und der sukzessiven Erringung gewerkschaftlicher Erfolge (Organisierung, Einfluss in den Betrieben) sowie vom Aufstieg der SPD zur Massenpartei mit entsprechenden Wahlerfolgen (Hoffrogge 2011, 114ff.). Trotz harter Bandagen der Kapitalseite (ebd., 123ff.) und nach wie vor bestehender staatlicher Repressionen erreichten die Gewerkschaften als unmittelbare Assoziationen der Lohnabhängigen nach und nach Anerkennung in Gesellschaft und Staat. An den theoretischen Auseinandersetzungen in der SPD (z.B. »Revisionismusstreit«) waren die Gewerkschaften und die überwiegende Mehrheit der Arbeiter nicht interessiert. Anhand der Beiträge von Bernstein, Kautsky und Luxemburg hätten die Fragen von Nation, Vaterland und Staat erörtert werden können. Diese Fragen waren aber nie breit in der Mitgliedschaft verankert. Die Theoriebildung war Angelegenheit von Minder-

heiten. Verbalradikalität ersetzte inhaltliche Klärung. Und die praktische Politik der SPD konzentrierte sich auf die Erkämpfung der demokratischen Republik, um mit entsprechenden Mehrheiten bei demokratischen Wahlen Veränderungen in Staat und Gesellschaft herbeizuführen. Etabliert werden sollte eine den Arbeitern wohlgesonnene Staatsgewalt. Die verbale Radikalität des Erfurter Programms hatte mit der Realpolitik der SPD nichts zu tun (Karl Kautsky 1893: »Die Sozialdemokratie ist eine revolutionäre, nicht aber Revolutionen machende Partei«).

5. Es war daher für die Mehrheiten in SPD und Gewerkschaften nur konsequent, den existierenden Nationalismus 1914 in der elementarsten und brutalsten Form praktisch zu beweisen: als Identifikation mit dem vorhandenen Kriegswillen. Dies bedeutete Burgfrieden (Gewerkschaften), Zustimmung zu allen Kriegskrediten bis 1917 (SPD), Integration als wichtiger Bestandteil der Kriegswirtschaft und der Kriegsmaschinerie sowie die Bereitschaft, als »Menschenmaterial« auf dem Schlachtfeld gleichberechtigt dem Volkskörper anzugehören. Dazu passte folgerichtig der Verzicht auf Widerstand in Deutschland, aber auch seitens der II. Internationale. »›Brechen wir jetzt zusammen, so muss das ganze Volk es für eine lange Zukunft büßen. Wir sind deutsch bis auf die Knochen und wollen deutsch bleiben‹, hieß es beispielsweise in einem noch am 22. Oktober 1918 (!) plakatierten Aufruf, zu dessen Unterzeichnern die Generalkommission der Gewerkschaften Deutschlands ebenso gehörte wie die

inzwischen in die kaiserliche Regierung eingetretene SPD« (Meyer 2017, 25f.). Das *Gesetz über den vaterländischen Hilfsdienst* von 1916 sorgte dann erstmals für die gesetzliche Anerkennung der Gewerkschaften (ebd., 29). Manche stellten gar von Beginn des Krieges an eine Verbindung von Kriegsunterstützung und Sozialismus her. So wurde in der *Deutschen Metallarbeiter-Zeitung* am 7.11.1914 folgende Auffassung formuliert: »Eine neue Zeit ist angebrochen, andere Menschen hat der Krieg in kurzer Zeit aus uns allen gemacht. Das gilt unterschiedslos für hoch und niedrig, für arm und reich, für Privatpersonen und Staatsmänner. Solidarität und Hilfeleistung aus unverschuldeter, bitterer Not, die wir den Arbeitern als unvergängliche Richtschnur ihres Handelns eingeimpft und von den Reichen so oft vergeblich gefordert haben, ist über Nacht Gemeingut eines großen und leistungsfähigen Volkes geworden. Sozialismus, wohin wir blicken!« (Zit.n. Klönne 1981, 129) Und der SPD-Politiker Konrad Haenisch ergänzte diesen Gedanken 1916: »Auch dem blödesten Auge leuchtet heute die Heilsamkeit und Notwendigkeit des Sozialismus ein. Mit einem Schlag zerstoben ist das dumme und bösartige Gerede von der Vaterlandslosigkeit der Sozialdemokratie, das bisher so viele Millionen vor uns zurückschrecken ließ« (ebd., 139). Wagenknecht würde sich nun gewiss nicht für kriegerische Auseinandersetzungen zwischen den Nationen aussprechen. Trotzdem ist ihr Nationalismus im Grundsätzlichen – Gemeinschaft, Gemeinsinn, nationale Identität, Nationalstaat, Trennung von

Zugehörigen und nicht Zugehörigen – nicht weit vom Nationalismus großer Teile der historischen Arbeiterbewegung entfernt. Und damit sind immer Übergänge zu etwas ganz anderem möglich, zumindest die Grundlagen sind darin enthalten. Dass ihr das nicht bewusst ist, spricht nicht für sie.

6. Das Verhältnis der Arbeiterbewegung zu Nation und Nationalismus ist ein »überwiegend tragischer Lernprozess« (Jünke 2014, 105). Egal, ob man auf 1914, 1918/19 oder 1933 zurückblickt: In allen drei Fällen erweist sich der grundlegend positive Bezug auf Volk und Vaterland als fatal, nämlich als gravierende Schädigung der Interessen der Lohnabhängigen. Inwieweit die drei genannten Daten inhaltlich miteinander zu tun hatten, kann hier nicht vertieft werden. Aber ein Problem zieht sich durch, und zwar bis hin zu den national-identitären Äußerungen Wagenknechts: die Vorstellung von einer Gemeinschaftlichkeit des Volkes. »Volksgemeinschaft« im Sinne des Nationalsozialismus meint in faschistischem Originalton: »›die Negierung aller Unterschiede in Herkunft, Stand, Beruf, Vermögen, Bildung, Wissen, Kapital‹ (Reinhard Höhn, Rechtsgemeinschaft und Volksgemeinschaft, 1935)« (zit. n. Benz et al. 2007, 855). Die Abschaffung der Klassen war damit jedoch nicht gemeint, sondern die Abschaffung des Klassenkampfes, der die Nazis störte. So forderte Hitler am 1. Mai 1933: »Deutsches Volk! Du bist stark, wenn du eins wirst, wenn du den Geist des Klassenkampfes und deiner Zwietracht aus deinem Herzen reißest. Du kannst hinter deine Arbeit eine

unerhörte Kraft stellen, wenn du die Arbeit verbindest mit dem Lebenswillen deines gesamten Volkstums« (zit. n. Projekt Ideologietheorie 2007, 173).

7. Nun gab es auch eine Vorstellung von »Volksgemeinschaft« auf Seiten der Arbeiterbewegung: »Teile der deutschen Arbeiterbewegung, also des aus der Klassengegnerschaft hervorgehenden quasi natürlichen Gegners besonderer bürgerlicher Herrschaftsstrategien, waren keineswegs immun gegenüber volksgemeinschaftlichen Konzepten« (Schyga 2015, 44). Wenn oben vom Bedürfnis der Arbeiter nach Anerkennung in der Gesellschaft und nach Anerkennung durch den Staat und seine Gesetze die Rede war, so ist dies zu ergänzen durch das darin auch zum Ausdruck kommende Bedürfnis nach Anerkennung als relevanter Teil des Volkes, als wirklich zur Nation Gehörige. Über Aktionen zur »Stärkung der Heimatfront« (im Ersten Weltkrieg) »vermittelte [sich] bei vielen ein Gefühl der Teilhabe und des Angekommenseins in einer Welt, die auf ihre Abgeschlossenheit gegenüber dem Proletariat so viel Wert gelegt hatte und legte« (ebd., 51).

Interessant ist, dass die SPD (Mehrheits-Sozialdemokratie) im Görlitzer Programm von 1921 mehrmals ausdrücklich von »Volksgemeinschaft« spricht. Einmal im Abschnitt zur Wirtschaftspolitik, in dem gefordert wird, »Grund und Boden, die Bodenschätze sowie die natürlichen Kraftquellen, die der Energieerzeugung dienen, [...] in den Dienst der Volksgemeinschaft zu überführen« (zit. n. Abendroth 1974, 103). Die

Partei spricht vom »organisierten Volkswillen über die Wirtschaft« und vom »sozialistischen Gemeinsinn« (ebd.) (immerhin, denn bei Wagenknecht taucht »sozialistisch« im Zusammenhang mit »Gemeinsinn« nicht auf). Und die SPD fordert das »Recht aller Volksgenossen an den Kulturgütern« und das »oberste Erziehungsrecht der Volksgemeinschaft« (ebd., 105). Schyga bezeichnet das als »Zuckerguss der Volksgemeinschaft« (Schyga, in ebd., 52), um die Positionen der SPD breiteren Kreisen der Bevölkerung zu vermitteln. Auch hier ist der SPD, im Unterschied zu Wagenknecht, zugute zu halten, dass sie vor der Realisierung ihrer Variante der Volksgemeinschaft die »Klassenherrschaft und [die] Klassen« abgeschafft wissen wollte (Abendroth 1974, 103). Das wollten die Nazis nicht. Sie wollten die Beibehaltung der Klassen, und das mit den Arbeitern als genügsamen Knechten von Kapital und völkischem Staat zum Wohle der Nation.

Die SPD hatte eine andere Vorstellung von Volksgemeinschaft als die deutsche Rechte (v.a. keine »Inklusions- und Exklusionsgemeinschaft«). »Doch ihnen [den Sozialdemokraten, W. V.] waren die negativen, gesellschaftszerstörenden Potenziale und Dimensionen der Vorstellungen hinter diesem Begriff nicht klar« (ebd., 54). Und vor allem ist richtig: »Weil das strukturell antidemokratische Ideal der Volksgemeinschaft so allgemein war, konnte die NSDAP so relativ leicht und untermauert mit den bekannten Gemeinwohlformeln wie ›Gemeinnutz geht vor Eigennutz‹ politische Hoffnungen und Wünsche nach sozialer

Inklusion und symbolischer Anerkennung der arbeitsamen Arier an sich binden, ›Gefühle‹ nutzen und antisemitisch zuspitzen« (Ebermann 2019, 19). Auch Wagenknecht scheint nicht klar zu sein (das ist eine eher freundliche Deutung), wie die von ihr penetrant verwendeten Begriffe »Gemeinsinn«, »Zusammenhalt«, »nationale Identität«, »Zugehörige« und »nicht Zugehörige« in der gesellschaftlichen Diskussion wirken und wie sie Übergänge nach rechts begehbar machen.

8. Die Defizite in Gewerkschaften und SPD, was Staatstheorie, Nation und Nationalismus anbetrifft, zeigten sich dramatisch gegen Ende der Weimarer Republik. Der Vorsitzende des ADGB, Theodor Leipart, führte im Oktober 1932 in einer Rede aus: »Man wirft uns [...] vor, dass wir nicht national seien. Nun, wir wissen sehr wohl, dass alle Kultur auf nationalen Grundlagen erwächst. [...] Keine soziale Schicht kann sich der nationalen Entwicklung entziehen. [...] Unsere Arbeit ist Dienst am Volke. Sie kennt den soldatischen Geist der Einordnung und der Hingabe für das Ganze. [...] Wir sind zu sehr auf das Ganze gerichtet, um Parteifesseln zu tragen« (zit. n. ver.di Berlin-Brandenburg 2003, 11). Leipart hatte sich in der Gewerkschaftszentrale mit einem Kreis nationalistischer Sekretäre umgeben. Der intellektuelle Kopf dieser Gruppe war Lothar Erdmann, der in seinem Tagebuch festhielt, sein Ziel habe darin bestanden, »aus den Gewerkschaften den Träger des nationalen Sozialismus gegen Sozialdemokratie und Kommunisten zu machen« (ebd., 9).

Nach dem 30. Januar 1933 begann die ADGB-Spitze, sich von der SPD zu distanzieren und den Nazis ihre Bereitschaft zur Zusammenarbeit zu signalisieren: »Die sozialen Aufgaben der Gewerkschaften müssen erfüllt werden, gleichviel welcher Art das Staatsregime ist« (ebd., 12). Im Gründungsdokument des »Führerkreises« (gebildet aus ADGB, Christlichen Gewerkschaften und Hirsch-Dunckerschen Gewerkvereinen) wurden im April 1933 (zu diesem Zeitpunkt waren bereits Gewerkschaftshäuser von den Nazis besetzt und es waren viele Gewalttaten gegen Gewerkschaftsfunktionäre zu verzeichnen) folgende Sätze zu Papier gebracht: »Die nationale Revolution hat einen neuen Staat geschaffen. Dieser Staat will die gesamte deutsche Volkskraft einheitlich zusammenfassen und machtvoll zur Geltung bringen. Aus diesem volklichen Einheits- und Machtwillen heraus kennt er weder klassenmäßige Trennung noch volksabgewandte Internationalität« (ebd.). Und so war es nur konsequent, am 23.4.1933 zur Teilnahme an der Veranstaltung der Nazis am 1. Mai 1933 aufzurufen: »Der deutsche Arbeiter soll am 1. Mai standesbewusst [!] demonstrieren, soll ein vollberechtigtes Mitglied der deutschen Volksgemeinschaft [!] werden« (ebd., 13). Bereits am 19. April 1933 hatte der Bundesausschuss des ADGB erklärt: »Der Bundesausschuß des ADGB begrüßt den 1. Mai 1933 als gesetzlichen Feiertag der nationalen Arbeit und fordert die Mitglieder der Gewerkschaften auf, im vollen Bewußtsein ihrer Pionierdienste für den Maigedanken, für die Ehrung der schaffenden Arbeit und für die vollberechtigte Eingliederung der Arbeiterschaft in den Staat sich allerorts an der von der Regierung veranlaßten Feier festlich zu beteiligen« (ebd.). Es kommt klar zum Ausdruck, dass die nationale Orientierung und auch die Bereitschaft, sich in die »Volksgemeinschaft« der Nazis einzugliedern, den damaligen Gewerkschaften nicht fremd waren. Konnte man dem Görlitzer Programm der SPD noch eine eigenständige Interpretation dessen zugestehen, was in ihrem Sinn »Volksgemeinschaft« (nach der Abschaffung der Klassengesellschaft) sein sollte, so war die Anbiederung an die Nazis seitens des ADGB nicht nur eine taktische Frage, sondern sie zeigt, wie der Nationalismus und seine völkischen Konsequenzen im Kern verankert waren. Der in die USA emigrierte Franz L. Neumann schrieb 1942: »Im Bereich der Arbeiterbildung etwa orientierte sich das Programm der zentralen Gewerkschaftsorganisation, des ADGB, in erster Linie an romantischen, kleinbürgerlichen Idealen. Daher überrascht es nicht, dass heute fast alle ehemaligen Lehrer der ADGB-Schule Nationalsozialisten sind, und einige von ihnen tatsächlich schon 1931 heimlich Mitglieder der NSDAP waren« (Neumann, zit. n. ebd., 19).

Zusammenfassend ist festzuhalten, dass diverse Positionen Wagenknechts durchaus auch in der Arbeiter- und Gewerkschaftsbewegung verankert waren; sie fällt nicht aus dem Rahmen. Heute zeigt das Wahlverhalten von Gewerkschaftsmitgliedern, z.B. durch die Wahl der AfD, dass nationalistische Positionen auch in der organisierten Arbeitnehmerschaft eine nicht zu knappe

Basis haben. Es ist deshalb falsch, das Denken Wagenknechts ausschließlich als von rechts beeinflusst zu kennzeichnen. Es hat auch eine »linke« Voraussetzung. Und einiges, was sie ausführt, ist in ihrer Partei durchaus ideologisch vorhanden und wirksam. Wenn sich die Partei Die Linke in Mecklenburg-Vorpommern im Wahlkampf selbst als liebende Heimatpartei darstellt (Slogan: »Aus Liebe zu MV«) (Ebermann, zit. n. ebd., 20), so ist das nicht nur eine elende Anbiederung, sondern bringt auch die Vorstellung einer Gemeinschaft zum Ausdruck, die mit dem wirklichen Leben der dortigen Menschen nichts zu tun hat. Und das ganz ohne eine Sahra Wagenknecht.

7. Zum Abschluss

Erstens: Wagenknecht hat sich von der Kritik der politischen Ökonomie und damit von Kapitalismuskritik verabschiedet. Es kann sachlich festgestellt werden, dass sie sich außerdem Bestandteile genuin rechter Krisendiagnostik zu eigen gemacht hat. Darauf hat sie allerdings kein Urheberrecht, da, wie gezeigt, die Geschichte der Arbeiter- und Gewerkschaftsbewegung viele Beispiele bereithält, anhand deren die Sehnsucht nach »nationaler Identität« – mit dem entsprechenden Schaden für die Lohnabhängigen im Gefolge – nachgewiesen werden kann. Die Ersetzung von Klassensolidarität und des Anspruchs etwa des Erfurter Programms der SPD von 1891 auf umfassende Emanzipation gegen »*jede Art* [Hervorhebung W. V.] der Ausbeutung und

Unterdrückung« (Klasse, Geschlecht, »Rasse«) (Dokument in Abendroth 1974, 96) durch die Neupropagierung »nationaler Identität« mag zwar bei einer Autorin überraschen, die gegen die Betonung von Identitätsfragen polemisiert, zeigt aber die überragende Bedeutung von Nation und »nationaler Identität« in ihrem Denken und in dem ihrer Anhänger: »Der Erfolg des neuen Nationalismus ist so groß, dass selbst unter Linken die Stimmen lauter werden, die zur Fahne rufen« (Bittner 2021, 46). In Wagenknechts Ausführungen – vom Lob des »echten Unternehmers« (ex schaffendes Kapital) bis zur Ablehnung des »Kapitalisten« (ex raffendes Kapital), von der Affirmation der »nationalen Identität« mit entsprechender »Leitkultur« bis zur Ablehnung einer Weltregierung (wer fordert die eigentlich?) – drücken sich neben ihrer Position auch die Defizite in Teilen der Linken aus (historisch und aktuell), zu Staat und Nation ein kritisch-rationales Verhältnis zu erarbeiten bzw. erarbeitet zu haben.

Zweitens: Wagenknechts theoretische Voraussetzungen sind:

- Es gebe bei aller Kritik im Einzelnen eine Art ›Kapitalismus (bei Wagenknecht: Marktwirtschaft) mit menschlichem Antlitz‹.
- Die kapitalistische (bei Wagenknecht: marktwirtschaftliche) Ökonomie sei im Kern ein ›Gemeinschaftswerk‹, das durch die falschen politischen und finanzkapitalistischen Eliten untergraben worden, aber mit guter Politik (Stichwort: soziale Volkspartei) wieder auf den richtigen Weg zu bringen sei.

- Kapitalismus sei die Sphäre des Geld- und Finanzgewerbes, während demgegenüber die ›Realwirtschaft‹ (Stichwort: Marktwirtschaft), weil viele nützliche Gebrauchswerte herstellend, nicht zu kritisieren sei, genau genommen erst wieder etabliert werden müsse.
- Im Unterschied zur ökonomischen Sphäre (hierbei besonders negativ: das Geldgewerbe) sei der bürgerliche Staat eine segensreiche Einrichtung mit der Aufgabe, für die Leute, u. a. den kleinen Mann und die kleine Frau, da zu sein (man könnte sagen: für das Allgemeine). Er müsse nur von den Richtigen geleitet werden (Stichwort: soziale Volkspartei) (vgl. Veiglhuber 2018, 552).
- »Globalisierung« habe nichts mit den Mechanismen der kapitalistischen Produktionsweise zu tun, sondern verdanke sich einer gezielten Politik neoliberaler politischer Eliten Hand in Hand mit dem Finanzkapital, sei somit keine objektive Notwendigkeit für die Kapitalverwertung, sondern reine Machenschaft bestimmter interessierter Kreise.
- Die nationale Zugehörigkeit von Menschen (Stichwort: Schicksalsgemeinschaft) präge deren Leben mehr als ihr reales Leben in der bürgerlichen Gesellschaft mit all den Schwierigkeiten, die die Konkurrenz mit sich bringt. Deshalb müsse die ›nationale Identität‹ gegen Teilidentitäten und – das spricht sie so nicht aus, es ergibt sich aber logisch aus dem Zusammenhang ihrer Gedanken – gegen Klassensolidarität verteidigt werden.

Vieles davon hat die Autorin bereits in einer früheren Publikation formuliert (Wagenknecht 2011): »Und es wird Zeit zu zeigen, wie man, wenn man die originären marktwirtschaftlichen Ideen zu Ende denkt, direkt in den Sozialismus gelangt, einen Sozialismus, der nicht Zentralismus, sondern Leistung und Wettbewerb hochhält« (ebd., 12). Wagenknecht, und das hält sie über die Jahre durch, tut so, als ob die von ihr angeprangerten Hässlichkeiten des Kapitalismus (z. B. Stellenstreichungen, Ausdehnung prekärer Beschäftigung, Verarmungsprozesse etc., und das bei steigenden Gewinnen) nichts mit dem Kapitalismus zu tun hätten. Es sind die neoliberal verdorbenen Regierenden, die einfach versagen, indem sie falsch regieren. »Die Regierenden haben keine Ideen mehr [...] Wie oft in niedergehenden Systemen besteht der letzte Ausweg in clownesker Realitätsverweigerung« (ebd., 11). Auch in dieser älteren Publikation ruft sie bereits den »echten Unternehmer« auf: »Deshalb gilt für einen kreativen Sozialismus: Der echte Unternehmer im Sinne Schumpeters darf nicht gegängelt und unterdrückt, er muss gefördert und unterstützt werden.« (Ebd., 334) Vorteil dabei: »Außerdem sichert persönliches Eigentum [wo kommt das her? W. V.] kurze Entscheidungswege und klare Machtverhältnisse [da freuen sich Betriebsrat und Gewerkschaft, sofern vorhanden, W. V.]« (ebd.). Gerade bei den von Wagenknecht so geschätzten kleinen Unternehmen, bei denen es scheinbar keine Mehrwertproduktion und -aneignung gibt, steht es häufig nicht zum besten mit Tarifvertrag und betrieblicher Mitbestimmung. Die »kluge

Marxistin« (Jens Jessen, *Die ZEIT*)) Sahra Wagenknecht hat sich dafür entschieden, von Macht und Herrschaft über Mensch und Material (Arbeitskraft und Produktionsmittel) nicht mehr zu sprechen, von der Rolle der Arbeitskraft im Prozess der Kapitalverwertung nichts mehr wissen zu wollen und auch die Entwicklung von Wissenschaft und Technik nicht mehr als Mittel der Konkurrenz zu begreifen, mit den entsprechenden Folgen für die menschliche Arbeitskraft. Im Kern verhält es sich so, dass Wagenknecht die Grundmechanismen der kapitalistischen Konkurrenz nicht kritisiert, aber die Folgen der Konkurrenz angreift – Konzentration und Zentralisation von Kapital (Marx 2005, 650–657). Daraus schließt sie dann: große Kapitale schlecht, kleine Kapitale gut. Unter dem Strich bleibt die prinzipielle Parteilichkeit für die bestehende Produktionsweise, weswegen es nur eine gute Regierung (»soziale Volkspartei«) braucht, um aus dem »Kapitalismus« wieder eine »Marktwirtschaft« zu machen. Warum sollte es da noch Gegenwehr, Organisierung und die theoretische und praktische Austragung von Gegensätzen geben? Es reicht der nationale Zusammenhalt. Franziska Wiethold liegt daher richtig: »Zugleich bleibt ihr Interesse an der sozialen Frage merkwürdig abstrakt und damit nicht glaubwürdig. Sonst würde sie sich mehr mit den realen Problemen, mit den Erfolgen und Misserfolgen der Kämpfe abhängig Beschäftigter beschäftigen, würde sich starkmachen für deren Rechte, anstatt sie außen vor zu lassen. Bei ihren Alternativvorschlägen – Stärkung des Nationalstaates, Stärkung von Gemeinschaften, Stärkung eines ›Leistungseigentums‹ – bleibt sie nicht nur unkonkret, sondern grenzt sich ausdrücklich von den real existierenden Gegenbewegungen ab« (Wiethold 2021, 30).

Drittens: Wagenknecht ist keine Faschistin. Ob ihr Kokettieren mit rechter Krisendiagnostik taktischen (Verluste der Linkspartei im Osten an die AfD) oder opportunistischen (Andocken an die bürgerliche Mitte) Erwägungen gehorcht, kann an dieser Stelle nicht geklärt werden. Das ist auch nicht entscheidend. Von wirklicher Bedeutung sind folgende Gesichtspunkte:

- Sie kann die moderne Nationalstaatsbildung nicht anders deuten, als es in der Gesellschaft breit verankert ist, und zwar als Ausdruck jahrhundertelanger gemeinsamer Entwicklung von Kultur, Sprache, Traditionen und Mythen. In dieser Hinsicht befindet sie sich nah bei Höcke und den seinen, aber auch beim gewöhnlichen Staatsbürgerbewusstsein. Dabei entgeht ihr, dass im Zuge der modernen Nationalstaatsbildung mit dem aufkommenden Kapitalismus im 18. und 19. Jahrhundert und der Etablierung staatlicher Gewaltmonopole über »Land und Leute« die Staaten entscheiden, wer zugehörig und nicht zugehörig ist. Die Menschensortierung in »Inländer« und »Ausländer« ist ebenso das Werk von Staaten wie die Erzeugung von Vaterlandsliebe und Nationalbewusstsein. Die Mehrheit der jeweiligen Staatsbürger, bis weit hinein in die Arbeiter- und Gewerkschaftsbewegung, hat sich dies über die letzten 150 bis 200 Jahre einleuchten lassen und die Deutung akzeptiert, sie seien von Geburt an, per waldursprünglicher Volkszugehörigkeit, Deutsche, Franzosen oder Bulgaren.

- Dabei ist die Abstraktion von den eigenen Interessen, also der Verzicht auf einen kritischen Blick auf die eigenen Arbeits- und Lebensumstände, komplementär zur Fiktion von den innergesellschaftlichen Gemeinsamkeiten, die Wagenknecht so wichtig sind. Diese angeblichen Gemeinsamkeiten werden allerdings ständig praktisch widerlegt. Das Alltagsleben in einer Klassengesellschaft, Verkauf und Vernutzung der Arbeitskraft, ohne je selbst auf einen grünen Zweig zu kommen, sind genauso wie der gelegentlich grobe Umgang des Staates mit seinen Bürgern handfeste Hinweise darauf, dass die Sache mit der Vaterlandsliebe häufig eher einer unerwiderten Liebe ähnelt. Für die meisten Leute ist die unbedingte Zugehörigkeit zum »Volk« eine unhinterfragbare Voraussetzung ihrer Existenz, quasi ihr mit der Geburt konstituiertes »natürliches« menschliches Zubehör zur eigenen Person, fast so wie Arme und Beine.

Wagenknecht sieht das im Prinzip genauso (allerdings nicht biologistisch) wie etwa Gauland, der in einer Rede erklärte: »Identität, Nationales, Kultur kann man nicht verändern. Sie ist uns angeboren« (Gauland 2016, zit. n. DGB Bundesvorstand 2021, 8). Und deshalb macht sie auch die Gedankengänge vieler Staatsbürger mit, wenn diese auf dem bestehen, worauf sie als der Nation »Zugehörige« meinen einen Anspruch zu haben, den die pflichtvergessenen neoliberalen Politiker nicht mehr erfüllen. Und so finden wir bei Wagenknecht (in der feinen Sprache einer Intellektuellen) all die Ressentiments wieder, die der mit seiner politischen Führung unzufriedene national denkende Bürger ins Feld führt – gegen Migrantinnen und Migranten, gegen Minderheiten, gegen nicht Zugehörige im weitesten Sinne, welche die gediegene Harmonie stören oder gar Sozialleistungen in Anspruch nehmen: »Wir zahlen für die ganze Welt«, »Wir sind das Sozialamt der Welt«, »Wir werden von Flüchtlingen überrollt«, »Gendergaga« etc. Sie bestärkt all diese Ressentiments, anstatt ihnen als Linke aufklärend entgegenzutreten. Die Vorstellung eines »Verein[s] freier Menschen« (Marx 2005, 92), in dem alle ohne Angst leben können, ist in der nationalen Perspektive der Sahra Wagenknecht nicht enthalten.

Die staatliche Verfasstheit kapitalistischer Herrschaft und das damit verbundene Zusammenschweißen der Menschen zum »Volk«, also die staatlicherseits erzeugte abstrakte Gemeinsamkeit der Staatsbürger, sind die Grundlage möglicher Übergänge zu rechten Bewusstseinsformen. Wagenknecht befördert diese Übergänge, indem sie trotz gelegentlich linker Ausdrucksweise letztlich rechte Denkformen salonfähig macht und damit stärkt. Sie baut Brücken nach rechts, anstatt sich prinzipiell abzugrenzen.

Es ist nicht zu übersehen, dass Sahra Wagenknecht sich von Kapitalismuskritik und Emanzipation verabschiedet hat. Deshalb hat sie sich das Lob der Rechten und die Kritik der Linken redlich verdient. Fragt sich nur, wo die Kritik aus der Partei Die Linke bleibt.

Literatur

Abendroth, Wolfgang (1974): Aufstieg und Krise der deutschen Sozialdemokratie. Mainz: Stimme Verlag.

Auinger, Herbert (2000): Haider. Nachrede auf einen bürgerlichen Politiker. Wien: Promedia.

Benz, Wolfgang, Hermann Graml & Hermann Weiß (2007): Enzyklopädie des Nationalsozialismus. München: dtv.

Bierbaum, Heinz, & Ulrike Eifler (2021): Die Selbstgerechten. *Sozialismus* 5, 6–8.

Bierl, Peter (2020): Die Revolution ist großartig. Was Rosa Luxemburg uns heute noch zu sagen hat. Münster: Unrast.

Bittner, Michael (2021): Deutschland, aber normal. Was Hans-Georg Maaßen, Rechtsaußen der CDU, und Sahra Wagenknecht, Rechtsaußen der Linkspartei, miteinander verbindet. *konkret* 7, 46–47.

Bollinger, Stefan (2009): Linke und Nation. Klassische Texte zu einer brisanten Frage. Wien: Promedia.

DGB Bundesvorstand (2021): Die AfD vor der Bundestagswahl 2021. Berlin: DGB-Bundesvorstand.

Dillmann, Renate (o. J.): Nation. https://www.renatedillmann.de/nation/ (Zugriff 16.12.2021).

Ebermann, Thomas (2019): Linke Heimatliebe. Eine Entwurzelung. Hamburg: Konkret Literatur Verlag.

Geary, Patrick J. (2002): Europäische Völker im frühen Mittelalter. Zur Legende vom Werden der Nationen. Frankfurt/M.: Fischer Taschenbuch.

Gloel, Rolf, Kathrin Gützlaff & Jack Weber (2017): Gegen Rechts argumentieren lernen. Hamburg: VSA.

Heinrich, Michael (2004): Kritik der politischen Ökonomie. Eine Einführung. Stuttgart: Schmetterling.

Hirsch, Joachim (2005): Materialistische Staatstheorie. Transformationsprozesse des kapitalistischen Staatensystems. Hamburg: VSA.

Hitler, Adolf (1933): Hitlers Rede zum 1. Mai 1933, in: Projekt Ideologietheorie (2007), Faschismus und Ideologie. Hamburg: Argument, 171–177.

Höcke, Björn (2019): Nie zweimal in denselben Fluss. Björn Höcke im Gespräch mit Sebastian Hennig. Lüdinghausen/Berlin: Manuscriptum.

Höcke, Björn (2020a): Rede zum Solidarischen Patriotismus am 21.1.2020 in Magdeburg. https://de-de.facebook.com/PasemannAfD/videos/532386278122860/

Höcke, Björn (2020b): Die Krise als Chance. *Blauer Mut* 5, 1–2.

Hoffrogge, Ralf (2011): Sozialismus und Arbeiterbewegung in Deutschland. Von den Anfängen bis 1914. Stuttgart: Schmetterling.

Jünke, Christoph (2014): Arbeiterbewegung und nationale Frage, in: S. Voigt & H. Sünker (Hg.), Arbeiterbewegung Nation Globalisierung. Bestandsaufnahme einer alten Debatte. Weilerswist: Velbrück Wissenschaft, 105–115.

Kaufmann, Stephan, & Antonella Muzzupappa (2020): Crash Kurs Krise. Wie die Finanzmärkte funktionieren – Eine kritische Einführung. Berlin: Bertz + Fischer.

Klönne, Arno (1981): Die deutsche Arbeiterbewegung. Geschichte, Ziele, Wirkungen. Düsseldorf/Köln: Eugen Diederichs.

Konicz, Tomasz (2021): Schreiben wie ein Internettroll. Es ist zu befürchten, dass Sahra Wagenknecht mit dem jüngsten Rechtsruck noch nicht ihre Höchstform erreicht hat. *Konkret* 6, 52–53.

Marx, Karl, & Friedrich Engels (1969): Die deutsche Ideologie. MEW 3. Berlin: Dietz, 9–530.

Marx, Karl, & Friedrich Engels (1974): Manifest der Kommunistischen Partei. MEW 4. Berlin: Dietz, 459–493.
Marx, Karl (2005): Das Kapital. Kritik der politischen Ökonomie. Erster Bd. MEW 23. Berlin: Dietz.
Marx, Karl (1977): Das Kapital. Kritik der politischen Ökonomie. Dritter Bd. MEW 25. Berlin: Dietz.
Marx, Karl (1978): Randglossen zum Programm der deutschen Arbeiterpartei (Kritik des Gothaer Programms). MEW 19. Berlin: Dietz, 11–32.
Mense, Thorsten (2016): Kritik des Nationalismus. Stuttgart: Schmetterling.
Meyer, Malte (2017): Lieber tot als rot. Gewerkschaften und Militär in Deutschland seit 1914. Münster: edition assemblage.
Paul, Hans-Holger (1978): Marx, Engels und die Imperialismustheorie der II. Internationale. Hamburg: VSA.
Sandleben, Guenther (2003). Nationalökonomie & Staat. Zur Kritik der Theorie des Finanzkapitals. Hamburg: VSA.
Schyga, Peter (2015): Über die Volksgemeinschaft der Deutschen. Begriff und historische Wirklichkeit jenseits historiografischer Gegenwartsmoden. Baden-Baden: Nomos.
Veiglhuber, Wolfgang (2016): Nationalismus, Rassismus, Neofaschismus: Frontlinien antirassistischer Bildungsarbeit, in: Kritische Pädagogik. Eingriffe und Perspektiven. Krieg und Frieden, H. 3. Baltmannsweiler: Schneider Verlag Hohengehren, 147–184.
Veiglhuber, Wolfgang (2018): Kapitalismuskritische Bildungsarbeit, in: Armin Bernhard, Lutz Rothermel & Manuel Rühle (Hg.), Handbuch Kritische Pädagogik. Eine Einführung in die Erziehungs- und Bildungswissenschaft. Weinheim/Basel: Beltz Juventa, 552–567.

ver.di Berlin-Brandenburg, AG Rechtsextremismus (2003): Besetzt – Verboten – Verfolgt! Dokumentation einer Veranstaltung anlässlich der 70. Wiederkehr der Besetzung der Gewerkschaftshäuser. Berlin: ver.di Berlin-Brandenburg.

Wagenknecht, Sahra (2011): Freiheit statt Kapitalismus. Frankfurt/M.: Eichborn.

Wagenknecht, Sahra (2021): Die Selbstgerechten. Mein Gegenprogramm – für Gemeinsinn und Zusammenhalt. Frankfurt/M.: Campus.

Wendl, Michael (2021): Zurück zum guten alten Kapitalismus. Wie Sahra Wagenknecht die soziale Marktwirtschaft verklärt. *Sozialismus 6*, 64–67.

Wiethold, Franziska (2021): Wie ernst nimmt Sahra Wagenknecht die soziale Frage? Eine Replik auf ihren letzten Text. *Supplement der Zeitschrift Sozialismus 12*. Hamburg: VSA.

Zeiler, Moritz (2017): Materialistische Staatskritik. Eine Einführung. Stuttgart: Schmetterling.

Zeuner, Bodo, Jochen Gester, Michael Fichter, Joachim Kreis & Richard Stöss (2007): Gewerkschaften und Rechtsextremismus. Münster: Westfälisches Dampfboot.

Klaus Weber

Entsorgung der Vergangenheit?
Brief an Sahra Wagenknecht

Sehr geehrte Frau Wagenknecht,

Sie sind in derselben Partei mit mir, doch will es mir nicht gelingen, Sie als »Genossin« anzusprechen. Im Jahr 1979 nahm ich in meinem oberbayerischen Geburtsort Kolbermoor, einer sozialistischen und kommunistischen Hochburg im tiefschwarzen Bayern, an einer Veranstaltung der *Jungsozialisten in der SPD* teil, bei der Joachim Schmolcke sprach (es gibt einen kleinen Wikipedia-Eintrag zu seiner Person). Schmolcke bekannte sich zu einem »pluralen Marxismus« und war damit so etwas wie ein Exot – nicht nur im bayerischen Landtag, sondern in Bayern überhaupt und sicher auch in der BRD. Er begrüßte die Anwesenden mit dem üblichen »Liebe Genossinnen und Genossen«, wobei er wie so viele Männer das »inn« bei der Aussprache der weiblichen Form verschluckte, sodass die männlichen Genossen in den Genuss einer zweimaligen Begrüßung kamen. Da viele junge Sozialdemokrat_innen die Anredefloskel unangenehm berührte (das mochte mit dem Wissen um die NSDAP-Anrede »Parteigenossen« zu tun haben), erklärte Schmolcke seine Anredeform: Er sage das ganz bewusst, denn ein Genosse (das vom Wort »Not«

abstamme) sei ein Mensch, welcher einem anderen Menschen »in der Not beiseitestehe«.

In den letzten Jahren habe ich verfolgt, wie Menschen aufgrund ihrer Herkunft, ihres Aussehens, ihrer sexuellen Orientierung oder aufgrund anderer Kriterien verfolgt, geschlagen und verhöhnt wurden. Flüchtlingsheime wurden angezündet, Flüchtlinge von Nazihorden verfolgt, Obdachlose und andere gesellschaftliche »Outlaws« aus ihren Betten oder Wohnstätten vertrieben. Wo die größte Not war in diesem deutschen Land, da waren Sie nicht anzutreffen. Anzutreffen dagegen waren Sie in den Schminkräumen der Fernsehstudios, in den Redaktionsräumen großer Zeitungsverlage (bei einem Glas Rotwein mit den Redakteur_innen) oder auch – manchmal – im Bundestag. Dort sind Sie in der Liste der TOP-40-Abgeordneten derjenigen aufgeführt, die am häufigsten bei Abstimmungen fehlten. Doch auch bei Kundgebungen und Demonstrationen zu Menschen- und Flüchtlingsrechten fehlten Sie. Bei Fabrikbesetzungen, Betriebskämpfen und Streikaktionen von Kolleg_innen, von denen Sie behaupten, sie würden Ihnen besonders am Herzen liegen: Fehlanzeige, was Ihre Anwesenheit und Solidarität betrifft. Anderen, die in Not geraten sind, zur Seite stehen ist also Ihre Sache nicht.

Die Dummheit der Kommunisten
halte ich für kein Argument gegen
den Kommunismus
(Roland M. Schernikau auf dem Kongress
der Schriftsteller der DDR, März 1990)

Trotzdem gibt es – das werden Sie nicht wissen – etwas, das uns verbindet: Im Jahr 1999 erschien im Verlag *ddp goldenbogen* das Buch *Legende* von Ronald M. Schernikau. Im Anhang ist auf Seite 839 zu lesen: »die publikation volle acht jahre nach schernikaus tod ist möglich geworden allein mit außerordentlicher, beispielgebender solidarität, die wir im folgenden dokumentieren«. Ich war einer derjenigen, die mit einem Zuschuss an den Verlag (bzw. einer Subskription) ihren Teil dazu beitrugen, dass *Legende* – das von manchen mit Peter Weiss' *Ästhetik des Widerstands* auf eine Stufe gestellt wurde – erscheinen konnte. 1980 hatte ich Schernikaus *Kleinstadtnovelle* gelesen und mir Sätze angestrichen, die mir Mut gaben, in meiner Kleinstadt in Oberbayern weiter leben zu können – und auch daraus zu fliehen: Der Protagonist b. wird als schwuler junger Mann (und als werdender Kommunist) in seiner Kleinstadt drangsaliert, gedemütigt und vom Gymnasium geworfen. Die von Ihnen in Ihrem letzten Buch so hochgehaltene »Normalität« (der körperlichen und seelischen Zurichtung im westdeutschen Kapitalismus) hat ihm Sätze entlockt wie: »die zukunft wird geboren in einer realität, die uns nicht atmen läßt« oder »denn verschwiegenheit ist voraussetzung für die erwünschte normalität«;

es war und ist diese verschwiegene Seite unserer kapitalistisch durch und durch verseuchten »Normalität«, die Menschen wie Ronald M. Schernikau zur hoffenden Verzweiflung trieb.

Fast zehn Jahre später las ich – von *konkret* den Aufkleber WIDERVEREINIGUNG am Auto – *Die Tage in L.*, in dem Schernikau berichtete, wie er 1986 zum Studium am *Institut für Literatur Johannes R. Becher* nach Leipzig zog. Mit seiner großartigen Fähigkeit, die Widersprüche nicht nur der westdeutschen Gesellschaft, sondern auch der ihm als Schwulen gegenüber nicht unbedingt freundlichen DDR wie mit einem Skalpell offenzulegen, blieb er doch auf der Seite dieses Staats, der das Privateigentum an Produktionsmitteln nicht kannte und damit alle Produktions-, Arbeits- und Lebensverhältnisse auf eine sagbare Art und Weise erleben ließ, die sich ein »Westler« nicht vorstellen konnte. Heute sind wir so weit, dass alles »Positive« der DDR (Frauenpolitik, Mietpreise, Recyclingvorgaben bei Produktionsbetrieben etc.) nicht gesagt werden soll – wer es dennoch tut, setzt sich dem Vorwurf aus, eine grausame Diktatur nachträglich zu rechtfertigen. Schernikau fasst dies alles in zwei Sätzen zusammen: »die ddr produziert keinen plunder. sie ist unverständlich.«[1]

Ich weiß nicht, ob Sie Schernikaus Bücher gelesen haben, ob Sie ihn kannten oder ob Ihnen jemand erzählte, wie wichtig und einmalig die *Legende* ist. Auf alle Fälle sind Sie – ich selbst erhielt als Subskribent

1 *Die Tage in L.* (1989). Hamburg: Konkret Literatur Verlag, 69.

eine Vorzugsausgabe mit der Nummer 217 – neben Hermann L. Gremliza, Elfriede Jelinek und Georg Fülberth als Erstsubskribentin genannt. So bin ich mit Ihnen eingereiht in die Gruppe der Menschen, die mit »außergewöhnlicher Solidarität« ein Buch ins Warenleben brachten, das es ohne uns nicht geben würde. Sie haben sicherlich einen guten Grund gehabt, das Buch Schernikaus vehement zu unterstützen; ich möchte darüber nicht spekulieren. Weil ich aber sowohl die *Legende* als auch sonst (fast) alles von dem Jungverstorbenen gelesen habe (inklusive der Biografie von Matthias Frings), möchte ich Ihnen zu vier Themen jeweils Fragen stellen, die in mir »brüten« und deren Antworten mich vielleicht besser verstehen lassen, wie und warum Sie sich – so meine Meinung – von Schernikaus (und also wohl auch Ihren) gesellschaftskritischen Vorschlägen und einer kommunistischen Utopie verabschiedet haben.

I Die DDR

Schernikau ging zum Studieren in die DDR; er verließ den Westen freiwillig und aus gutem Grund. Das war 1986. In der linken *Deutschen Volkszeitung*, die später zum *Freitag* wurde, schrieb er: »Es war ein mal ein junger Mann, der fuhr in das schönste Land der Welt«[2]. Weil er wusste, dass die DDR – bei aller Kritik

2 In: Matthias Frings (2009): *Der letzte Kommunist. Das traumhafte Leben des Ronald M. Schernikau*. Berlin: Aufbau, 313.

an diesem Staat – ein Land war, das kein Privateigentum an Produktionsmitteln zuließ und damit die Produktions- und Lebensweise der DDR-Leute eine völlig andere Beziehung zu den Dingen des täglichen Lebens ermöglichte; weil die DDR der Möglichkeit eines Kommunismus Millionen Jahre näher war als die BRD: deshalb war sie für Schernikau das »schönste Land«. Mit dieser Perspektive konnte er den unverschämten Satz schreiben: »das schönste bauwerk europas ist die mauer«[3]. Der freie Westen jaulte bei solchen Worten auf; *FAZ* und *tageszeitung* geiferten und brachten die »Mauertoten« in Anschlag. Dass im »freien« Teil Deutschlands der Tod einen anderen Weg nimmt (über den Straßenverkehr, über miserable Gesundheitsversorgung, über den körperlichen und psychischen Verschleiß durch Lohnarbeit etc.), das ist dem BRD-Feuilleton keine Zeile wert.

Sie, Frau Wagenknecht, sind in der DDR aufgewachsen und waren Mitglied in der *Kommunistischen Plattform*, einer vom Verfassungsschutz beobachteten Gruppierung innerhalb der *LINKEN*, die sich nicht so ohne Weiteres auf das DDR-Bashing des Westens einlassen wollte und will. Doch inzwischen haben Sie sich eingereiht bei denjenigen, welche sich im Westen anschmiegen und Anerkennung suchen und als verspätetes Eintrittsgeld für die Zugehörigkeit (die jedoch nie Wirklichkeit werden wird) sich abfällig über die DDR äußern. Im *Berliner Kurier* von Anfang Juni 2021 war zu

3 *Die Tage in L.* (1989). Hamburg: Konkret Literatur Verlag, 46.

lesen: »Ich war damals ein Trotzkopf, hatte das Gefühl, die DDR auf Teufel komm raus verteidigen zu müssen, ohne dafür wirklich einen Grund zu haben. Ich habe damals sicher manchen Unsinn erzählt.«

Meine erste Frage an Sie: Was treibt Sie um und an, dass Sie die DDR aufgegeben haben und mit ihr das, was dieses Land als – möglicherweise einzigen – Vorzug gegenüber der BRD auszeichnete: das Fehlen kapitalistischer Ausbeutung mit all seinen Folgen? Heiner Müller fasste den Unterschied beider »Systeme« in prosaische Worte: »Aus dem verwüsteten Frankfurt/ Main über die Vitrine Westberlin heimgekehrt in das trübe Licht am Bahnhof Friedrichstraße, bin ich froh, dass Rosa Luxemburg, Jüdin aus Polen, Revolutionär in Deutschland, auf dieser Seite der Mauer begraben liegt.«[4]

II Der Kapitalismus

Ich muss Ihnen nichts über Kapitalismus und seine Grundlagen sowie Folgen schreiben – die Akkumulation von Kapital durch Ausbeutung der Ware Arbeitskraft, die permanente Produktion von Krisen und die Zerstörung des Menschen und seiner Natur. Schernikau schreibt in *Die Tage in L.* viel über die ideologischen Angebote (per TV und anderer Blödmaschinen), deren es im Westen bedarf, um die Leute glauben zu machen,

4 Zit. n. Dick Boer (2017): *Theopolitische Existenz – von gestern, für heute.* Hamburg: Argument, 90.

sie seien im gelobten Land. »die zensur des westens ist, alles sagen zu dürfen« und »hier kann ich wahlloser rumschimpfen, aber eben auch wirkungslos«, fasst Schernikau die für politisches Denken und Handeln im Westen geltenden unausgesprochenen Regeln zusammen.

In Ihrem letzten Buch kommt das Wort – aber auch die Sache – Kapitalismus nicht mehr vor. Der kluge Gedanke aus Marxens Vorwort zum *Kapital*, wenn er von Kapitalisten und Grundeigentümern schreibt, er betrachte diese als »Personifikation ökonomischer Kategorien [...], Träger von bestimmten Klassenverhältnissen und Interessen«[5], ist bei Ihnen einer personalisierenden Sichtweise gewichen, in der es nur noch »gierige Reiche« und »linksliberale Lifestyle«-Menschen gibt, die dem »normalen Arbeiter« das Leben schwer machen. Kapitalistische Betriebe sind in Ihren Worten die Säulen »unseres« Wohlstands. Nicht die Menschen stehen im Mittelpunkt des Wagenknecht'schen Interesses, sondern die Nation Deutschland: das Land, zu dem man, wie Peter Weiss sagt, nur ein einzig mögliches Verhältnis haben kann, nämlich ein gestörtes. Kein Wort darüber, dass die meisten der »normalen Arbeiter« die tägliche Schinderei kaum bis zum Rentenalter durchhalten. Für Sie wäre es einzig problematisch, wenn Deutschland »nicht mehr gut aussieht«. In der *Frankfurter Allgemeinen Zeitung* vom 4.9.2021 rühmen Sie die Kapitalmaschine und entnennen die Menschen, auf

5 MEW 23. Berlin: Dietz, 16.

deren Rücken (und Psyche) diese Gewinne macht: »Die »Automobiltechnologie bis hin zum Diesel- und Einspritzmotor [...] auch die vielen ›Hidden Champions‹, die Deutschland zum Glück noch hat [...] Die vielen kleinen und mittleren Unternehmen, die in ganz speziellen Bereichen Weltmarktführer sind. [Das] ist das Fundament, auf dem unser Wohlstand hauptsächlich beruht und auch weiterhin beruhen sollte. Wenn das kaputtgeht, wird es in Deutschland nicht mehr gut aussehen«.

Meine zweite Frage: Wie erkläre ich mir diesen Ihren Wechsel von einer antikapitalistischen Position hin zu einer westlichen Erzählung, die alles ausblendet, was kapitalistisches Wirtschaften ausmacht: körperliche, soziale und psychische Zerstörung der Menschen, die in die täglichen Ketten des Lohnerwerbs gezwungen sind? Aus welchem Grund haben Sie Ihre antikapitalistische Seite dem deutschen Kapital geopfert und was gewinnen Sie damit?

III Von oben herab

»ihr könnt alles selber machen, alle haben was gemacht. es kann klappen! alle können bei allem helfen. durch euch ist alles gemacht! es gibt kein ende. es gibt euch. wissen! arbeit! lachen! hört ihr uns?«[6] Hier sprechen die Götter (fifi, kafau, stino und tete) zu den Menschen.

6 Ronald M. Schernikau (1999): *Legende*. Dresden: ddp goldenbogen, 418f.

Die Götter sind in der *Legende* etwas wirr; sie laufen und rennen durcheinander. Doch bei Schernikau reden sie *mit* den Menschen und versuchen sie für ein Bündnis gegen das menschenzerstörende kapitalistische System zu begeistern (das Gelingen ist eine ganz andere Frage). Ein anderer Kommunist, Lucio Magri, der – von der linkskatholischen Jugend kommend – Mitglied der *Kommunistischen Partei Italiens* wurde, analysiert die Frage der Bündnisfähigkeit in anderen Worten: »Alle wissen es und einige im Westen sprechen auch offen aus, dass die größte Schwäche der Linken ein Defizit an Demokratie in ihrer eigenen Organisation ist [...] Kommunisten müssen die Selbstständigkeit der Bewegungen anerkennen, direkt in den Bewegungen arbeiten, und zum anderen die jeweilige Selbstständigkeit wahren, sich mit den Bewegungen auseinandersetzen, statt diese nur zu ›vertreten‹. Ohne diese Dialektik fehlt das ›Material‹, mit dem und dank dem eine neue Hegemonie errichtet werden kann.«[7]

Sie und Ihr Mann Oskar Lafontaine sprachen in den Jahren 2017/18 unentwegt von einer »linken Sammlungsbewegung«, die zu gründen sei. Der Name: »Aufstehen« (von der Inhaltslosigkeit dieser Bezeichnung möchte ich gar nicht erst reden). Sie haben ein eigenes »Team Sahra« gebildet, eine Internetplattform, über die Sie Ihre Botschaften unter die (auch linken) Interessierten streuten. Welch absurde Idee, eine Bewegung

7 Lucio Magri (2015): *Der Schneider von Ulm. Eine mögliche Geschichte der KPI*. Hamburg: Argument, 444 und 448.

top-down »gründen« zu wollen: zwei Führer – eine weiblich, einer männlich. Argumente für diese »Bewegung«, die nie eine war: keine inhaltlichen, lediglich machtstrategische. Dann könnten enttäuschte Sozialdemokrat_innen eine »Heimat« finden. Schon Ihre Überlegungen waren »leader-like«: Sie imaginierten sich mit Oskar Lafontaine als die Anführer dieser »Bewegung« – die Auffangbecken für wen oder was auch immer sein soll.

Zur dritten Frage also: Wieso sind Sie nie dort, wo Menschen sich zusammenfinden, um zu streiken, zu demonstrieren, sich zu wehren gegen Anschläge von Kapital und/oder Neofaschisten – also dort, wo sich wirklich etwas bewegt? Haben Sie nie Zweifel daran, dass das Raumschiff Berlin mit all dem, was Marx und Engels in ihrem Briefwechsel die »Eselei des Parlaments« hießen, ein einziger großer Verblendungszusammenhang sein könnte, in dem Sie die Rolle spielen, die Ihnen herrschaftlicherseits angetragen wird?

IV Die Menschen der Welt

Im Herbst 2017 wandten Sie sich gegen die Vorstellung einer »offenen Grenze für alle Menschen«. Im *Neuen Deutschland* vom 13. November verkündeten Sie, das seien »keine Forderungen für die heutige Welt«. Jasper von Altenbockum, der völkisch-nationale Schreiberling der *FAZ*, sprang Ihnen umgehend bei, indem er darauf verweis, dass solch weltfremde Forderungen einzig aus dem Milieu stammen könnten, dem er selbst (als *FAZ*-

Schreiber) angehört: dem akademischen. Für Sie sind Menschen, die aus ihrem Land fliehen wegen Krieg und Folter (und wegen der Folgen von Folgen, deren Ursache das kapitalistische System ist, mit dem Sie sich inzwischen ausgesöhnt haben), eine Bedrohung: »Es gibt Kapazitätsgrenzen und Grenzen der Aufnahmebereitschaft der Bevölkerung« (*Berliner Kurier* im März 2016). Weil Sie das so klar sagen, reicht Ihnen selbst Björn Höcke, ein Faschist der vordersten Front, die Hand: »Es gibt neben der Vorsitzenden Sahra Wagenknecht auch noch andere vernünftige Kräfte im Umfeld der Partei [...]«[8] Ich glaube, ich liege ziemlich richtig mit meiner Einschätzung, dass Ronald M. Schernikau sich bei Ihrer Einteilung von Menschen in Deutsche und Fremde im Grabe umdrehen würde. Er hatte eine gerechte Welt, eine bessere Zukunft, eine kommunistische Gesellschaft für alle im Sinn, wenn er in *Legende* schrieb: »weil die menschen alle gleich viel wert sind, müssen die götter bei den ersten anfangen mit dem retten.«[9] Bei all dem, was Sie zu Deutschland und dessen »Überfremdung« von sich geben, inklusive Ihrem Verständnis für die völkisch-national Bewegten, komme ich – nach 40 Jahren theoretischer Beschäftigung mit dem deutschen Faschismus – nicht umhin, Ihre Sätze

8 Björn Höcke (2019): *Nie zweimal in denselben Fluss. Björn Höcke im Gespräch mit Sebastian Hennig*. Lüdinghausen: Manuscriptum, 248.

9 Ronald M. Schernikau (1999): *Legende*. Dresden: ddp goldenbogen, 23.

als Ausdruck nationalistischer und völkischer Denkweise zu verstehen.

»wir müssen unbedingt das vergnügen der welt vermehren und vermehren. leider ist das vermehren des vergnügens kein durchgängig vergnüglicher vorgang«[10], schreibt Schernikau. Haben Sie niemals eine spürbare Vorfreude auf eine gerechtere Welt ohne Kapital, in der wir vergnügt und heiter (unabhängig von Alter, Geschlecht und Nationalität und anderer komischer Dinge) unser Leben selbst in die Hand nehmen werden?

> ich staune jedesmal neu, wenn ich
> bemerke, dass jemand kein kommunist ist.
> der kommunismus liegt so auf der hand!
> aber vielleicht haben die anderen
> keine hand
> (Ronald M. Schernikau, *Die Tage in L.*, 26)

Ich finde vieles von dem, was Sie sagen und was Sie tun, politisch katastrophal. Aber ich weiß, dass Sie eine kluge Frau sind, die – so hoffe ich – meinen Brief liest und mir das Rätselhafte ihrer Entwicklung erklären kann. Mir wäre es lieber, wenn Sie den Weg zu einer freien Welt wieder mit den kommunistischen Vorstellungen einer Welt für alle verbinden würden: einer Welt, die uns weder vom Kapital noch von anderen Herren (oder auch Frauen) der Tyrannei jedweder Art aus den Händen geschlagen wird.

10 Ebd., 47.

PS: Inzwischen weiß ich, dass »Genosse« nichts mit der Not zu tun hat, wie uns der bayerische Marxist weismachen wollte. Vielmehr – so steht es in Kluges *Etymologischem Wörterbuch* – hat es etwas mit dem gemeinsamen Nutzen oder Nutzvieh zu tun, also einer »Erinnerung an den Gemeinbesitz einer sehr frühen Wirtschaft«. Zudem ist es mit dem deutschen »genießen« verwandt, keinesfalls aber mit der »Not«, in der wir einander beistehen können. Dieses Wissen tut all dem Geschriebenen keinen Abbruch; denn keine der anderen Bedeutungen, die ich alle vortrefflich finde (der Genuss des Gemeinsamen, das uns Menschen gehört anstatt dem Kapital und seinen Agenturen), finde ich in Ihren Büchern wieder: *Gemeinschaft* gibt es für Sie nur als homogene Volkseinheiten – und was den *Genuss* betrifft, so möchte ich bezweifeln, dass das von Ihnen in der *FAZ* vom 4. September 2021 empfohlene saarländische Gericht »Dibbelabbes« ein Beispiel für genussvolles Essen ist.

Peter Bierl, freier Journalist, Mitglied der dju/ver.di. *Letzte Veröffentlichungen*: Die Legende von den Strippenziehern. Verschwörungsideologie im Zeitalter des Wassermanns (2021), MaroVerlag; Die Revolution ist großartig. Was Rosa Luxemburg uns heute noch zu sagen hat (2020), Unrast; Keine Heimat nirgendwo. Eine linke Kritik der Heimatliebe (2020), Edition Critic; sowie Einmaleins der Kapitalismuskritik (2018), Unrast.

Wolfgang Veiglhuber, Mitarbeiter in der gewerkschaftlichen Bildungsarbeit. *Letzte Veröffentlichung*: Kapitalismuskritische Bildungsarbeit, in: Armin Bernhard, Lutz Rothermel & Manuel Rühle (Hg.), Handbuch Kritische Pädagogik. Eine Einführung in die Erziehungs- und Bildungswissenschaft (2018), Beltz Juventa.

Klaus Weber, geb. 1960, Prof. für Psychologie an der Hochschule München. 1997–2018 Gastprofessor an der Universität Innsbruck (Institut für Psychologie). *Veröffentlichungen*: Jagdszenen aus Oberbayern. Vom Überleben in der Provinz (2020), Argument; Verdienstvolle Leich'. Friedhofsgeschichten aus Kolbermoor (2021), Eigenverlag; Männerphantasien: Kritik an Klaus Theweleits Analyse von Faschismus und Männlichkeit. *Forum Kritische Psychologie. Neue Folge* 3 (2021); Resonanzverhältnisse. Zur Faschisierung Deutschlands. Politisches Tagebuch (2018), Argument; Gestalten der Faschisierung 1: sloterdijk – aristokratisches mittelmaß & zynische dekadenz (2022), Argument. *Mitgliedschaften*: GEW, LINKE, Rote Hilfe. Vertrauensdozent der Rosa-Luxemburg-Stiftung.

Michael Wendl, geb. 1950, Studium der Soziologie und Volkswirtschaftslehre in München und Berlin, Diplom-Soziologe, hat von 1980 bis 2016 hauptamtlich für die Gewerkschaften ÖTV und ver.di gearbeitet, Mitherausgeber der Zeitschrift *Sozialismus*.

Dr. Ernst Wolowicz, geb. 1953, Studium der Politischen Wissenschaft, Soziologie und Kommunikationswissenschaft in München, war von 1985 bis 2018 bei der Landeshauptstadt München beschäftigt, zuletzt 2004–2018 als berufsmäßiger Stadtrat (Stadtkämmerer).

KLAUS WEBER

RESONANZVERHÄLTNISSE

Zur Faschisierung Deutschlands

Politisches Tagebuch

Reflektierend, gewitzt und wachsam spürt Klaus Weber der Faschisierung unserer Gesellschaft nach – in Alltagsszenen auf der Straße, im Café, an der Hochschule, in den Bergen, in den täglich gelesenen und gehörten Medien. Sein politisches Tagebuch ist aufrührerisch und kurzweilig mit langem Nachhall.

ARGUMENT

Wieviele Menschen
könnten jetzt endlich
weiter leben bei einer
gleichzeitig erhaltenen Atmos-
& Biosphäre (Klimawandel,
Arbeiten etc stopp – nicht
überschätzen die globalen
Grenzen..)